普通高等教育“十四五”应用型本科系列教材

房地产市场营销

主编　郑慧开

FANGDICHAN SHICHANG YINGXIAO

西安交通大学出版社
XI'AN JIAOTONG UNIVERSITY PRESS

图书在版编目(CIP)数据

房地产市场营销 / 郑慧开主编. — 西安 ：西安交通大学出版社，2020.11(2025.1 重印)
ISBN 978-7-5605-8929-9

Ⅰ. ①房… Ⅱ. ①郑… Ⅲ. ①房地产市场-市场营销学 Ⅳ. ①F293.35

中国版本图书馆 CIP 数据核字(2020)第 223997 号

书　　名 房地产市场营销
主　　编 郑慧开
责任编辑 李逢国
责任校对 王建洪

出版发行 西安交通大学出版社
(西安市兴庆南路 1 号　邮政编码 710048)
网　　址 http://www.xjtupress.com
电　　话 (029)82668357　82667874(市场营销中心)
(029)82668315(总编办)
传　　真 (029)82668280
印　　刷 西安明瑞印务有限公司

开　　本 787mm×1092mm　1/16　**印张** 15.25　**字数** 378 千字
版次印次 2020 年 11 月第 1 版　2025 年 1 月第 5 次印刷
书　　号 ISBN 978-7-5605-8929-9
定　　价 46.80 元

如有印装质量问题，请与本社市场营销中心联系。
订购热线：(029)82665248　(029)82667874
投稿热线：(029)82664840
读者信箱：xj_rwjg@126.com

前言

Foreword

本教材共十章，系统、全面地介绍了房地产营销相关理论知识，每章设有内容提要、能力要求、知识归纳、思考题、实例实训等环节，同时还配套有思考题答案和考试试题库。本教材系湖南城市学院金课立项项目配套教材，也是湖南省教改立项课题配套改革教材——基于 QFD 理论的房地产营销策划课程教改体系构建与物元评价（湘教通[2017]452 号第 390 项）的教改研究内容之一。在编写过程中充分考虑学生、企业对房地产市场营销理论实践的需求，考虑社会各界对本课程相关人才的需求特征，并以此作为本课程教改的方向和目标，因此在编写过程中充分让学生参与开展市场营销问题调查、内容确定、资料收集、观点修改、案例讨论等工作，把对本课程的教改实践真正落实到学习对象上，并展开了实证分析。参与上述工作的有湖南城市学院房地产开发与管理专业 15 级、16 级、17 级、18 级、19 级的部分学生，通过学生对教材内容、教案、PPT、习题、试卷的需求分析和补充，使本教材更加接地气和贴近实践，符合“四个回归”人才培养要求，体现以学生为本的教材编写和教学设计理念。根据教改需要，本教材也开展了校企合作工作，深入企业实际，根据企业实际所需开展编写，案例也属于企业的真实案例，参与合作的企业有湖南百智置业有限公司、大管家物业等多家企业，其公司领导及营销部与上述参与实证分析的学生均为本教材的有关实践问题展开了认真讨论，使本教材在实践应用方面更加具有可操作性。

本教材由湖南城市学院郑慧开担任主编，负责全书的结构设计及统稿工作，并制作了精美的教学 PPT 及教学设计教案等。在编写过程中得到湖南城市学院相关老师和西安交通大学出版社的大力支持，并参考了大量相关专业教材的文献资料，借鉴了国内外有关专家的最新研究成果和案例，在此表示最诚挚的感谢！由于编者水平、能力、时间所限，书中难免错误、遗漏、不当之处，敬请广大读者批评指正，深表谢意！

郑慧开
2020 年 7 月

目录 Contents

第1章　绪论

内容提要

本章主要内容为市场营销概述、房地产市场营销概述以及房地产市场营销的特征、作用及流程等；市场营销发展简述、我国房地产市场发展简述以及房地产市场营销发展动态及方向；房地产市场营销课程教学方法、学习方法的建议等。

能力要求

通过本章学习，了解市场营销、房地产市场营销的基本概念，掌握房地产市场营销的主要特征、作用及流程等，树立正确的市场营销理念，熟悉市场营销学的发展历程以及房地产市场营销发展动态及方向，了解我国房地产市场及其营销发展的几个阶段，并且掌握有效的房地产市场营销学习方法。

1.1　房地产市场营销概述

正确认识和理解什么是房地产市场营销，首先要理解市场营销和房地产市场营销的概念；同时树立正确的房地产市场营销理念，这有助于进一步理解房地产市场营销的基本概念及其本质；进而理解房地产市场营销的基本特征和流程，了解房地产市场营销的作用。

1.1.1　市场营销的概念

市场营销是指通过创造和交换产品及价值，从而使个人或群体满足欲望和需要的社会过程和管理过程。市场营销是在创造、沟通、传播和交换产品的过程中，为客户、顾客、合作伙伴以及整个社会带来经济价值的活动、过程和体系；或者说是通过适当的促销手段及营销渠道在适当的时间与空间以适当的价格，向适当的消费者提供适当的产品和服务。也有学者指出，市场营销主要是指营销人员针对特定市场开展经营活动、销售行为的过程。

市场营销的基石是人类的需求，这些需要不是营销人员创造的，而是人类所固有的。欲望是由需要派生出的一种愿望，它受社会文化和人们个性的限制。当考虑到支付能力的时候，欲望就转换为需求。

充分理解市场营销的含义还可从以下几个方面入手：正确认识宏观市场营销和微观市场营销的关系；正确认识市场营销的博弈过程；深刻理解市场营销的主体、客体和营销对象；正确认识“营销”与“推销”；从多方面把握市场营销的观念；等等。

1.1.2 房地产市场营销的概念、理念及战略

房地产市场营销是在对市场深刻理解的基础上进行的高智能策划，它的核心是房地产市场营销理念和房地产市场营销战略。

1.1.2.1 房地产市场营销的概念

房地产市场营销是指房地产开发企业在复杂的市场环境下，按照市场形势变化的要求而组织、管理企业的一系列活动，直至在市场上完成商品房销售、实现效益、达到目标的经营服务过程。或者说房地产开发企业以企业经营方针和企业目标为导向，通过对企业内外部经营环境和资源的分析，找出机会点，选择适当的营销渠道和促销手段，经过创意将物业与服务推向目标市场，以达到在占有市场的同时，促进和引导房地产开发企业不断发展的目的的经济服务行为。

房地产市场营销是企业在房地产市场上进行的营销活动，是房地产开发企业开展的以适应不断变化着的房地产市场的活动，以及由这些活动综合形成的房地产产品、服务和信息从房地产开发经营者流向房地产购买者的社会活动和管理过程。这些活动包括市场调研、客户研究、市场细分、目标客户选择、产品定位、客户定位、形象定位、产品创新、选择营销渠道、选择促销方式、营销管理、客户管理等内容。房地产市场营销不是简单的销售部门或营销管理部门的业务，而是一个涉及财务支持、产品支持、成本控制、生产控制、人力资源管理和市场信息管理等各个部门的系统性业务，是参与房地产市场经营活动的各有关方面构成的相互联系、相互影响、相互制约的有机整体。

因此从某种意义上来讲，房地产市场营销是在对市场深刻理解的基础上进行的高智能全程策划。它蕴含在房地产开发经营的全过程，全过程层层递进、环环相扣，由市场调查、市场定位、方案制订、建筑总体设计、价格定位、推广定位、广告中介服务、客户管理以及信息反馈等组成。

1.1.2.2 房地产市场营销理念

在当前我国房地产市场条件下，房地产市场营销将以满足不同层次消费者的需求为出发点，以改善人居环境和提高社会福利为使命，以强化房地产开发企业社会责任为宗旨，以完善城市功能和提高城市品质为动力来实施。因此我们在学习和运用房地产市场营销理论时，应当树立正确的房地产市场营销理念，尤其是房地产市场营销的核心内容，这样才能有利于我们进一步地理解房地产市场营销的概念，把握市场营销的内涵及本质，开展正确、有效的市场营销工作。正确的营销理念应当重视企业社会责任，实现企业与社会的多方共赢，如图 1 - 1 所示。

(1)房地产营销肩负着改善人居环境，提高人民生活水平，兼顾实现全社会住房保障统筹发展的重任，通过营销把不同的房子出售或出租给不同需求的消费者。

(2)房地产市场营销在促进经济繁荣中扮演着重要的角色，通过全程营销来精准定位房地产市场全面需求，通过房地产市场的稳步发展来推动国家经济的可持续发展，使其充当“城市运营师”的角色。

(3)房地产营销承担着实现城市规划、塑造城市形象、改变城市面貌、提升城市品质的责任。通过营销策划来绘制城市新蓝图，可使其充当“城市规划师”的角色。

(4)房地产营销要以诚信为本,推崇"以人为本"的思想,杜绝一切从开发商利益出发、片面追求利润、降低消费者价值和满足程度以及恶意炒作哄抬房价的错误观点甚至违法行为。

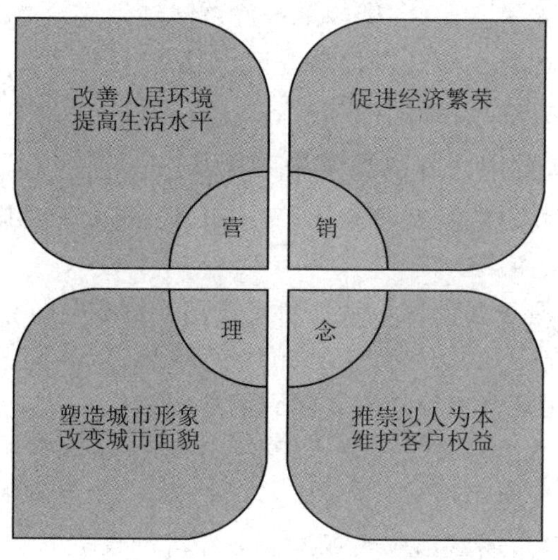

图1-1 房地产市场营销理念

1.1.2.3 房地产市场营销战略

房地产市场营销战略是房地产开发企业对市场营销活动所进行的分析、计划、实施与控制过程的前瞻性把控。房地产市场营销战略主要包括目标市场战略、产品定位战略、市场营销组合战略、营销费用战略、品牌品质战略等。房地产市场营销战略是房地产市场营销的核心内容和根本方向,关系到房地产市场营销的长远发展。因此房地产开发企业要根据不断变化的时代背景和市场环境,不断调整企业的战略目标,实现可持续发展。

1.1.3 房地产市场营销的特征

房地产市场营销是市场营销的分支,是一种颇具行业特色的市场营销,其与法律制度密切相关,并容易受到地理位置、社会经济、政府政策、项目开发周期、消费者心理预期等外界因素的影响。

1.1.3.1 房地产市场营销是市场营销的分支

房地产市场营销与一般的市场营销相比存在一定的共性和独特的个性。其共性是它们都是个人、集体或单位通过创造创意,与其他的个人、集体或单位交换产品和价值,获取所需物品的社会管理服务过程。其独特的个性是房地产市场营销的实质,即房地产开发企业以消费者对各类房地产产品的需求为出发点,通过有效提供住宅、写字楼、商业用房以及厂房、仓库等房地产产品以及与此相关的服务来满足消费者在生产或生活、物质或精神上的各种需求,从而获取利润的商务服务。因此房地产市场营销是一种颇具行业特色的市场营销分支。

1.1.3.2 房地产市场营销和法律制度密切相关

房地产产品一般属于高价值产品,因而其产权、物权观念特别突出和重要。房地产产品使用周期长,同一产品在其生命期内,各种物权可能发生多次转移,房地产市场营销中存在着增量房与存量房同时在市场上流通的情形，房地产的使用权和所有权在法律上可以分离，所有权者可将其使用权以出租的形式出让给第三方使用，因此房地产市场营销在流通形式中除可买卖外，租赁也是很常见的形式。除此之外，房地产经济活动中房地产产品的使用权和所有权还可用于抵押、典当、信托等，同时在房地产权属登记、交易转移等方面，都需要法律提供保障，所以房地产市场营销与法律制度有着密切的联系。

1.1.3.3 房地产市场营销受外界因素影响明显

房地产市场营销易受地理位置、社会经济、政府政策、项目开发周期、消费者心理预期、交易需多次接触和沟通等因素的影响。

(1)房地产市场营销具有很强的区域性。每宗房地产都有其位置的不可移动性和区域性，因此房地产市场营销必须充分把握其所在区域的城市规划、市政设施、商业设施、教育设施、医疗设施、环境设施等因素，制订营销计划时要做到因地制宜。

(2)房地产市场营销与社会经济发展紧密相关。社会经济的健康发展，居民可支配收入的增加，能促进房地产需求的产生；社会经济发展不良或滞后，居民可支配收入减少，则遏制房地产需求的产生。因此房地产市场营销应当根据社会经济的发展状况、居民可支配收入的增减制订不同的营销方案。

(3)市场营销计划与政府政策息息相关。房地产市场良性发展对促进社会经济发展具有重要的作用，因此需要政府重视对房地产市场的政策引导。同样在制订市场营销计划时，需紧密结合政府政策引导方向，严防炒作，这样有助于房地产开发企业适应多变的市场环境。

(4)房地产营销环境具有动态可变性。房地产开发周期较长，一般从前期拿地到入市预售，需要的时间少则一年多则数年。因此房地产营销环境时刻在发生着变化，具有动态可变性，企业必须根据市场环境的变化及时应对和调整营销方案。

(5)房地产市场营销受消费者心理预期影响。目前由于房地产市场的消费者对房地产市场认识不足，加之买卖双方信息不对称，消费者往往不能对市场做出有效、客观、合理的分析判断，且消费者对房地产市场价格变动的心理承受能力较弱。因此房地产市场营销应充分考虑消费者心理预期的影响。

(6)交易需多次接触和沟通。房地产交易消耗时间长，由于其价值高，消费者需要对购买的房屋需进行多次考察才能确定交易意向，因此需要营销人员与消费者多次接触和沟通，引导消费者认同房屋的价值，这对房地产市场营销者的能力和素质都提出了较高的要求。

1.1.4 房地产市场营销的作用

房地产市场营销的产生是生产力发展和产品经济发达的必然产物，市场营销是房地产开发经营过程中不可缺少的组成部分，强有力的房地产市场营销活动不仅可以促进地区的经济繁荣，还有助于将计划中的房地产开发建设方案变成现实，使每宗物业顺利出售或出租。

1.1.4.1 房地产市场营销在房地产市场中的作用

(1)解决房地产产品开发与消费的矛盾。在现代社会，虽然网络信息技术非常发达，但在社会生产和消费之间仍然存在着产品、价格和信息不对称等多方面的矛盾。房地产市场营销能够通过营销的手段，以消费者为中心，提供满足其需求的多种信息和相应服务。

(2)实现房地产产品的价值和升值。市场营销通过产品创新、分销、促销、定价、服务和相互满意的交换关系，使产品中的价值和附加值得到社会的认可。房地产的价值往往由多种因素构成，如地段、品牌、功能和物业服务等，市场营销通过营销的手段引导消费者认同该产品的价值并且促使其升值。

(3)避免社会资源和企业资源的浪费。房地产市场营销从客户需求的角度出发，根据需求条件安排生产，最大限度地减少产品无法销售的情况的出现，避免资源的浪费。房地产开发企业通过市场营销开发出满足当前社会需要的产品，从而获得良好的销售业绩，降低资金时间成本，提高企业的竞争力。

(4)满足顾客需求，提高人们的生活水平和生存质量。市场营销活动的目的就是通过各种手段最大限度地满足顾客需求，最终提高社会总体生活水平和人们的生存质量。对于我国房地产市场来说，好的房地产产品能够不断提高人们的生活质量，促进社会经济的健康发展。

1.1.4.2 学习房地产市场营销对我们自身的作用

(1)房地产市场营销是手艺。营销无时不在、无处不存、无人不有，是自身生存的关键元素；营销万变不离其宗，懂得营销就可以营销其他产品、服务甚至是自己。

(2)房地产市场营销是成功之道。最高境界的营销是营销生活、营销事业、营销人生。通过了解房地产营销可以了解如何营销自己，使自己的价值得到充分实现。

(3)房地产市场营销是艺术。普通的营销是为了实现企业目标，高水平的营销是追求高利润，最高境界的营销是通过自己的营销服务使对方对自己感恩。

1.1.5 房地产市场营销的流程

房地产市场营销流程一般包括以下七个基本步骤，可根据不同项目的不同情况或同一项目的不同时期进行步骤顺序的调整。

1.1.5.1 房地产市场细分及目标市场的确定

房地产市场细分是指为了更好地满足消费者的需求，进而选择目标市场、制定营销策略。从房地产市场需求者的差别出发，根据房地产市场需求者行为的差异性，按照一定的标准可以可以把整个房地产市场划分为若干具有相似需求和欲望的房地产消费者或购买群。房地产市场细分常用的变量包括地理、收入、职业、年龄、用途、产品、价格、心理、渠道等。市场细分有利于房地产开发企业发掘市场机会、开拓新市场；有利于集中人力、物力投入目标市场；有利于选择目标市场、制定市场营销策略；有利于提高项目的成功率。

1.1.5.2 房地产市场调查

对目标市场营销环境的考察非常重要，因此必须要开展市场调查。房地产市场调查是指通过运用特定的方法和手段对影响房地产市场供求变化的各种因素及动态趋势进行专门调查，在总结分析之中了解市场，发现其中蕴藏的机会。

1.1.5.3 目标市场营销微观环境分析

市场营销活动会受到市场营销环境现状及趋势的影响。因此房地产开发企业必须对目标市场的营销环境全面考察和了解。与第二步的房地产市场调查分析不同的是，目标市场营销环境分析更集中精力地分析某一类客户或某一类房屋，为下一步营销计划的制订提供真实可靠的信息。在此环节，营销者应重视分析区域信息、竞争项目信息和目标客户消费行为。

1.1.5.4 设计市场营销组合

设计市场营销组合是指房地产开发企业针对自己的目标市场,运用各种营销组合策略形成的一种最佳的营销战略。目前最常用的营销组合是麦卡锡提出的4P组合。房地产开发企业营销成功与否的关键在于房地产4P策略变量组合的优劣。4P营销组合策略如表1－1所示。

表1－1 房地产4P营销组合策略

策略	内容
产品策略	产品核心使用价值,功能、定位、建筑风格、特色服务等
定价策略	房地产价格、折扣、信贷条件等
分销策略	直接渠道、房地产经纪代理、渠道成员协调与控制
促销策略	广告、营业推广、公共关系、人员推销等

1.1.5.5 制订市场营销计划

(1)计划实施概要。市场营销计划书开头应有一个计划实施概要,它应对计划中的主要目标进行简短的概述,以使企业管理人员能快速地浏览整个计划的内容。

(2)市场营销现状。在这部分,计划制订者应提供有关市场、产品、竞争和销售的相关背景资料。

(3)威胁和机会。预测产品可能面对的主要威胁和机会,目的是预测会对公司产生影响的重要发展趋势。

(4)目标和问题。在研究产品的威胁和机会后,营销人员就可以设定营销目标并考虑可能会影响这些目标的问题。营销目标包括市场占有率、销售额、利润率、投资收益等。

(5)制定市场营销战略。市场营销战略是指业务单位想借以实现其市场营销目标的营销逻辑,它包括目标市场策略和营销组合策略。

(6)确定行动方案。市场营销战略应转变为具体的行动方案来回答以下问题:将做什么?何时做?由谁负责做?费用是多少?

(7)编制营销预算。编制各项收支的预算,在收入一方要说明预算销售量及平均单价,在支出一方则要说明生产成本、分配成本及营销费用,收支的差额为预计的利润。

(8)营销控制。计划的最后一个部分是控制,对计划执行过程的监控就是将计划规定的目标和预算按月份来分解,进行有效的监督。

1.1.5.6 实施市场营销计划

实施市场营销计划是指为实现战略营销目标而把营销计划转变为营销行动的过程。成功的市场营销实施取决于企业能否将行动方案、组织结构、决策与奖励制度、人力资源、企业文化等五大要素组合出一个能支持企业战略的、结合紧密的方案。

1.1.5.7 市场营销控制

市场营销环境不断变化,企业需要对市场营销活动实施监控,考察计划执行结果,诊断问题产生的原因,进行营销绩效考核,通过反馈来采取适当的纠正措施。市场营销控制有四种类型,即年度计划控制、盈利能力控制、效率控制和战略控制。

1.2 房地产市场营销发展历史简述

了解市场营销学的发展历程及其在我国的发展，了解房地产市场营销发展动态及方向，有利于从整体上把握房地产市场营销的相关知识。

1.2.1 市场营销发展简述

市场营销学发展从开始至今已逾百年，历经了初创、形成、发展、丰富四个阶段，行成了一套比较完善的理论实践体系。我国自改革开放以来，市场营销学也取得了一定的发展成果。随着全球社会经济的不断发展变化，市场营销学也在不断发生着变化，理论实践体系在不断丰富。

1.2.1.1 市场营销学的产生与发展

20 世纪初市场营销学在美国产生，然后流传到日本、欧洲国家和其他国家，其在社会实践中不断发展和丰富。近一百多年来，随着全球市场经济的发展，市场营销学也发生了根本性的变革，从传统市场营销学演变为现代市场营销学，其营销应用和实践从营利组织扩展到非营利组织，其应用范围从美国扩展到全球，其营销手段从线下扩展到线上。当今的市场营销学已成为与企业发展密切结合，并同管理学、经济学、行为学、组织学、人类学、心理学和数理学等多种学科相结合的综合性应用边缘学科。市场营销学自产生以来，其发展大致经历了四个阶段。

(1)初创阶段。市场营销于 19 世纪末到 20 世纪初在美国初创，其创立源于美国工业经济的快速发展。西方资本主义国家经过工业革命的发展和泰勒“科学管理理论”的实践指导，劳动生产率得到了极大的提升。生产高速发展，导致生产增长速度超过了需求增长速度，加剧了企业之间的产品销售竞争，销售问题开始受到关注。

在销售实践中，企业开始寻求如何加快和促进销售量大增的有关方法，但这时的市场销售研究范围还很局限，只研究单方面或局部问题，如广告和商业网点的设置等。1923 年美国人尼尔逊开始成立专业的市场调查公司，开始关注市场信息的收集和作用，这样的市场研究成为当时营销活动主要的有机体。

这一阶段市场营销学研究的主要特点是：①注重广告术和推销术在企业销售中的作用，现代市场营销学的理论、概念、原则、特征等营销体系整体架构还没有开始形成。②销售研究活动基本上局限于大学的课堂和教授的学术，但并没有得到社会和企业的重视，也未开始在企业经营活动中应用。

(2)形成阶段。20 世纪 20 年代初至第二次世界大战结束期间为市场营销学的形成阶段，此时营销学初具规模。美国企业开始广泛运用市场营销学的有关方法来指导企业的销售工作，并就此打开海外市场，增加了企业销售量，于是欧洲国家和日本也开始纷纷效仿。1937 年美国市场营销协会(AMA)的成立成为营销学发展史上一个重要的里程碑，它标志着市场营销学已经跨出了大学门槛开始走向企业，成为一门实用的服务于企业经营的经济管理科学。同时，广播媒体的广泛使用促使销售推广有了更加便捷的广告工具，产品推广受众面大大增加；二战期间社会科学工作者投入到前线进行研究，尚未成熟的研究工具和方法被引入，将简单的回归分析引入市场研究，如开始通过实验设计、民意调查等来研究士兵和他们家庭的消费行为等。这两个事件加快了市场营销学的发展。

这一阶段市场营销学研究的主要特点是:①市场营销学并没有完全脱离产品推销这一狭窄的概念。②开始在更广、更深、更实用的基础上研究广告术和推销术。③开始注重企业推销组织机构设置的研究。市场营销研究开始走向社会,与实践结合,被企业界重视。

(3)发展阶段。20 世纪 50 年代至 70 年代为市场营销学的发展阶段,在这一阶段,传统市场营销学开始发展成为现代市场营销学。1960 年美国密西根大学 E. 杰罗姆·麦卡锡出版的《基础市场营销学》标志着市场营销学开始形成了自己的核心理论体系。19 世纪 50 年代,一些市场营销学者开始把营销从传统的侧重经济学研究转入侧重管理学研究。其中以霍华德为代表人物,其在《营销管理:分析与决策》一书中强调用管理学观点研究营销的应用性和实践性。该著作标志着以管理为中心的新营销学时代的到来。

营销以经济为导向转变为以管理为导向是一个历史的飞跃。传统营销属于经济学范畴,其往往侧重于资源、生产、分配、效用等方面的研究,它以产品、短缺为中心,导致其对营销的研究是局部的。营销研究必须关注企业活动,其核心是市场与交换。正如科特勒所说:"经济学是营销学之父,行为科学是营销学之母;而数学乃是营销学之祖父,哲学乃营销学之祖母。"管理学是综合学科,以管理为导向的营销研究将是全局性的、全方位的综合研究。

这一阶段市场营销学研究的主要特点是:①营销学以经济为导向的研究在企业实践中遇到一些瓶颈问题,开始逐步转变为以管理为导向的研究,且注重市场动态和应用实践。②对营销的研究从开始以产品、短缺为中心转变为以市场与交换为重点,注重企业推销组织机构的市场化运作。

(4)丰富阶段。20 世纪 70 年代至今是市场营销学不断成熟和丰富的阶段。市场营销学日益与经济学、管理学、社会学、心理学、哲学、数学、行政学、统计学、系统论等学科不断结合,营销理论体系不断综合与创新,成为一门综合性经济管理类的应用学科。20 世纪 90 年代以来,关于市场营销、网络营销、政治营销、营销专家系统、营销决策支持系统等新的理论和与其相关的实践问题开始引起企业界的密切关注。进入 21 世纪初,互联网的迅速发展推动着线上与线下营销方式不断演变,营销内容更加丰富,极具创意。

在 20 世纪 80、90 年代,西方关系营销回归到客户。关系营销是指建立维系和发展顾客关系的营销过程,目标是不断提高顾客的忠诚度;与传统营销不同的是,其通过对产品质量、价格、服务等诸多因素的研究,为顾客增加各种附加值,使顾客对其产生感情,形成偏爱并长期重复购买该产品或服务。关系营销更能把握住营销概念的实质内涵,强调营销活动中客户的关系,即营销的心理性和人文性,这非常贴近我国的传统文化,我国传统文化比较重视从各种"关系"中去把握人事关系,因而在我国很接地气。20 世纪 90 年代末网络营销也得到发展,利用已实现的全球网络平台展开各种营销活动,加之近年来"互联网+"的助力,导致营销领域发生了有史以来最丰富的变化,其所引发的营销革命是全方位的、高技术的、层出不穷的,我们正感受着这个营销"新事物"带来的"新世界"。

这一阶段市场营销学研究的主要特点是:①市场营销学已与多学科进行广泛的结合,营销理论体系不断创新和丰富。②开始在更广、更深、更实用的基础上研究营销的人文性,让营销回归自然,回归以客户为中心。③随着信息化技术和互联网技术的发展,营销应用更加深远和宽广,发挥出更大的作用。

无论是世界,抑或是中国,21 世纪的营销发展是飞跃的、动人心魄的。过去 100 年的营销创新几乎都是由西方人做出的;在新的时代,我们应当脱颖而出,改革创新,开拓发展。

1.2.1.2 市场营销学在我国的发展

20 世纪 30 年代前后，市场营销学曾在我国有过传播。新中国成立后一直到改革开放前夕，由于西方的封锁和我国实行高度集权的计划经济体制，产品经济受到否定与排斥，市场营销学在我国大陆的研究基本中断。

十一届三中全会后，随着我国改革开放政策的确立和实施，我国的市场营销理论工作者开始引进国外有关市场营销学的著作，把国外的营销思想引入国内。但这时由于我国的市场仍处于供不应求的卖方市场阶段，企业仍沿用传统的经营模式，在这期间我国的市场营销思想是混合型的，生产观念占据主导地位。我国企业界对营销的认识还处在感性认识阶段，市场营销理论仅限于大学课堂和学术界交流。

20 世纪 80 年代中期到 90 年代中期是我国经济的转型期，我国的市场由卖方市场向买方市场转变，企业间的竞争日益激烈，消费者需求向多样化发展。市场环境的改变为市场营销理论的传播和应用创造了条件，外资品牌的引入加速了我国企业营销实践的步伐。可见，市场经济越发达，市场营销学也越盛行。

与此同时，对市场营销理论的研究和传播进一步展开，中外学术交流日益频繁。1991 年中国市场营销学会成立伊始，市场营销理论开始与企业经营实践相结合。理论研究的重点由初期的单纯引进发展到探讨理论与实践的结合点。20 世纪 90 年代中期以后，我国的理论界和企业界开始对市场营销进行理性反思和积极探索，随着改革开放的深入，原先被国内企业推崇备至的价格竞争策略和各种促销策略不再起作用，企业对市场的控制力被削弱甚至消失。外国的营销理论在我国企业的营销实践中不再灵验，我国企业面临着更加严峻的竞争形势。这种状况迫使我国的理论界和企业界开始进行理性反思，重新审视市场营销的含义，探索适合我国国情的营销理论。

1.2.1.3 市场营销学发展的变化

20 世纪末 21 世纪初，市场营销学科发展的变化非常活跃。概括而言，正在或将要发生的变化主要有以下几个方面。

(1)营销理论传播态势丛林化。近年来，流行的营销理论流派从原来的一枝独秀、一家之言变为百家争鸣、百花齐放。20 世纪 80 年代以后，营销学界专家学者、实践工作者提出了大量新的营销观念与理论，包括大市场营销、伙伴营销、关系营销、整合营销、战略性竞争导向营销、内部市场营销、绿色市场营销、生态市场营销、顾客让渡价值理论、直复市场营销理论、定制营销、体验营销、整体市场营销、合作营销等理论。

这就要求我们学会整合不同观点、不同流派的营销理论，形成一套经典的、有说服力的、能反映企业营销活动普遍规律的、能指导企业营销普遍实践的营销理论。

(2)营销理论研究方向专门化。从营销理论研究的广度与深度来说，营销理论研究发生了由包治百病的基本原理性研究和普遍应用开始向分门别类、对症下药的细分化方向发展的变化，可以说市场营销学本身也在进行着一场从市场细分、选择目标市场、市场定位到选择营销组合策略的目标市场营销革命，专业化越来越突出。

近年来产生了大量研究特定产品或产品的专业化、专门化营销学，如服务市场营销学、旅游市场营销学、铁路运输市场营销学、保险市场营销学、房地产市场营销学、医药市场营销学、商业银行市场营销学、电子产品市场营销学、汽车市场营销学，甚至还提出了国家营销、城市营销、地点营销、高校营销、政府营销或其他非营利组织市场营销等专域化的营销理论。

(3)营销理论研究重点务实化。由于我国企业界长期受计划经济体制影响而形成的“思维惯性”,许多企业对市场营销的认识和运用并不完善,因此在从20世纪80年代初到20世纪末这一阶段,我国企业市场营销应用主要完成了洗心换脑、转变思维、培养现代营销意识、树立现代营销观念、形成营销战略的重大使命,大部分企业初步建立了市场营销的工作体系,也逐步认识到市场营销在企业市场竞争中的重要性。

在21世纪,我国营销学界工作的重点是把营销工作落实到位,切实把现代营销观念及营销战略深入贯彻到营销实践中去,帮助特定市场领域企业研究、制定并实施一套系统实用且有竞争力的营销策略。目前,营销学界已经把目光转向了终端市场营销、渠道管理、促销策划、公关策划、广告策划、产品推广等具体细致且实用有效的营销理论,甚至开始关注并专门研究营销活动中的色彩营销、街演营销、会展营销等具体策略问题,这无疑是营销学界走向理性、走向务实、走向创新的一个良好开端。

1.2.1.4 市场营销观念的演变

市场营销观念产生于20世纪初期的美国,是企业进行市场营销活动时的指导思想和行为准则的总和。企业的市场营销观念决定了企业如何看待顾客和社会利益,如何处理企业、社会和顾客三方的利益协调。企业的市场营销观念经历了从最初的生产观念、产品观念、推销观念到市场营销观念和社会市场营销观念的发展和演变过程。真正的营销观念形成于第四个阶段的市场营销观念,这是市场营销观念演变进程中的重大飞跃。

(1)生产观念。生产观念是指导企业销售的最古老的观念之一,产生于20世纪20年代以前。当时的社会生产力水平比较低下,企业开足马力生产仍然不能满足消费者需求。对这个时代的企业而言,如何提高生产效率便成了工作的重心所在。生产观念认为,消费者喜欢那些随处可以买到且价格低廉的产品,企业应该致力于提高生产效率。生产观念的持有者们认为“我生产什么,消费者就购买什么”。因此,企业管理的首要任务在于改善生产技术、提高生产效率、降低生产成本、扩大产品销量。

(2)产品观念。产品观念是一种与生产观念一样产生较早的市场营销观念。产品观念认为:消费者喜欢质量高、功能多并且性能好的产品,因此企业应致力于提高产品质量,并不断完善。在这种观念的指导下,企业容易产生“工程师情结”,经营者常常迷恋自己的产品,以至于没有意识到产品可能并不适合市场的需要,甚至忽视市场需求的发展变化。由于过分重视产品而忽视顾客需求,这种观念最终导致“营销近视症”

(3)推销观念。推销观念产生并盛行于20世纪三四十年代,是资本主义经济由“卖方市场”向“买方市场”的过渡阶段。推销观念认为,消费者一般不会足量购买某一产品,企业必须积极推销和大力促销,以刺激消费者购买本企业产品。其强调“把生产出来的产品卖出去”。在这种观念的指导下,企业相信产品是“卖”出去的,而不是被“买”去的。企业致力于产品的推广和广告活动,以求说服甚至强制消费者购买。当时的企业信奉三大法宝:铺天盖地的广告、紧追不舍的现场促销和永远的价格战。

与前两种观念一样,推销观念也是建立在以企业为中心之上的,是“以产定销”,而不是满足消费者真正需要的。因此这三种观念被称为市场营销旧观念。

(4)市场营销观念。市场营销观念形成于20世纪50年代,它是一种全新的企业经营哲学,这种观念以消费者为中心,是市场经营观念的一次质的飞跃和革命。该观念认为,实现企业营销目标的关健在于正确确定目标市场的需求，并且比竞争对手更为有效地传送目标市场所期望的产品或服务，进而比竞争对手更有效地满足目标市场的需求。要求企业营销管理贯彻“顾客至上”的原则，善于发现和了解目标顾客的需要，并通过整体营销活动，满足顾客需求，实现企业目标。

(5)社会营销观念。社会营销观念以社会长远利益为中心，对市场营销观念进行补充和修正。社会营销观念认为，企业的生产经营不仅要考虑消费者需要，而且要考虑消费者和整个社会的长远利益。社会营销观念的核心是：以实现消费者满意及消费者和社会公众的长期福利作为企业的根本目的与责任。这种营销观念要求企业在考虑消费者需要、利益和社会福利的前提下获得企业的利润。

1.2.1.5 市场营销组合策略的发展

市场营销组合策略的本质是企业站在顾客角度去考虑满足实现交换达成的基本条件。营销组合策略是对实现交换的众多因素的归纳。组合策略包括传统的4P理论，也包括20世纪90年代提出来的4C理论和4R理论。21世纪中国学者提出了4V理论。

(1)市场营销的4P理论。该理论包括传统的产品策略(product strategy)、定价策略(price strategy)、分销策略(place strategy)和促销策略(promotion strategy)，是指在特定时期向特定市场销售特定产品的市场营销决策的优化组合。

①产品策略是企业为了在激烈的市场竞争中获得优势，在生产、销售产品时所运用的一系列措施和手段，包括产品定位、产品组合策略、产品差异化策略、新产品开发策略、品牌策略以及产品的生命周期运用策略等。它注重开发产品功能，要求产品有独特的卖点，把产品功能诉求放在第一位，是市场营销组合策略的基础，从一定意义上讲，企业成功与发展的关键在于产品满足消费者的需求程度以及产品策略的正确与否。

②价格策略是市场营销组合中一个十分关键的组成部分。价格通常是影响交易成败的重要因素，同时又是市场营销组合中最难以确定的因素。企业根据不同的市场定位，制定不同的价格策略，其定价依据是企业品牌战略、品牌含金量和产品的特征、特色。

③分销策略是企业能否成功地将产品打入市场、扩大销售、实现企业经营目标的重要手段。企业并不直接面对消费者，而是注重经销商培育和销售网络建立，企业与消费者联系是通过分销商来进行的。

④促销策略是一种促进产品销售的谋略和方法。企业注重销售行为改变来刺激消费者，以短期行为(如让利、买一送一、特价秒杀、营销现场争抢气氛等)促成消费的增长。

(2)市场营销的4C理论。该理论是1990年美国北卡罗来纳大学罗伯特·劳特鹏根据时代特征的变化而提出的。4C分别指顾客(customer)、成本(cost)、便利(convenience)、沟通(communication)。

①顾客是指顾客的需求。企业必须首先了解和研究顾客，根据顾客的需求来提供产品。同时企业提供的不仅仅是产品和服务，更重要的是由此产生的客户价值。

②成本不单是企业的生产成本，或者说4P中的价格(price)，它还包括顾客的购买成本，同时也意味着产品定价的理想情况，应该是既低于顾客的心理价格，也能够让企业有所盈利。此外，这中间的顾客购买成本不仅包括其货币支出，还包括其为此耗费的时间、体力和精力消耗以及购买风险。

③便利主要是指为顾客提供最大的购物和使用便利。4C理论强调企业在制定分销策略

时,要更多地考虑顾客的方便,而不是企业自己的方便。要通过好的售前、售中和售后服务来让顾客在购物的同时,也享受到便利。便利是客户价值不可或缺的部分。

④沟通是被用以取代4P中对应的促销(promotion)。4C理论认为,企业应通过同顾客进行积极有效的双向沟通,建立基于共同利益的新型企业/顾客关系。这不再是企业单向地促销和劝导顾客,而是双方沟通,在沟通中找到能同时实现各自目标的途径。

4P向4C营销组合转变,具体表现为:①产品向顾客转变,变市场是将生产过程的终点——市场变为生产过程的起点,创造新顾客。②价格向成本转变,忘掉价格,考虑消费者为满足需求而愿意支付多少。③分销(渠道)向方便转变(扁平化)。④促销向沟通转变(单向沟通和双向沟通)。

(3)市场营销的4R理论。1992年美国西北大学唐·E·舒尔茨、罗伯特·劳特鹏与斯坦利·田纳本在合著的《整合营销传播》中提出了4R营销新理论。4R即关联(relevancy)、反应(reactivity)、关系(relation)和回报(return)。它是一个营销传播计划概念,要求充分认识用来制订综合计划时所使用的各种带来附加值的传播手段(如普通广告、直接反映广告、销售促进和公共关系),并将之结合,使传播影响力最大化。换言之,整合营销传播要求企业利用一切手段尽可能地将产品信息传达给消费者。4R理论如图1-2所示。

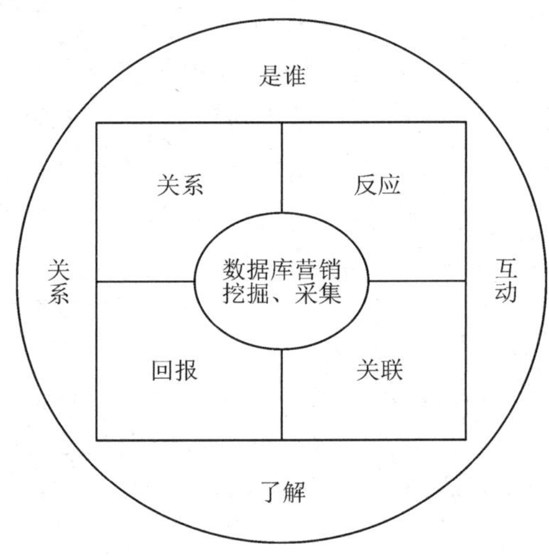

图1-2　4R理论示意图

①关联。即认为企业与顾客是一个命运共同体。建立并发展与顾客之间的长期关系是企业经营的核心理念和最重要的内容。

②反应。在相互影响的市场中,对经营者来说最现实的问题不在于如何控制、制订和实施计划,而在于如何站在顾客的角度及时倾听和从推测性商业模式转移为高度回应需求的商业模式。

③关系。在企业与客户的关系发生了本质性变化的市场环境中,抢占市场的关键已转变为与顾客建立长期而稳固的关系。与此相适应产生了5个转向:从一次性交易转向强调建立长期友好的合作关系;从着眼于短期利益转向重视长期利益;从顾客被动适应企业单一销售转向顾客主动参与到生产过程中来;从相互的利益冲突转向共同的和谐发展;从管理营销组合转

向管理企业与顾客的互动关系。

④回报。任何交易与合作关系的巩固和发展，都是经济利益问题。因此，一定的合理回报既是正确处理营销活动中各种矛盾的出发点，也是营销的落脚点。

(4)市场营销的4V理论。自21世纪以来，伴随着高科技的发展，信息沟通多元化，为使生产者与消费者之间的沟通更加便捷，国内学者提出了4V营销理论，即差异化(variation)、功能弹性化(versatility)、附加价值化(value)、共鸣(vibration)。

①差异化。差异化是指企业凭借自身技术和管理优势，在生产、销售、市场等环节追求不可替代性。企业具备独特的产品性能，树立良好的产品质量形象，培育个性化市场，用特色和灵活的销售手段建立顾客群。

②功能弹性化。随着科技的飞速发展以及科技与生产的不断融合，产品功能开始由单功能向多功能甚至全功能方向发展。功能弹性化是指以产品核心功能为基础，通过产品功能组合，满足不同层次顾客群的需求。

③附加价值化。产品价值不仅包括由物化劳动和活劳动消耗所形成的基本价值，也包括由品牌、文化、技术、营销和服务等因素所形成的附加价值，且在价值构成中的比重呈不断上升趋势。文化营销活动旨在提高"附加价值化"，提高客户满意度。

④共鸣。共鸣强调将企业创新能力与顾客价值联系起来，将营销理念直接定位于包括使用、服务、人文、形象价值等在内的顾客价值，并使之最大化。共鸣使顾客能够更多地体验到产品和服务的实际价值效果，使顾客成为终身顾客。企业与顾额间产生利益与情感"链接"。

1.2.2　我国房地产市场及其营销发展历史简述

我国房地产产业是个年轻的行业，房地产市场是个迅速发展的市场，其真正发展始于中共十一届三中全会后。迄今为止，我们可以把我国房地产市场及其营销的发展大致划分为如下五个阶段。

1.2.2.1　起步阶段：1980—1990年

20世纪80年代，理论界在社会主义产品经济理论指导下，率先提出了土地有偿使用和住宅产品化的观点，从而破除了长期以来束缚人们思想的禁锢，为房地产市场及房地产市场营销的建立和发展奠定了理论基础。

1.2.2.2　腾飞阶段：1991—1993年

这一阶段是我国房地产市场及其营销迅猛发展的时期，尽管时间较短。随着房地产市场的进一步发展，房地产开发、交易渐趋活跃。特别是在1992年春季，邓小平同志的南方谈话把我国经济发展的步伐向前推进了一大步，也迎来了房地产业发展的高潮，相应地，房地产市场营销也得到了快速发展。

1.2.2.3　调整阶段：1994—1999年

1993年下半年中央政府的宏观调控，给狂热的房地产市场打了一支"退烧针"，市场景气度下降，大量依赖于银行贷款的房地产开发企业陷入困境，面临前所未有的压力。楼盘大量空置、积压，出现了不少烂尾楼盘，大量资金被套牢，房地产及其营销发展开始进入一个调整、消化吸收的理性发展时期。

1.2.2.4 加速阶段:2000—2008 年

随着 1998 年中共中央、国务院关于在全国范围内停止住房实物分配政策的实施,住房分配货币化政策效应的逐步释放,城市改造与城市化进程的快速推进,城市经营性用地的出让方式由协议改为招标、拍卖和挂牌的变化,以及我国经济的快速发展,房地产市场及其营销又迎来了新一轮发展高潮。

2000 年初,我国的福利分房制度终止,货币化分房方案全面启动,住房制度改革继续深化并稳步发展,这同时也直接刺激了商品房市场及营销行业的发展。

2008 年国际经济环境的全面衰退迹象逐渐明显,国内经济也受到较大的影响,在持续紧缩的信贷政策下,房地产行业发展减速明显,行业内调整的广度与深度加大,资源整合的力度加强,整个行业伴随着经济调整进入新一轮的全面调整期。

1.2.2.5 繁荣阶段:2008 年至今

2008 年以来,经过全面调整,房地产产业的发展呈现曲线上升的趋势,取得了巨大的成就,已经成为国家经济发展的重要驱动因素。目前房地产产业正在迎接挑战,抓住机遇,借城镇化建设东风稳步上升、走向成熟,房地产市场营销也正呈现出百花齐放的新局面。

1.2.3 房地产市场营销发展动态及方向

进入 21 世纪,市场营销已成为决定我国企业命运的重要因素,甚至有人提出营销就是企业的灵魂和未来。房地产开发企业高层管理者应意识到营销职能的重要性,要在资源配置、部门决策权重等方面向营销部门倾斜,重视市场营销的健康发展和创新发展。当前房地产市场营销发展动态及方向如图 1-3 所示。

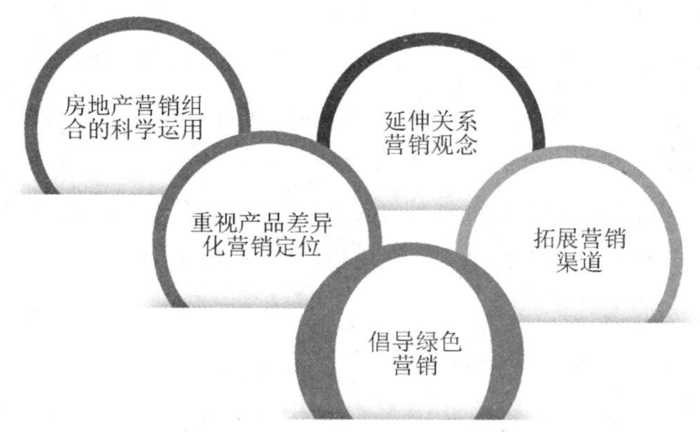

图 1-3 房地产市场营销发展动态及方向

1.2.3.1 房地产营销组合的科学运用

市场营销组合是产品、价格、渠道和促销四个要素的有机组合。企业要制订和选择不同的营销组合方案,对营销组合中的各种工具都必须精心统筹、科学运用。要针对不同的目标顾客群体运用不同的营销组合,进行针对性营销,这样才能提高营销的效率。

企业在制定营销策略时,应根据目标顾客群体、竞争对手和时机等不同影响因素选择市场营销工具的类型和数量，形成不同的营销组合方案，从而提高市场营销的针对性和精准性，使企业的营销努力效果更显著。房地产开发企业之所以要利用营销组合，其主要原因是在竞争激烈的市场上，企业仅仅依靠某一种工具很难实现预期或理想的营销目标。仅仅依靠"广告战"和"价格战"，可能会收到一时的效益，但从战略上看，很可能得不偿失，因此房地产开发企业期望通过这种简单的低水平营销组合来取得长期的发展不切实际。

1.2.3.2 延伸关系营销观念

当今关系营销在企业界已得到较为广泛的应用，在理论上已得到了更为深入的研究，其被克里斯丁葛罗斯誉为"未来的营销理论"。随着我国经济市场化程度不断的提高，企业之间的竞争随着买方市场的形成也更加激烈，这为关系营销的推行和发展提供了良好的宏观环境。通过关系营销，能使房地产开发企业形成稳定的顾客群体，在反馈买方第一手信息的同时，能使房地产开发企业制订出满足客户的动态需求的方案。

毋庸置疑，营销理论本身发展的作用，尤其是战术营销向战略营销方向的转变，使得公共关系、人的内在感情需求以及营销整体环境都成为21世纪房地产市场营销的发展方向。

1.2.3.3 重视产品差异化营销定位

21世纪，房地产开发企业要想在竞争中立于不败之地，除了要寻找企业细分市场外，还要使其房地产产品与竞争对手的产品存在差别。差异化是企业市场定位的基础，没有差异就没有个性，从顾客的角度看就没有特点、没有独特性，顾客就会缺乏选择的动力。企业要使购房者选择自己的产品，首先要使购房者喜欢自己的产品，通过产品的差异化，就可能满足细分市场消费者的要求。

差异化是企业在激烈的市场竞争中使营销工作有效化的关键，且能比竞争对手更好地满足需要，形成企业核心竞争优势，提高企业效益。房地产开发企业最应关注的是差异化的塑造与营销对接。房地产产品差异化可通过提供优质、价低、产权安全、物业管理完善、设计独特、功能齐全的产品及服务来体现。

1.2.3.4 拓展营销渠道

网络营销是借助于信息网络技术发展起来的营销。网络营销方便快捷，能够提供个性化服务，有效地降低了企业的营销成本，拓展了营销空间，增加了营销机会，扩大了营销规模，提高了营销竞争力。

房地产网络营销是传统营销的继承和发展，能够有效降低营销费用，增进企业和顾客的良好沟通，充分利用微信、房产网站等媒介的功能，提供实时服务，突破客户地域界限，完善房地产开发企业的营销理念，提升房地产开发企业的自身形象，从而增加房地产企业的市场竞争力。

1.2.3.5 倡导绿色营销

由于中国工业化和城镇化的高速发展，资源紧张的瓶颈日益突出。我国政府果断提出走可持续发展的道路，提倡建设资源节约型社会。在这个大环境下，发展节能和环保概念的建筑项目将会是房地产行业的主要发展方向。与此同时，在房地产行业引进市场运作的体制下，节能和环保同样能给房地产企业带来难以估量的经济效益和社会效益。

从消费者利益和社会环境利益出发，21世纪房地产开发企业的开发方向应是节能、环保的建筑产品。企业要从建筑材料的研发、设计、生产到销售，从建筑产品到环境配套等各个方面全面实现绿色化，即生产环境绿色化、生产过程绿色化、产品本身绿色化、产品运营绿色化。建筑节能、环保关乎民众的生活，房地产开发企业开发生态节能、无污染的新产品，会在日趋激烈竞争的市场环境中异军突起。

开展绿色营销是企业新的经营理念，是21世纪全球营销的主流。房地产企业应当树立绿色营销观念，实施一套全面而系统的绿色营销战略。

1.2.3.6 采用电子营销

在信息全球化时代，网络大数据资源能够共享，房地产销售也可采用电子商务的形式，这有利于房地产开发企业降低销售成本、加大房地产开发企业与客户的互动，帮助房地产开发企业突破营销的地域和时域界限。电子商务可以应用在广告宣传、渠道销售、信息发布、物业管理服务、网络促销和市场调研等方面。

1.3 房地产市场营销教学和学习建议

房地产市场营销是房地产开发与管理相关本科专业的核心课程，该课程不仅要求学生掌握理论知识，还要求学生需具备一定的实践应用能力。该课程的知识点贯穿于整个房地产专业培养的各个环节，课程中涉及的市场调查、市场分析、市场研判无疑都是将来从事房地产工作的基本功，因此掌握好该课程，能对整个专业能力的培养打下坚实的基础。

1.3.1 教学方法的建议

1.3.1.1 以案例为核心展开教学

理论教学需重视知识点教学，避免照本宣科式的流水教学，应以案例贯穿全书有关重要知识点，在授课一开始就要求学生系统阅读整个教材，并推荐另一本营销策划案例教材备阅，要求学生写两篇读书心得，了解他们对以上两本教材的学习情况。这样能让学生有效地、系统地了解该课程的大致内容，对全书理论知识有个初步的认识。

在教学中则应根据各个重要知识点开展以案例式为主的教学活动，突出每个知识点的运用和能力培养，有的放矢地进行讨论，对概念性的知识点强调应理解运用而非死记硬背，抛弃教条式教学。每个章节列举经典案例，老师讲解案例时要结合案例的背景和生活实际进行讲述和比较，穿插现时新闻、时事热点、图片视频、政策动态、理论要点进行渗透式教学，这样既生动有趣又充满实战性。在讲解个别关键内容时，可带学生去相关楼盘参观学习，进行开放式教学，让学生获取一线资料和知识，通过学生亲身感受，使其吃透现场案例、提高学习兴趣，这样能达到既统领全书架构又贴近实践培养能力的效果。

1.3.1.2 建立学生周末实习基地

在学校周边的楼盘建立学生周末实习基地，老师带学生去参观学习，熟悉情况，感受和了解实践与理论知识的异同，将学生排表交叉到各楼盘进行实习，让其协助基地方参与部分外拓工作，积极参与基地方部分营销策划工作；有房交会活动或某个楼盘的开盘活动时可联系学生进行助场，并参与一些活动；让学生参与中介代理公司、媒介公司的一些房地产专场策划营销活动；让学生多与外界接触，了解真正的市场，找出理论知识和实践操作的差距，加深对知识点的理解，培养学生更多的兴趣。

老师平时上课时要注重对身边楼盘的讲解，把楼盘中的营销策划方案特别是前沿的实践方法和书本上的知识点结合起来，这样的讲解更加贴近实际并易于被学生理解，也能保持知识的新鲜度。

1.3.1.3　邀请有关营销策划负责人到校讲课和当评委

在房地产市场营销课程设计环节邀请几个楼盘的销售策划负责人就某个楼盘的情况进行讲解，讲解其楼盘的具体营销策划方法以及目前市场中最新开发和运用的新营销方法，然后让学生提问答疑，加深对实际营销策划各个环节的理解。

在课程设计环节，鼓励学生多跑本地区楼盘，接触更多的人和事，丰富见闻，加深理解，锻炼实战能力；通过设计过程模拟真实开发地块，进行营销策划活动，开展小组间PK营销策划活动，扮演相关角色，让学生充分参与进来，相互查漏补缺。同时，邀请有关营销策划负责人当评委，和老师一起点评其优缺点，提升学生的实践能力。

课程设计答辩时也可邀请几位开发商负责人当评委，对学生的设计进行评判，评选最优的设计方案，评出亮点和创新点，这样的成绩更加符合和贴近实际，且整个答辩过程就是一个学习比较和综合提升的过程，有利于学生创新思维的培养。

1.3.1.4　开展情景式教学

进行情景式上课模拟，多让学生发表意见、参与讨论、开动脑筋，多开“研讨会”，多进行“个案演习”，在讲解每个知识点前，布置任务给每个小组，各小组成员课后分析讨论，上课时让各小组轮流派代表谈谈对该知识点的理解，进行角色调换，让学生先讲小课，加强课堂互动，活跃课堂氛围，增加趣味性，并且要求小组每次派出的代表都要不同，防止“打酱油”现象的发生。

学生谈完后老师讲大课进行总结分析，并拿出相应的知识点案例进行实战性教学，讲完每章后可根据需要进行一个小考试或小讨论。不同的情景化课堂，既巩固了理论知识，又提高了销售技巧和能力水平，更加启发了学生创新思维能力，使学生真正掌握营销策划的思想精髓。

1.3.2　学习方法的建议

1.3.2.1　分小组展开交叉讨论学习

对学生进行分组，以五人为一个学习小组，设学习组长一名，明确分工，团队协作，以小组内部产生的自评成绩作为平时成绩参考，成绩必须要区分档次；小组平时展开知识点讨论，调研市场问题，课余时间到各售楼部实习，小组间进行一些营销策略设计方案比赛；课程设计时要进行项目全程策划，模拟房地产销售，这些都要以小组为单位展开，小组模拟成一个项目的售楼部，结合相对应的各知识点进行实战性营销策划学习。同时组建课外房地产市场营销策划兴趣小组，开展业余实习活动，为将来就业做相关准备；老师可外接一些横向课题或临时局部性促销业务，带小组一起做营销策划方案。

1.3.2.2　主动学习

要积极主动地学习专业知识，而非被动地去接受，遇疑惑时要多请教老师和同学，充分利用身边的资源，不断充实自己。节假日和寒暑假要充分利用时间进行临时性实践学习，要在实践中吃透和感悟各个知识点，真正做到学以致用。

1.3.2.3　充分利用课堂，勤做笔记

课堂上要及时配合老师，认真做好笔记。笔记能帮助自己记住老师讲授的内容，勤书写能

够加深对理论知识的印象。另外，尤其重要的还有在课堂上要积极、独立思考，跟上老师的思维，这样才能充分利用好课堂。

1.3.2.4 采用实地考察的方法学习

房地产营销不是纸上谈兵听各种案例就能学会的，而是要善于深入实际，注重细节。到房地产销售案场去实地观察，了解相关内容，并参加一些房地产的营销活动，有利于学生将学到的知识融入到实践中，并能促使学生用客户的心理来判断营销策略是否正确。

知识归纳

1. 市场营销是通过创造和交换产品及价值，从而使个人或群体满足欲望和需要的社会过程和管理过程。

2. 房地产市场营销是指房地产开发企业在相互竞争的市场环境下，按照市场形势变化的要求而组织、管理企业的一系列活动，直至在市场上完成商品房的销售、取得效益、达到目标的经营服务过程。

3. 房地产市场营销战略是房地产开发企业对市场营销活动所进行的分析、计划、实施与控制过程的前瞻性把控。

4. 房地产市场营销具有和法律制度密切相关、受外界影响明显的特征，属于市场营销的分支。

5. 房地产市场营销组合策略包括传统的4P理论，也包括20世纪90年代提出来的4C理论和4R理论。

6. 房地产市场营销流程包括房地产市场细分及目标市场的确定、房地产市场调查、目标市场营销微观环境分析、设计市场营销组合、制订市场营销计划、实施市场营销计划和市场营销控制。

7. 市场营销学正在或将要发生的变化主要体现在营销理论传播态势丛林化、营销理论研究方向专门化、营销理论研究重点务实化三个方面。

8. 房地产市场营销发展动态及方向是房地产营销组合的科学运用、延伸关系营销观念、重视产品差异化营销定位、拓展营销渠道、倡导绿色营销。

思考题

1. 何为房地产市场营销？其与市场营销有何区别？
2. 房地产市场营销的特征体现在哪些方面？
3. 市场营销的发展经历了哪些历程？
4. 市场营销学发展的变化是什么？
5. 房地产市场营销未来的发展方向是什么？
6. 房地产市场营销有哪些作用？
7. 如何才能更好地学习和掌握房地产市场营销？

案例实训

案列一:2017 年 7 月 17 日,广州多地出现了一个令人满头雾水的 LED 屏广告,上面写着"广州,再见"以及"我当初来到这座城市的决定对吗?"两行大字。这个广告成功地戳中广漂人士的痛点并勾起了公众的广泛兴趣。接下来的两天,LED 屏幕上继续放出走心的文案广告,刺激广大广漂人士参与。除此之外,一大批山寨版的"扎根广州"文案开始现身,真正形成了"病毒式"的传播效果。直到 7 月 20 日,广州某房地产楼盘才姗姗现身,打出"广州,说不出再见""留下来,他们说得对"的字样,为这个耗时 4 天的 LED 悬念事件营销划上了一个句号。

并且,据媒体数据报道,该 LED 悬念事件营销从 7 月 17 日至 7 月 21 日,每一篇与之相关的自媒体报道阅读量均超过 10000 次。该房地产楼盘项目带来超过 200 组的访问客户,同比增长了 30%,且楼盘热线来电量也增加了 10%。

问题:

这个房地产楼盘项目为何能取得如此好的传播效果,并且线下转化成果也有目共睹呢?从市场营销发展动态的创新角度分析其原因。

案列二:两个开发商,一个在城东十里开发××花园,一个在城西十里开发凤凰山庄。城东的聘请了最好的设计师,使用了一流的施工队,城西的也是如此。一年后总投资 10 亿的城东××花园建成了。60 栋楼房环湖排列,波光倒影,清新雅静,曲径回廊,处处花草,置身其中,真如在花园中一般。不久,凤凰山庄也竣工了,真像一座山庄,60 栋楼房依山而筑,青砖碧瓦,绿树掩映,清风徐徐,松涛鸟鸣,确实是理想的居住地。

城东××花园首先在电视台打出广告,接着是报纸和电台,它打算投资 1000 万做宣传,让城东××花园成为购房者真正圆梦的地方。凤凰山庄建好后,也拿出 1000 万,不过它没有交给广告公司,而是给了公交公司,让它们把跑西线的车由每半小时一班增加到每 5 分钟一班。一个月后,凤凰山庄售出的商品房是城东××花园的 10 倍。一年后,凤凰山庄开始清盘,城东××花园开始降价。

现在去凤凰山庄的公交车每 2 分钟就有一班,坐上这条线路上的车,人们可以得到一张如公园门票大小的彩色车票,它的正面是凤凰山庄的广告,反面是一首四言绝句,这种车票每周一换。据说,凤凰山庄有个孩子已在车上背了四百多首唐诗,最少的也背了五十几首。

前不久,城东××花园申请破产,凤凰山庄借势收购。从此,市区又多了一条车票上印有宋词的线路。

问题:

如何评价这两个开发商的做法?

案例三:××房地产公司推出一套"购房无忧"方案。此方案从 2018 年 10 月 1 日开始实施,其最具吸引力之处在于:自即日起凡购买银城只需支付总房款的 30%,即可签定购房合同,余款 70%可在 2020 年 5 月 1—15 日期间(交房前一个月)支付。但优惠方案另外附加限制条件,称此次活动销售房源仅为指定的 5 栋楼,且参加该活动后,客户不再享受公司之前推出的其他优惠方案。国庆黄金周期间,购房无忧方案已经获得了消费者广泛的认可。

问题:

该房地产公司在制订此方案时考虑了哪些因素?

第2章　房地产市场调研与预测分析

内容提要

本章主要内容是对房地产市场调研与房地产市场预测分析的相关内容做出解释，包括房地产市场的相关概念、房地产市场调研与预测分析的相关知识以及房地产市场调研的个别案例分析。重点是房地产市场的特征、房地产市场调研的内容与问卷设计、房地产市场预测分析的必要性与原则；难点是房地产市场调研的方法、调研报告的撰写与房地产市场预测分析方法的掌握以及房地产市场预测分析的程序。

能力要求

通过本章的学习，要对房地产市场的概念有一定的了解，能够区分房地产与房地产市场；掌握市场调研的基本类型和方法、调查问卷的设计、调研报告的撰写以及房地产市场预测的方法和房地产市场预测分析的相关程序。

2.1　房地产市场概述

住房问题关系千家万户切身利益。房地产领域始终是社会关注的焦点。十九大以来，从中央到地方，各级政府和有关部门不断出台新举措，不断推进房地产市场的持续健康和平稳发展。那么房地产市场究竟是怎样的呢？它与我们的衣食住行有着什么样的关系呢？我们首先要了解的便是房地产市场的相关知识。

2.1.1　房地产与房地产市场

了解房地产与房地产市场，最基础也是最重要的便是对不同概念的不同特征的区分与把握。

2.1.1.1　房地产的概念与特点

房地产是以土地以及附着于土地之上的房屋设施为主要物质形态的财产及其权属关系，也是指土地、建筑物及固定在土地、建筑物上不可分离的部分以及其附带的各种权益。房地产本质是由其实体和权益构成的整体。

房地产作为一种客观存在的物质形态，是指房产和地产的总称，包括土地、附着于土地上的永久性建筑物、构筑物以及由它们所衍生出来的各项权利。其中，房产是指建筑在土地上的各种房屋，包括住宅、厂房、仓库和商业、服务、文化、教育、卫生、体育以及办公用房等；地产是指土地及其上下一定的空间，包括地下的各种基础设施、地面道路等。房地产由于其位置的固定性和不可移动性，在经济学上又被称为不动产。

法律意义上的房地产本质是一种财产权利，这种财产权利是指寓含于房地产实体中的各种经济利益以及围绕利益而形成的各种权利，如所有权、使用权、抵押权、典当权、租赁权等。其中，房产是指在法律上有明确所有权权属关系的房屋财产；地产是指有明确法律权属关系的土地，是由土地物质即纯自然土地和全部土地资本构成的，是作为财产的土地。

房地产之所以与其他的产品不同，在于它有着比一般产品更为独特且无可复制的特征。以下是房地产的几个主要特征。

(1)位置固定性。房地产属于不动产，在空间位置上是没有变化的，房地产的不可移动性是其决定性因素。正因为有这个特点，房地产产品从其生产出来，就与其周围的景观、交通、基础设施等有着不可分割的联系，因此任何房地产都是独一无二的。

房地产位置的固定性对房地产价格的调整具有很大的局限性，它决定房地产产品只能在同一个地方开发、经营或消费，并且该产品的发展方向很大程度上受制于这个地方的区域位置和外部环境条件，使房地产不可能像普通产品一样使用单一的价格促销策略来改变其销售局面。同时房地产价格也深受其地理位置的影响，导致不同地区，甚至是同一地区不同地段的房地产价格都有很大差异。例如一线城市的房地产价格肯定会高于二、三线城市的房地产价格，靠近交通主干道的房地产价格在正常情况下会高于位置相对偏僻地区的房地产价格。

(2)耐用性。房地产耐用性的最大体现就是房地产使用期限比一般产品要长，能够长时间保持其效用，在数十年甚至数百年的时间它都能够维持效用。很多古代的建筑，如明清时代的不少建筑都遗留下来，至今还在使用。而像现在的房地产产品，一般也都有几十年的使用寿命，在它的生命周期内，虽然经济价值和使用价值会相应降低，但它的价值绝不会消失。

因此，对不同类型房地产产品使用年限也有着不同的界定：在质量保证、维护得当不发生自然意外的前提下，房地产的寿命可长达百年甚至更久。如：①一般钢筋混凝土结构的房地产耐用年限为100年，生产用房为50年，受腐蚀的生产用房为35年，非生产用房为60年。②一般砖混结构的房地产耐用年限为60年，生产用房为40年，受腐蚀的生产用房为30年，非生产用房为50年。③一般砖木结构的房地产耐用年限为40年，其他结构的为20年以下(如简易结构为10年)。

(3)保值增值性。房地产的保值增值性体现在投放到房地产上的资金的增值速度与货币市场的贬值速度相等甚至更快，从而导致投入资金能在一段时间内保持其购买力；房地产的保值增值性也是指在多数情况下房地产的价值不会因其使用产生的折旧而导致价值明显下降，相反其价值呈现递增趋势的特性。房地产保值增值性的重要影响因素是土地的稀缺性和不可再生性。

房地产的保值增值性影响着房地产的主要功能。其功能主要有两个方面：一是居住功能，居住功能永远是第一位的。二是投资功能，是指投资者将资金投入到房地产行业，以期待投入的资金得到升值，从而获得其中的差价。

(4)相互影响性。经济学上称之为“外部性”，也就是某个经济行为主体(生产者或消费者)的活动影响了社会其他人的经济条件或经济环境，又称外部效应、外部影响。与一般产品比较，房地产的生产和消费与周围环境之间更容易发生相互影响。这些影响会使得房地产因外部环境的改善而增值，也会因外部环境的恶化而形成价值损失。

房地产的相互影响性主要体现在它的价值上。众所周知,评价房地产价值的高低很大程度上从房地产所处环境来评价。比如它周边的配套设施是否齐全,人文环境是否良好,居住条件是否舒适等,这些也是我们在选择购房时要考虑的。同时,随着房地产项目的进行,它对周边的经济、人文环境也会带来各种影响。

此外,房地产的特点还有投资的风险性、供求的区域性、难以变现性、用途多样性等。

2.1.1.2 房地产市场的概念

"市场"是我们所熟知的一个事物,它由来已久,是随着社会分工、产品交换而产生与发展的,它是社会生产力发展到一定阶段的必然产物。市场的概念大致分为以下几种。

(1)市场是产品(服务)交换的场所。市场是产品(服务)交换的场所,是产品的买者与卖者从事某一特定产品买卖的场所和接触点。这个概念是最原始的,其范围也是最小的,所以它是狭义的概念。我国古代的"日中为市,致天下之民,聚天下之货,交易而退,各得其所"说的就是这种狭义的市场。

"市场是产品交换关系的总和"这一概念是经济学中市场的概念。它是指参与产品和服务的现实和潜在交易活动的各经济主体之间所涉及的各种经济关系,包括产品(服务)的生产与流通、供应与需求之间的各种经济关系或者政府与企业以及消费者之间的关系等,这些关系的总和就是广义的市场。

(2)市场是某产品(服务)的现实和潜在消费者。这一概念主要用于企业的销售基础上,当我们听到企业的管理者谈到"我们有10%的市场占有率"或者"我们要扩大市场竞争力"时,这里的市场就是指消费者的数目。但这里的市场有着现实和潜在的区别:现实的市场是指企业产品(服务)实际上供应到的消费者的数目,是已经实现的交易关系;潜在的市场是指企业的产品(服务)即将或者可能供应到的那一部分消费者,是尚未实现但有机会的交易关系,是一个估计的概念,具有不确定性。

(3)房地产市场的概念。根据以上的对市场的定义,房地产市场的概念可以从多个方面去阐述。

①从狭义上讲,房地产市场是从事房产、土地的出售、租赁、买卖、抵押等交易活动的场所或领域。

②从广义上讲,房地产市场是房地产公司所提供的房地产产品(服务)在交易过程中所产生的各种关系的总和。

③从房地产商的角度上讲,房地产市场又意味着自己生产的房地产产品所要面对和供给的消费者的数量。

2.1.1.3 房地产市场的分类

(1)根据其交易对象的不同,房地产市场可分为房产市场和土地市场。我们现在学习和了解的多为房产市场,房产市场是以房产作为交易对象的流通市场,房产市场流通的房产,是具有一定的房屋所有权和使用权的房屋财产,它包括作为居民个人消费资料的住宅,也包括作为生产资料的厂房、办公楼等。因此,住宅市场属于生活资料市场的一部分,非住宅房产市场则是生产资料的一部分。

(2)根据房地产的流通情况,房地产市场可分为以下三级。

①房地产一级市场，又称土地一级市场（土地出让市场），是土地使用权出让的市场，即国家通过其指定的政府部门将城镇国有土地或将农村集体土地征用为国有土地后出让给使用者的市场。房地产一级市场是由国家垄断的市场。

②房地产二级市场，又称增量房地产市场，是指生产者或者经营者把新建、初次使用的房屋向目标消费者进行转移，主要是生产者或经营者与目标消费者之间的交易行为。一般指商品房开发首次进入流通领域进行交易而形成的市场。

③房地产三级市场，又称存量房地产市场，是购买房地产的单位和个人再次将房地产转让或租赁的市场。其具体为商品房、经济适用住房、已购公有住房等的再次交易市场，具体包括房屋的交换、抵押、典当、租赁等流通形式。

(3)按房地产交易形式，房地产市场可分为销售市场、租赁市场、抵押市场、保险市场等。

2.1.2　房地产市场的特征与影响因素分析

企业若想在房地产市场中站稳脚跟，就必须要对房地产市场的发展特征及其影响因素有一定的认识，这样才能避免一些不必要的风险，使利益最大化。

2.1.2.1　房地产市场的特征

我国的房地产产业是一项新兴产业，随着经济的高速发展，房地产产业被定位为国民经济的支柱产业，许多新进入房地产市场的开发商由于没有了解房地产市场的特征，投资出现或大或小的失误，导致投资收益小甚至血本无归。所以，要想在房地产市场中生存下去并获得收益，必然要了解有关房地产市场的一些特征。

(1)投资的风险性。房地产投资是在房地产开发与经营的基础上，形成新的可用房地产或者改造原有房地产。房地产投资也是一种高风险、高收益的投资方式，如果投资失败，会给投资者甚至是城市的整体建设带来严重的后果。风险的主要来源有很多，主要是由投资者对市场调查分析不足引起的。

(2)供给的滞后性。一方面，土地为不可再生资源，土地资源的自然供给没有弹性，土地的经济供给弹性较小；同时，土地的用途一旦确定就难以改变。另一方面，因为房地产开发的周期较长，从开始策划到建成销售需要至少一年甚至数年时间，因此当市场上出现供应不足的时候，新增的供给需要很长的时间才能填满空缺。又由于房地产使用的耐久性，房地产在供过于求的时候，多余的供给量又需要很长一段时间才能消化掉。所以，供需相对平衡的状态在房地产市场中是很难达到的。

(3)区域性。我国房地产产业的发展与所在区域的经济增长密切相关，均呈现明显的区域性特征。又由于房地产位置的不可移动性，其影响范围仅仅是在某一个区域内。这种区域性所带来的变化无非有两种形式：一是价格变化不大但房地产类型的变化很大，二是房地产类型变化不大但价格有很大的不同。

(4)变化的周期性。就像经济的变化趋势一样，房地产市场也会呈现一种有规律的上升和下降，呈现一种周期性变化。根据其变化的态势可以将其分为扩张与收缩两大过程，或者进一步细分为萧条、复苏、繁荣、衰退四个阶段，如图2-1所示。并且随着房地产市场的蓬勃发展，这种特点也越来越明显。

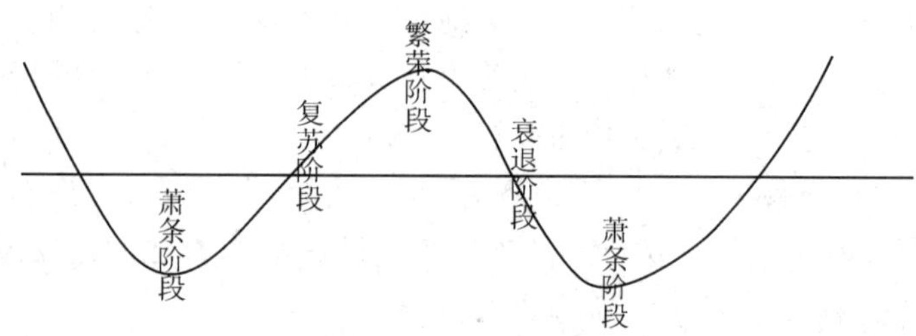

图 2－1　房地产周期波动图

房地产市场的特征除以上说的四点以外，还具有流通形式的多样性、市场投机的巨大可能性、市场的不完整性等特征。

2.1.2.2　房地产市场的影响因素分析

影响房地产市场的因素很多，这些因素之间相互关联、互相影响，我们可以从不同角度对这些因素进行划分。根据房地产市场的特性，我们可以从供给和需求两方面进行阐述。

(1)影响房地产供给方面的主要因素。这些因素包括：

①土地的供给量及土地的价格直接影响房地产市场的供给，是影响房地产市场的根本性因素。

②国家政策对房地产市场起着宏观调控的作用，影响着房地产市场发展的大方向。

③房地产开发商的资金水平、融资能力、相关技术水平以及企业的开发方向等也影响着房地产的开发量。

(2)影响房地产需求方面的主要因素。这些因素包括：

①消费者的消费心理和消费偏好是影响房地产购买力的主要原因。例如消费者的房屋购买行为、追涨不追跌、炒房行为以及投机心理等都对房地产需求有着很大的影响。

(2)国家相关经济政策、货币政策对房地产信贷方面的影响间接影响着消费者的购买能力。

(3)城市人口的结构和数量等客观因素决定着房地产市场的需求量、开发速度以及开发规模。人口结构是房地产需求群体的主要衡量方向，人口的数量直接关系着房地产的规模。

(4)在消费者的购买力方面，居民人均收入水平高低影响着市场购买力大小，居民的可支配支出是影响房地产需求的主要因素。

2.1.3　房地产市场调研与房地产营销关联性分析

有的人认为房地产市场的调查与研究很简单，可有可无，这种想法是非常错误的。不论是企业还是商人，在进入市场前首先一定要经过认真细致的市场调研来确定其市场目标，否则就会像盲人摸象那般，不能掌控全局，对市场认识不清。

房地产市场的调查与研究就是运用科学的方法，有目的、有计划、系统地收集房地产市场营销方面的各种资料，通过对过去与现在营销状况及动态性影响的分析研究，为房地产开发企业预测项目经营状况、策划产品与市场定位、制定正确的项目决策提供可靠依据。而我们现在做的调查与研究工作只是其中最简单的一小部分，主要是调查位置、规模、类型、工期、销售状况等方面。调查重点就是产品价格和销售情况，难点是调查真实的销售价格和销售率的问题，经常有人把对外报价当成实际成交价。直接查找真实售价最好的方法就是到房管局或有关部门查询，此种方法准确可靠、可信度较高，但需要有一定的社会关系。

房地产营销工作其实与打仗一样，知己知彼，方能百战不殆。如果调查与研究较充分，在实际营销工作中，当客户看房时提出别的楼盘的优点时，销售人员能及时接上话题，对客户的意见进行细致的分析，讲解客户所认为的别的优点的片面性和局限性，并用自己楼盘的优点进行比较，从而得出自己楼盘的突出综合优势，引导客户的思维，这样就能发挥调查与研究的实战作用。

总之，房地产市场的调查与研究是进行房地产营销策划的重要前提和基础，房地产调查与研究的结果直接影响房地产营销策划成果的好坏，二者密不可分。

2.2　房地产市场调研分析

在现代市场经济条件下，企业的运营环境是不断变化的，环境的变化在给企业带来了发展机遇的同时也给企业带来一些潜在的威胁。因此，进行市场调研是房地产开发企业进行营销策划的基础，同时也是房地产项目各项工作展开的起点。

2.2.1　房地产市场调研的概念与作用

房地产市场调研能为房地产相关企业的投资决策和管理决策提供信息和依据，是房地产项目策划的基础。

2.2.1.1　房地产市场调研的概念

房地产开发企业在进行生产经营时为了获取开展下一步工作所需要的市场信息以及对市场的未来发展情况进行预判，往往会对企业项目进行相关的市场信息的采集与调查，这就是我们所说的房地产市场调研。

房地产市场调研就是把房地产市场作为研究对象，通过科学理论及现代化的调查技术，对房地产市场信息和各种情报资料进行有目的、有针对性、系统的收集、整理、记录和分析，进而对房地产市场进行有效的研究和预测，把握市场现状和发展趋势，并最终为营销决策服务的专业方法。房地产市场调研也是一种通过信息将消费者与房地产开发企业联结起来的职能，调查了解的房地产市场信息用于寻找和确定房地产市场的营销机会及问题，并产生、提炼和评估营销活动，监督营销绩效，提高将营销视为一个过程的理解，并据此做出迎合消费者与市场的决策。

2.2.1.2　房地产市场调研的作用

房地产市场调研是房地产开发项目营销策划的基础。它涉及信息的收集、筛选、鉴别、提取、处理、分析和沟通的全过程，它在房地产市场营销中的重要性大致体现在以下几个方面。

(1)认识市场，捕捉新的市场机会，理解持续变迁的房地产市场环境。投身于某一行业的人都会有一种切身的体会：行业技术创新层出不穷，市场追捧概念时时转换，必须随时摸清市场风向，以保证决策的实时准确性。市场环境的变迁主要包括：

①消费者需求水平和基本特征的变化，如随着收入水平的提高，人们对住房的需求不断改变。

②经济政策形势的变化及购房意识的改变，如“棚改货币化安置”“租购并举”等相关政策

的出台引导人们消费理念和消费习惯的变化。

③应用技术水平的变化,如住宅小区智能化、智能化办公、绿色建筑、装配式住宅等。

而通过房地产市场调研可以了解市场的现状及其变动趋势,包括市场的供给情况、需求状况、竞争对手的活动意向等方面的情况。置身其间的房地产开发企业,如果能够根据变迁的市场环境适时对市场营销计划做出调整,就可以抓住市场机会,创造新的盈利点。

(2)分析市场潜力,挖掘卖点,有针对性地提出市场推广计划。在房地产项目开发前,企业要确定项目推出后的销售前景或市场潜力,这就需要对潜在客户的需求特征和规模进行调研,以确定能否在较短的时间内找到项目卖点所在,被消费者所接受,为市场所吸收。在项目开发过程中,制订相应的市场推广计划,确定如何将项目的关键信息有效地传达给潜在客户,以尽可能小的推广成本获得最大的宣传效果。另外,在市场推广计划中要确定销售时机、价格落差、价格变化、价格调整等细节,也离不开市场调研。

(3)判断某种产品或服务的盈利性,规避市场风险。从根本意义上来说,某一产品或产品设计市场潜力大,意味着其潜在的高盈利性和高风险性。要想在众多的可选产品形式中找到富有成长性、潜在高盈利性的类型,可以借助市场调研来估算。通过市场调研能够使房地产开发商充分了解现有市场的各项具体情况,制定正确的战略决策,进行项目的可行性研究,从而帮助企业判断其产品的盈利性,并有效规避市场风险。

(4)评价某种市场决策或管理决策的效果,判断该产品的满意度。当房地产开发企业做出某种市场决策后,往往会急切地想知道市场的反应,决策的正确与否,相关配套措施能否满足需要,顾客的满意程度如何,是否需要进行改进,营销方法的针对性如何,是否需要调整,营销计划的效果如何,是否需要改善,如果需要,如何改进,并指出改进的关键点,而评价市场决策和管理决策的效果是市场营销的又一重要领域,这样才能促进房地产开发企业持续发展。

2.2.2 房地产市场调研的基本类型

房地产市场调研涉及社会经济文化等多个角度,依据调查内容、调查目的、调查范围、调查方式等方面的不同,房地产市场调研可分为以下几个基本类型。

2.2.2.1 探测性调研

探测性调研是房地产开发企业在对房地产市场没有掌握基本情况、掌握的情况十分模糊或对所要调查的问题不知从何处着手时所采取的一种方法。探测性调查主要是发现问题和提出问题,以便确定房地产市场的调查重点。

2.2.2.2 描述性调研

描述性调研是对已经找出的问题做出如实的反映和具体的回答。描述性调查从外部联系上找出相关因素对提出的问题进行回答,并在此基础上再提出一些相关的问题。描述性调查必须占有大量的信息情报,调查前需要有详细的计划和提纲以保证获取资料的正确性和可靠性,房地产问卷调查大多属于这种调查方式。

2.2.2.3 因果性调研

因果性调研也称作因果关系调研,是在描述性调研的基础上进一步研究分析问题的前因后果,找出影响问题的各个因素之间的因果关系。例如,通过控制广告费用在不同媒体的支出,来观察在不同媒体上投放的房地产广告对房地产销售量的不同影响。

2.2.2.4 预测性调研

预测性调研是通过收集、分析、研究现有的各种房地产市场资料，运用数学方法，估计未来一定时期内房地产市场对某种类型物业的需求量的变化趋势。预测性调研可以帮助房地产开发企业制订有效的营销计划，规避市场风险以及可能带来的损失。

2.2.3 房地产市场调研的阶段

房地产市场调研包括从信息的收集到调查结果的分析一系列复杂的过程，整个过程包括许多不同的阶段，每一个阶段都有它特定的任务与实施意义，严密的调查步骤可以保证调查信息的完整性和可信性，帮助调研人员提高工作效率，实现目标。

2.2.3.1 准备阶段

房地产市场调研准备阶段是调查工作的开端，准备是否充分，对于开展正式调查工作和调查结果的质量都有着重要的影响。根据房地产开发企业的发展需求，首先应确定房地产市场调研的目的、内容和范围；据此拟订详细、周密的调查计划，确定调查的对象、方法；根据调查作业的需要，选择具有一定素质和专业知识的调查人员。

2.2.3.2 实施阶段

(1)通过各种途径收集相关资料，确定是只收集第一手现场调查的资料，还是第一手资料和第二手资料的统计资料同时收集，也要确定资料的来源，保证资料的有效性。

(2)确定调查主题和具体的调查内容，设计调查问卷，问卷内容必须切合调查内容，全方面覆盖调查要点，能真实地反映房地产市场情况。

(3)确定调查地点、调查时间、调查次数，分析调查结果的方法，评价调查方案设计的可行性及调查费用的情况。

(4)现场实施。在房地产市场调查方案和调研计划论证确定后，就可以进入现场实施阶段，组织调查人员深入实际进行调查，系统地收集各种资料和数据，听取被调查者的意见，并进行整理分析。

2.2.3.3 资料处理阶段

在收集完房地产市场的一手和二手资料后，需要编辑整理实地调研所获得的信息资料，并用科学合理的方法进行分析总结，得出调查结果，结果最好能采用图形来表达，如折线图、柱状图、饼状图等，并撰写市场调查报告，在调查过程结束后，对所有的信息进行归档储存。

在上述房地产调研的各阶段中，有时并不能完全按照设想的步骤进行，并且在具体的房地产项目市场调研中这些步骤也不是一成不变的，对于特定的房地产项目，应依据调查内容、市场情况、环境条件及要求的轻重缓急，灵活地在基本调研步骤上进行细化或省略。例如，在实际调研过程中调查人员发现调研成本太高，预算的调研资金难以完成调查任务，就需要对原来的调研计划进行修改，缩小调研规模。总而言之，在进行具体的调研工作时，调研方案必须灵活处理和运用，实事求是，保证调研工作有效完成，以免造成不必要的损失。

2.2.4 房地产市场调研的内容与方法

2.2.4.1 房地产市场调研的内容

(1)房地产市场环境调查。

①政治法律环境调查。

A. 国家、省、市有关房地产开发经营的方针政策。如住房保障政策、开发区政策、房地产价格政策、房地产税收政策、房地产金融政策、土地制度和土地政策、人口政策和产业发展政策、户籍政策、农民工进城政策等。

B. 有关房地产开发经营的法律法规，如国家房地产税费方面的法律规定、交易登记方面的有关政策等。

C. 有关国民经济社会发展计划、经济发展规划、土地利用总体规划、城市建设规划和区域规划、城市发展战略等。

②经济环境调查。

A. 国家、地区或城市的经济特性，包括经济发展规模、趋势、速度、效益和潜力。

B. 国家金融政策和金融制度对房地产开发的影响，包括房贷政策、利率水平、国民收入状况等。

C. 国民经济产业结构和主导产业，拟进入城市的产业动态。

D. 项目所在地区的经济结构、人口及其就业状况、就学条件、消费能力、居民收入水平、物价水平、消费结构和消费水平。

E. 拟开发城市内的重点开发区域、同类竞争物业的供给和价格情况等。

F. 项目所在地区的对外开放程度和国际经济合作情况、对外贸易和外商投资的发展情况。

③社区环境调查。社区环境直接影响着房地产产品的定价，这是房地产产品特有的属性。优良和舒适的社区环境，对发挥房地产产品的效能、提高其使用价值和经济效益具有重要作用。

社区环境调查内容包括社区繁荣程度、购物条件、文化氛围、居民素质、居住舒适度、交通和教育的便利、安全保障程度、基础设施建设、卫生、空气和水源质量及社区景观环境等方面。

(2)房地产市场需求和消费行为调查。

①消费者对某类房地产的总需求量及其饱和点、房地产市场需求的变化和发展趋势，不同社会阶层和收入水平的居民数量及其对不同类型房地产产品的数量、品质、功能、价格的需求等。

②房地产市场需求影响因素。调查如国家对国民经济结构和房地产产业结构的调整和变化；消费者的构成、数量、分布及消费需求的层次状况；消费者现实需求和潜在需求的情况；消费者的收入变化及其购买能力与投向。

③需求动机调查。如消费者的购买意向、影响消费者购买动机的因素、消费者购买动机的类型、消费者购买房地产产品的用途等。

④购买行为调查。如不同消费者的不同购买行为、消费者的购买模式，影响消费者购买行为的社会因素及心理因素等。

(3)房地产产品调查。

①房地产市场现有产品的数量、质量、结构、性能、市场生命周期。

②房地产租售客户和业主对现有房地产产品的环境、设计、功能、格局、售后服务的意见及对某种房地产产品的接受程度。

③新技术、新产品、新工艺、新材料的出现及其在房地产产品上的应用情况。

④本企业产品的销售量、销售潜力及市场占有率。

⑤建筑设计及施工企业的有关情况。

(4)房地产价格调查。

①影响房地产价格变化的因素,特别是政府宏观调控经济政策对房地产开发企业定价的影响。

②房地产产品价格需求弹性和供给弹性的大小以及消费者和开发商对价格变动的反应。

③开发商各种不同价格策略和定价方法对房地产租售量的影响和每种策略方法的应用效果。

④国际、国内相关房地产市场的价格以及近3～5年价格变动趋势。

⑤开发个案所在城市及街区房地产市场价格及其定价因素。

(5)房地产促销调查。

①房地产广告的时空分布及广告效果测定。

②房地产广告媒体使用情况的调查。

③房地产广告预算与代理公司调查。

④人员促销的配备状况及其促销手段。

⑤各类促销活动对租售绩效的影响。

⑥营业推广活动的租售绩效。

(6)房地产营销渠道调查。

①房地产营销渠道的选择、控制与调整情况。

②房地产市场营销方式的采用情况、发展趋势及其原因。

③租售代理商的数量、素质及其租售代理的具体情况与业绩。

④房地产租售客户对租售代理商的评价。

⑤房地产营销渠道的竞争与创新情况。

(7)市场竞争情况调查。

①竞争者及潜在竞争者(以下统称竞争者)的实力、发展趋势和经营管理优劣势调查。

②对竞争者的商品房设计、室内布置、建材及附属设备选择、服务优缺点的调查与分析。

③对竞争者商品房价格的调查、定价情况的研究以及销售渠道使用情况的调查和分析。

④对竞争者广告的监视和广告费用、广告策略的研究,及其竞争情况、销售渠道使用情况的调查和分析。

⑤竞争对手的组织结构、人员素质、技术水平的情况分析。

⑥对未来可能存在的竞争情况的分析与估计等。

2.2.4.2 房地产市场调研的方法

(1)访问法。访问法是通过直接询问被调查者的方式了解市场情况和客户需求的一种方法。采用访问法进行调查时,通常要将要了解的信息以问题的形式列在表中,按照表格中问题的顺序和要求询问被调查者,所以通常又被称为调查表法。根据调查人员与被调查者的交流接触方式,访问法又可以分为人员访问、电话访问、邮寄访问和网上访问四种类型。

①人员访问。人员访问是指房地产调查人员直接与被调查者面对面交谈以收集资料的一种调查方法,又称面谈调查,是市场调查中较为灵活和通用的一种调查方法。这种调查方法又可分为两种方式:一种是入户面谈,是指调查人员根据调查方案,依照事先拟订好的问卷或调查提纲顺序,到被调查者家中或单位对被调查者进行面对面的直接访问。另一种是拦截式面谈调查,是指调查人员根据调查方案,在指定的地点,按照指定的调查程序在路人中筛选和选取访问对象,进行较为简短的调查,这种方法经常采用问卷调查。目前问卷式调查是房地产市场调查中经常采用的调查手段之一。

人员访问的特点在于:访问具有较强的灵活性,调查质量较好,但该调查方式对调查者自身应变能力要求较高，且成本高、拒访率高。

②电话访问。电话访问是访问者与被访问者通过电话形式进行交谈以获得房地产市场信息的一种方法，它是一种间接的方法。电话访问前，需要对调查人员进行培训，力求口齿清楚，语气亲切，语调随和。电话调查人员还需要在电话调查前做好问卷准备。

电话访问的特点在于：实施的费用较低，可以大大节约调研人员的交通费用和时间。同时，可以进行大样本的调研，以获得能反映拟调研群体总体特征的样本，但要注意电话访问技巧。

③邮寄访问。邮寄访问是房地产市场调查中一个比较特殊的收集信息资料的方法。它是指将调查者事先准备好的有关房地产调查问卷邮寄给被调查者，再由被调查者根据要求填写好后寄回的一种调查方法。

邮寄访问的特点是调查范围广、成本低。它在通邮的地区可以实施。它给被调查者充分的考虑时间，避免受到时间的限制，也不受调查人员的倾向影响。但由于信息回馈时间较长，回答率不易控制，收集信息的速度很慢，在其他手段可行时不宜选用。

④网上访问。网上访问是随着互联网兴起而出现的一种新型的访问方法。它有很多种形式，房地产调查人员可以发邮件给被调查者或者将问卷做成网页链接放在网上供被调查者填写，也可在 QQ 群或微信群里开展问卷调查。

由于目前网络诚信存在一定的缺失，网络信息的真实性和准确性得不到有效的保证，目前房地产调查人员对其结果还只能用于参考。QQ 群或微信群开展的调查群体某一特征的一致性并不符合调查对象的广泛性要求，因此其使用范围受到限制，但也具有传播和信息收集速度快的优点。

(2)观察法。观察法是指房地产调研人员不直接与被调研者进行正面接触的调研方式，而是采取一旁观察被调研者行为表现的方法，如此可以避免人为因素的干扰，调研结果也更加直观有效。

①直接观察法。直接观察法就是调查人员去现场直接察看市场情况的调查方式。例如派调查人员去查看某一路口位置的人流量，派调查人员去各楼盘了解各项目的价格定位和销售情况等。

②亲身经历法。亲身经历法就是调查人员亲自参与某项房地产活动，收集有关资料。如我们通常所说的“踩盘”，即调查人员伪装成顾客，到代理商处咨询、买楼等；也可与同行道明身份，相互支持，获取有关销售信息。此方法真实性较强。

③痕迹观察法。痕迹观察法是指调查人员观察被调查者对象留下的一些实际痕迹。例如想了解一个商场的销售情况，调查人员可以观察从商场门口出来的顾客手中是否有商场提供的纸袋或塑料袋即可；比如在房交会上，想了解哪个楼盘更占优势，调查人员可以观察哪家楼盘的展台聚集的参观人员最多。

④行为记录法。在一些情况下为了降低调查者的记录负担，在征得被调研者同意之后，可以通过摄像机、照相机、录音机以及其他一些监听、监视设备记录被调查者的行为。如可通过调阅开盘录像来了解购房者的一些购买细节。

观察法这种调查方式使得调查者表现自然，可以获得那些被调查者不愿意言及与无法提供的信息，并能客观地获得准确率较高的第一手资料。但缺点在于调查对象的面比较窄，花费的时间较长。同时，观察法也仅能观察一些表象，对被调查者的感情、态度、行为动机等信息仍无法得到，因此观察法还需与其他方法结合起来使用才更为有效。

(3)定性研究法。定性研究法是根据社会现象或事物所具有的属性和在运动中的矛盾变化，从事物的内在规定性来研究事物的一种方法或角度。进行定性研究，被研究对象要有一定的实践经验，能直接抓住事物特征的主要方面，将同质性在数量上的差异暂时略去。

①焦点小组座谈会。焦点小组座谈会就是以会议的形式，就房地产某个或几个特定的主题进行集体讨论和自由发言，这是集思广益的一种资料收集方法，一般由主持人引导对某个房地产主题进行深入的讨论，例如现在很多媒体邀请几个房地产资深人士对市场或项目开发等特定主题进行讨论。

②深度访谈法。深度访谈法是一种直接的、一对一的访问，在访问过程中，由掌握高级访谈技巧的调查员对调查对象进行深入的访谈，用以了解和揭示被访者对某一房地产问题的潜在动机、态度和情感等。在对机构投资者的投资行为或高档楼盘的销售调查中常采用这种方法。

③投影法。投影法是一种无结构的、非直接的询问方式，主要采用非直接目的性的方法激发被访问者将他们所关心的话题的潜在动机、态度和感情反映出来。情景越模糊，被调查者就会更多地投影他们的感情、需要、动机、态度和价值观。

(4)实验法。实验法是将调查范围缩小到一个比较小的规模上，进行试验后得出一定结果，然后再推出样本总体可能的结果，再对整个市场进行推测。它是一种特别的调查与观察活动，在这个过程中，调查者可以控制实验环境，使其得到一个理想的调查结果。实验的目的首先主要是了解物业的环境、功能、定位是否受欢迎；其次是了解物业价格能否为市场所接受。例如，可以通过房产展销会来了解消费者的需求情况，或者是借此研究各种因素对销售的影响程度，以便在实施营销策略时对这些因素进行适时的调整和控制；又如超大规模的住宅小区，先建好含有多种户型的房产，再全面推向市场。

2.2.4.3 房地产市场调研的研究方法

(1)价格弹性分析法。目前我国房地产市场调研中，对调研统计方法应用的结果要求并不是很高，因为房地产行业的起步并不是很早，在现阶段市场并不会对市场分析有很高的精度要求，只要求有一个总体的了解和把握即可。

在房地产市场调研的统计中，价格是一个十分重要的因素。相应的价格弹性分析方法就显得尤为重要。比如一个房地产项目为每平方米8800元，消费者购买的可能性和期待值有多高？这就需要做市场调研的人员具体向有关的被选中的潜在消费者进行访问、调查。但是在具体的调查过程中，将会有不同的价格来对应于不同的被访问者的心理价位。在得到所有的调查数据之后，调查者把相应的数据输入计算机当中进行数据处理，从结果中我们可以看到在不同的价位上，消费者的敏感度也不同。当开发商拿到这个数据后，会综合自己的成本利润要求来确定定价。

(2)价格敏感性分析法。除了价格弹性分析方法之外，还有价格敏感性分析方法。比如调查房地产需求客户最高可接纳的、可接纳的、勉强接受的、无法接受的价格，其中也对应着开发商有较好的利润、开发商得到一般的利润、损害开发商的利润。价格过高无法吸引客户，而价格过低则会导致开发商的利益受到损害，在这两者之间有一个整合博弈的过程，最好是能够找到客户乐意接受，而开发商有较好利润空间的价格定位。

通过数据分析可以得到一个最低和最高的价格。开发商的价格定位就必须要位于这个最低价格和最高价格之间，否则我们价格定位的失误将会使潜在的客户流失，导致自身的利益受到损害。

(3)SWOT 分析方法。即态势分析法，是将与房地产研究对象密切相关的各种主要内部优势(strength)、内部劣势(weakness)、外部机会(opportunity)和外部威胁(threat)，通过调查列举出来并将其相互匹配起来加以分析，从而得出相应结论，这是进行房地产市场营销环境分析最常用的一种方法，如图 2－2 所示。

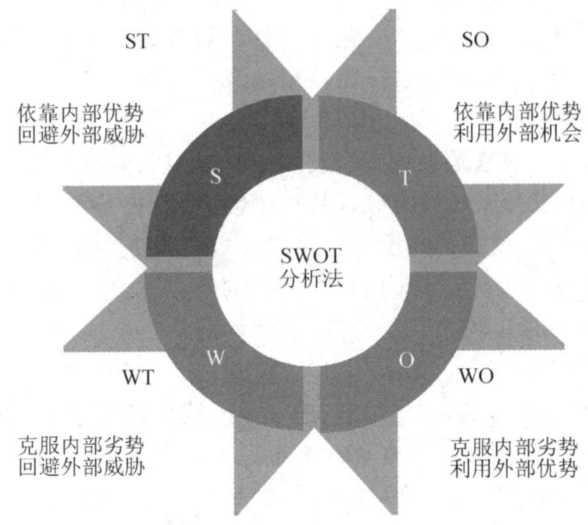

图 2－2　SWOT 分析法

(4)聚类分析方法。在房地产的调查中，依据人群的特征，可体现出不同特征的人们在文化、社会、经济特征等方面的差异。例如在购房、租房等行为、心理上的差异，能够为项目推广时与消费者的沟通提供参考，比如做广告，可依据心理人群分类做不同心理的细分市场的需求。具体地讲，可以把人群按照心理特征分为时尚消费型、消费谨慎型、自我导向型、消费尝新型、消费实惠型。当不断地对其进行细化的时候，就可以得到更多详细具体的市场分类，以便进行更加准确的市场定位。在目前的市场研究中充分地挖掘潜在客户的心理特征和消费习惯，对于房地产开发商的决策具有重大的指导意义和参考价值。在具体地对人们的消费习惯和特点进行分析的时候，需要设计相应的问题来取得数据，再通过变量的多重交叉来综合地分析才可能得到一个全面的结果。

(5)联合分析方法。在进行房地产开发的时候，要考虑到各种因素，并且把各种不同因素综合起来进行考虑，这就需要运用联合分析的方法。比如进行小区开发规划的时候，要综合考虑各种情况，比如环境、户型结构、户型面积、物业管理、价格、交通、小区配套等。到底进行怎样的产品属性的组合才是最受消费者欢迎的，这也是房地产开发商最关心的问题。

联合分析主要有两种模式，分为常规型和传统型。一般的联合分析都是在 SPSS 统计软件当中完成的，是常规型的分析方法。通过应用联合分析方法可以进行市场细分，同时估算出各个细分市场的市场占有率，这要求以比较丰富的材料和可靠的数据为根据。

(6)因子分析法。在房地产市场调研过程中，研究人员经常需要面对大批量的数据，这些大批量数据不但涉及的变量众多，而且变量间往往存在一定的相关性，为分析问题带来一定的难度。因此，如何正确有效地处理这些多变量、大样本的数据，就需要应用因子分析。因子分析是一种主要用于数据化简和降维的多元统计分析方法。在面对诸多具有内在相关性的变量时，因子分析试图使用少数几个随机变量来描述这许多变量所体现的一种基本结构，从而将数据降至一个可以掌握的水平。这既便于问题的分析，易于看清和抓住问题的本质所在，得出相应结论,也为后续的统计分析奠定了基础。

因子分析的基本目的是用少数几个随机变量去描述许多变量之间的协方差关系。与多元回归不同的是,这里的少数几个随机变量是不可观测的,通常称之为因子。本质上,因子分析基于这样的思想:根据相关性的大小将变量分组,使得同组内的变量之间的相关性较高,但不同组的变量的相关性较低。由此可以认为,每组变量代表一个基本结构(因子),它们可以反映问题的一个方面,或者说一个维度。因子分析正是基于变量间的方差-协方差矩阵的一种分析方法,它希望利用公共因子来尽可能地解释变量间的这种关系。

由于因子分析具有处理多个具有一定相关性的变量的能力,因此在房地产市场调研的各个方面有着广泛的应用。

2.2.5 房地产市场调研问卷设计

2.2.5.1 房地产市场调查问卷

调查问卷又称调查表或询问表,是以问题的形式系统地记载调查内容的一种印件。问卷可以是表格式、卡片式或记簿式。调查问卷是房地产市场调查的重要内容。通过调查问卷,可以使开发商了解市场需求及其消费者的特征(性别、年龄、职业、文化程度等)。而问卷设计又是整个调查问卷中的关键环节,对调查问卷质量有重大影响,从而影响整个房地产项目。完美的问卷必须具备两个功能,即能将问题传达给被问的人和使被问者乐于回答。要完成这两个功能,问卷设计时应当遵循一定的原则和程序,运用一定的技巧。

(1)把握目的和内容。问卷设计的第一步就是要把握调研的目的和内容,这一步骤的实质其实就是规定设计问卷所需的信息。这同时也就是方案设计的第一步。对于直接参与调研方案设计的研究者来说,他们也可以跳过这一步骤,而从问卷设计的第二步骤开始。但是,对那些从未参与方案设计的研究者来说,着手进行问卷设计时,首要的工作是要充分地了解本项调研的目的和内容。为此需要认真讨论调研的目的、主题和理论假设,并细读研究方案,向方案设计者咨询,与他们进行讨论,将问题具体化、条理化和易于操作化,即变成一系列可以测量的变量或指标。

(2)搜集资料。设计不是简单的凭空想象,要想把问卷设计得完善,研究者还需要了解更多的信息。问卷设计是一种需要经验和智慧的技术,它缺乏理论,因为没有什么科学的原则来保证得到一份最佳的或理想的问卷,与其说问卷设计是一门科学,还不如说是一门艺术。虽然也有一些规则可以遵循以避免错误,但好的问卷设计主要来自熟练的调研人员的创造性和经验。

搜集有关资料的目的主要有三个:①帮助研究者加深对所调查研究问题的认识。②为问题设计提供丰富的素材。③形成对目标总体的清楚认识。

在搜集资料时对个别调查对象进行访问,可以帮助了解受访者的经历、习惯、文化水平以及对问卷问题知识的丰富程度等。我们很清楚地知道,适用于大学生的问题不一定适合家庭主妇。调查对象的群体差异越大,就越难设计一个适合整个群体的问卷。

(3)确定调查方法。不同类型的调查方式对问卷设计是有影响的。

①在面访调查中,被调查者可以看到问题并可以与调查人员面对面地交谈,因此可以询问较长的、复杂的和各种类型的问题。

②在电话访问中,被调查者可以与调查员交谈,但是看不到问卷,这就决定了只能问一些短的和比较简单的问题。

③邮寄问卷是自己独自填写的，被调查者与调研者没有直接的交流，因此问题也应简单些并要给出详细具体的作答指导语。

④在计算机辅助访问(CAPI 和 CATI)中，可以实现较复杂的跳答和随机化安排问题，以减小由于顺序造成的偏差。

人员面访和电话访问的问卷要以对话的风格来设计。

(4)确定内容。一旦决定了访问方法的类型，下一步就是确定每个问答题的内容：每个问答题应包括什么，以及由此组成的问卷应该问什么，是否全面与切中要害。在此，针对每个问题，我们应反问：这个问题有必要吗？这个问题够具体吗？是需要几个问答题还是只需要一个就行了？

我们的原则是，问卷中的每一个问答题都应对所需的信息有所贡献，或服务于某些特定的目的。如果从一个问答题得不到可以满意的使用数据，那么这个问题就应该取消。

当然有些时候，还可以"故意"问一些与所需信息没有直接联系的问答题。比如说在问卷的开头问一些中性的问答题，可以让被调查者乐于介入并建立友善的关系，特别是当问卷的主题是敏感的或有争议的时候。有些时候"填充"一些问题来掩饰调查的目的或项目的资助(或委托)单位。

第一个原则是确定某个问答题的必要性，那么第二个原则就是必须肯定这个问答题对所获取的信息的具体性和充分性。有时候，为了明确地获取所需的信息，需要同时询问几个问题。

2.2.5.2 调查问卷的基本撰写方式

(1)问卷的开头。开头主要包括问候语、填表说明和问卷编号。问候语应亲切、诚恳、有礼貌，并说明调查目的、调查者身份、保密原则以及奖励措施，以消除被调查者的疑虑，激发他们的参与意识。填表说明主要在于规范和帮助受访者对问卷的回答，可以集中放在问卷前面，也可以分散到各有关问题之前。问卷编号主要用于识别问卷、访问员、被访者地址等，可用于检查访问员的工作，防止舞弊行为，便于校对检查、更正错误等。

(2)问卷的正文。正文一般包括资料搜集、被调查者的基本情况两个部分。搜集资料部分是问卷的主体，其内容主要包括调查所要了解的问题和备选答案；被调查者的有关背景资料，如个人的年龄、性别、文化程度、职业、职务、收入等，家庭的类型、人口数、经济情况等，单位的性质、规模、行业、所在地等，具体内容要依据调查者先期的分析设计而定。

(3)问卷的结尾。问卷的结尾可以设置开放题，征询被调查者意见、感受，或是记录调查情况，也可以是感谢语以及其他补充说明。

2.2.5.3 调查问卷的基本设问方式

(1)二项选择法。二项选择法也称真伪法或二分法，是指提出的问题仅有两种答案可以选择。如"是"或"否"，"有"或"无"等。这两种答案是对立的、排斥的，被访者的回答非此即彼，不能有更多的选择。

(2)回忆法。回忆法是指通过回忆，了解被调查者对不同产品的质量、品牌等方面印象的强弱。例如："请您举出最近一个月在电视广告中出现过哪些楼盘的广告。"

(3)顺位法。顺位法是列出若干项目，由被访者按重要性决定先后顺序。例如："请对下面列出的五类房地产广告排序：①电视广告；②报纸广告；③广播广告；④路牌广告；⑤杂志广告。按您接触的频率，由高至低排序；按您的印象，由浅至深排序；按您信任的程度，由大到小排序。"

综上所述，以下是房地产市场调查问卷的基本模板。

一、住房现状

1. 您现在的住房户型是(　　)。

A. 一房　　B. 两房　　C. 三房　　D. 四房　　E. 五房

2. 您现在的住房面积是(　　)。

A. 70 平方米以下　　B. 71～90 平方米

C. 91～110 平方米　　D. 111～130 平方米

E. 131～160 平方米　　F. 160 平方米以上

3. 您现在的住房来源是(　　)。

A. 商品房　　B. 自租房

C. 单位福利分房　　D. 购买的微利房

4. 您现在住在广州哪个区？(　　)

A. 天河　　B. 荔湾　　C. 东山　　D. 芳村　　E. 越秀

F. 黄埔　　H. 珠海

二、住房需求

1. 您若买房,您的购买目的是(　　)。

A. 自住　　B. 投资　　C. 给亲友住

2. 若购买商品房,拟选购什么户型？(　　)

A. 二房一厅　　B. 二房二厅　　C. 三房一厅　　D. 三房二厅

E. 四房一厅　　F. 四房二厅　　G. 复式　　H. 其他

3. 您若购买商品房,您打算买多少平方米(建筑面积)的住宅？(　　)

A. 60～69　　B. 70～79　　C. 80～89　　D. 90～99　　E. 100～109

F. 110～119　　G. 120～129　　H. 130～139　　I. 其他

4. 您打算购买的住宅类型是(　　)。

A. 高层住宅(层高超过 15 层)　　B. 小高层住宅(约 8～15 层)

C. 多层住宅(7 层以下),有电梯　　D. 多层住宅(7 层以下),没有电梯

5. 请您对住宅朝向排出您的偏好顺序(　　)。

A. 南北对流　　B. 朝南　　C. 朝北　　D. 东西向　　E. 朝西

6. 您打算购买的地区首选是(　　),其次是(　　),再次是(　　)。

A. 天河　　B. 珠海　　C. 白云　　D. 芳村　　E. 越秀

7. 您希望购买的住宅的装修标准是(　　)。

A. 全毛坯　　B. 提供一般装修

C. 厨卫高档装修,其他毛坯　　D. 提供多种套餐供买家选择,装修费另付

E. 发展商提供精装修

访问到此结束,谢谢您的支持!

访问员记录部分

1. 受访者理解程度:理解　一般　不理解

2. 受访者是否合作:合作　一般　不合作

综合上面相关内容,常规房地产市场调研时涉及的基本问题如表 2－1 所示。

表 2－1　房地产市场调研基本信息表

<table>
<tr><td colspan="10">项目名称：</td></tr>
<tr><td colspan="10">调研时间：</td></tr>
<tr><td rowspan="18">基本信息</td><td>地理位置</td><td colspan="4"></td><td colspan="2">电话</td><td colspan="2"></td></tr>
<tr><td>开发商</td><td colspan="4"></td><td colspan="2">代理商</td><td colspan="2"></td></tr>
<tr><td>建筑设计</td><td colspan="4"></td><td colspan="2">景观设计</td><td colspan="2"></td></tr>
<tr><td>物业类型</td><td colspan="4"></td><td colspan="2">建筑风格</td><td colspan="2"></td></tr>
<tr><td>占地面积</td><td></td><td>建筑面积</td><td></td><td>绿化率</td><td colspan="2"></td><td colspan="2">容积率</td></tr>
<tr><td>物业公司/费用</td><td colspan="4"></td><td colspan="2">车位配比/个数</td><td colspan="2"></td></tr>
<tr><td>开工时间</td><td></td><td>开盘时间</td><td colspan="2"></td><td>入住时间</td><td colspan="3"></td></tr>
<tr><td rowspan="5">开发周期</td><td>时间</td><td>体量</td><td colspan="2">楼座/号</td><td colspan="2">产品类型</td><td colspan="2">价格</td></tr>
<tr><td>一期</td><td></td><td colspan="2"></td><td colspan="2"></td><td colspan="2"></td></tr>
<tr><td>二期</td><td></td><td colspan="2"></td><td colspan="2"></td><td colspan="2"></td></tr>
<tr><td>三期</td><td></td><td colspan="2"></td><td colspan="2"></td><td colspan="2"></td></tr>
<tr><td>四期</td><td></td><td colspan="2"></td><td colspan="2"></td><td colspan="2"></td></tr>
<tr><td>装修标准</td><td>备注</td><td colspan="7">储藏室价格/车位价格</td></tr>
<tr><td>公建配套</td><td colspan="8"></td></tr>
<tr><td>户型</td><td colspan="2">一室</td><td colspan="2">二室</td><td colspan="2">三室</td><td colspan="2">四室</td></tr>
<tr><td>面积/平方米</td><td colspan="2"></td><td colspan="2"></td><td colspan="2"></td><td colspan="2"></td></tr>
<tr><td>套数</td><td colspan="2"></td><td colspan="2"></td><td colspan="2"></td><td colspan="2"></td></tr>
<tr><td>面积比</td><td colspan="2"></td><td colspan="2"></td><td colspan="2"></td><td colspan="2"></td></tr>
<tr><td></td><td>总户数</td><td colspan="8"></td></tr>
<tr><td rowspan="6">项目动态信息</td><td>客户群</td><td colspan="2"></td><td colspan="2"></td><td colspan="2"></td><td colspan="2"></td></tr>
<tr><td>推广途径</td><td colspan="2"></td><td colspan="2"></td><td colspan="2"></td><td colspan="2"></td></tr>
<tr><td rowspan="4">在售房源信息</td><td colspan="2">在售房源户型面积</td><td colspan="6"></td></tr>
<tr><td colspan="2">在售房源均价</td><td colspan="6"></td></tr>
<tr><td colspan="2">在售房源剩余量</td><td colspan="6"></td></tr>
<tr><td colspan="2">其他</td><td colspan="6"></td></tr>
<tr><td rowspan="3">项目分析</td><td rowspan="3">项目点评</td><td colspan="8">概况：</td></tr>
<tr><td colspan="8">优势：</td></tr>
<tr><td colspan="8">劣势：</td></tr>
</table>

2.2.6 房地产市场调研的流程与报告撰写

2.2.6.1 房地产市场调研的流程

房地产市场调研是指以房地产为特定的产品对象，对相关的市场信息进行系统的收集、整理、记录和分析，进而对房地产市场进行研究与预测。由于房地产市场调研的目的及服务的对象不同，调查的广度和深度有所不同，侧重点也有差异，但对于房地产市场的切入点，习惯上依据地域形态，由点（单个楼盘）到线、面（区域市场），再由线、面（区域市场）到体（宏观环境），然后再从体回复到点、线和面，不断地循环往复，融会贯通，并进行综合分析，才可真正把握。

(1)点（单个楼盘）。对单个楼盘进行市场调查是房地产市场调查的基础，它不但是新员工接触房地产知识的第一课，而且也是任何从业人员甚至是资深人员对房地产市场即时了解最为具体、最为直接的途径。

单个楼盘的市场调查通常包括以下五大项：

①分析楼盘的地理位置。宏观方面讲，就是分析楼盘的区域历史沿革、区域特性（商业中心、工业中心、学院社区等），了解区域交通状况（公交、地铁、高架、轻轨、省市级公路、区县级公路等），了解公共配套设施（水、电、燃、热等市政配套，公园、学校、医院、影剧院、商业中心、超市、宾馆、图书馆、体育场馆、集贸市场、著名餐馆等生活配套）和人文环境等。

微观方面讲，就是分析项目所处的地理位置、区域，楼盘地块的大小形状，周边的竞争对手，它的进出道路规划，是否临街等。和其他产品不一样，楼盘的地理位置是楼盘的关键因素，它的优劣与否，往往决定了楼盘的大部分价值和销售状况。

②分析房地产产品。这是楼盘市场调查的主体部分，从基本情况看，重点在于了解楼盘的占地面积、建筑面积、容积率，开发商，策划公司，代理公司，土地使用年限，绿化率，外立面材质及颜色等。

从房地产产品来看，重点在于了解产品类别与规划，建筑设计与外观，商住面积配比、户型格局，建材标准，智能化系统（可视对讲系统、视频监控系统、煤气报警系统、背景音乐系统、紧急呼救系统、宽带网络系统、三表远传系统、远程遥控家电系统、周边防范系统、LED屏幕显示系统），公共配套设施（卫星电视、空调预留口、电话通信分布、热水系统、消防设施、电力额定功率），会所设施，施工进度等。

分析房地产产品是理解楼盘的基础，只有认真分析产品，才能正确把握因此而产生的种种变化，制定对应的解决措施。房地产产品因素中有一特别项目，虽不是产品本身，但却是产品的重要构成，它就是我们常说的公司的组成，即知道楼盘的投资、设计、建设和物业管理等主要事项的承担公司是谁？它们的资质如何？彼此间是如何合作的？从而评估楼盘的资信度。

③剖析价格组合。即房地产产品的单价、总价、折扣、付款方式和促销活动。房地产市场中，往往有许多价格方面的促销活动，但万变不离其宗，往往归结于价格组合的三个方面，即系列产品定价策略、互补产品定价策略和成套产品定价策略。剖析价格组合并了解其运用策略是市场调查最吸引人的地方。

④了解广告策略。广告策略是指实现、实施广告战略的各种具体手段与方法，是战略的细分与措施。常见的广告策略有四大类：产品策略、市场策略、媒介策略和广告实施策略。产品策略主要包括产品定位策略和产品生命周期策略，另外还有新产品开发策略、产品包装和商标形象策略等。了解和制定房地产广告策略要注意：广告的主要诉求点；广告形式的确定；广告

媒体的选择;广告密度和实施效果。

⑤销售执行。这是广告策略最关键的地方,一方面是指销售点的选择、人员的配置、业务执行力度等。另一方面则是指什么样的房型和户型最好卖,什么样的总价最为市场所接受,吸引客户最主要的地方和特色是什么,购房客户群有什么特征,所有的这一切都是市场调查所应该了解的。其中的销售状况是果,其他几个方面都是因,了解因果,分析其中的缘由,是单个楼盘,也是整个市场调查工作的全部内涵。

(2)线和面(区域市场)。对单个楼盘详尽了解之后,可以着手区域市场的调查与分析。区域市场的调查与分析,主要包括区域分析、区域产品和需求特征这三个方面。

①区域分析是指在特定区域中,对影响房地产市场的交通路线、区域特征和发展规划这三方面因素的综合分析。区别于单个楼盘的地理位置分析的方面是,在具体分析中,区域分析更侧重于整体的分析和宏观评估。

②区域产品主要包括了解和分析在某个特定的区域范围内,楼盘的供求关系、总量、类别、位置、分布、单价分布、总价结构、各种营销手段的市场反映和市场空白点的捕捉等。分析区域产品关键在于认真研究区域产品的异同点,以及它们市场反映强弱的具体缘由。如某区域的楼盘,在都是住宅、价格一样、品质一样的情况下,其中的一个卖得相当好,这就是区域产品应该着力分析的地方。

③需求特征是指区域人口数量和密度、人口结构和家庭规模、购买力水平、客户的需求结构与特征、人口素质和习惯嗜好等。需求特征是从客户的角度对产品的一种审视,了解客户的最新需求,把握需求特征是不断创新的动力与源泉。

区域市场的分析是建立在单个楼盘的详尽市场调查基础之上的。要写好区域市场分析报告,首先应该详细调查该区域某一单个楼盘,而后以这个楼盘为延伸拓展,将整个区域内的所有楼盘进行仔细调查。最后,则以这一区域为基准,分别详细调查周边的各条街道的楼盘情况,由此从点到线、从线到面,不断地比较、分析、归纳和总结,便会对区域市场的状况了如指掌。

(3)体(宏观环境)。对点、线、面的把握是市场调查的主体,但不是全部,只有对体(宏观环境)进行深刻理解和分析,才可能将房地产的市场调查做得更灵活、更深入。房地产市场的体(宏观环境)包括政治社会、经济发展、行政法规、国际状况等各方面的因素。

①政治社会是指国家运作体制、政治时局状况、政治安定状况、社会治安程度、房地产投资和城市化进程等方方面面的情况。政治稳定是社会发展的基石,剖析房地产市场,不能忽视政治因素。

②经济因素是所有房地产宏观因素中,对公司和个人影响最为显著和直接的因素。它包括国家的经济发展状况、财政收支与物价、人口数量与消费、居民收入与储蓄、居民消费结构等各种因素。如 2018 年存款利率的几次大幅上调,对个人购房意愿的刺激作用就是显而易见的,房地产市场也因此几起波澜。

③行政法规主要包含土地制度、住房制度、人口政策、税收政策、城市发展战略、城市规划和特殊政策等各项内容。如近年的国家棚改政策,对商品房市场的影响就是显而易见的。还有土地增值税,它的贯彻实施也是一把双刃剑。限制过多,投资资金就不太容易进来,经济发展速度就相对缓慢;限制过少,投机暴利的行为就接踵而至,对国民经济的损害也不可低估。

④国际状况是指国际经济、军事、政治等环境对房地产的影响。如 1997 年末东南亚金融

危机中,单就投资成本这一点分析,中国周边国家的货币均贬值20%～50%,而人民币则巍然不动。作为一个投资商人,他在做出决策之前,肯定就会对人民币的未来稳定性和现阶段的相对成本做评估。在势态尚未明朗的时候,他必然裹足不前。

点、面(线)、体构成了房地产市场调查基本框架,它的融会贯通则是房地产市场深入研究的有效途径,只有认真地进行市场调查,科学地进行分析整理,我们才能对房地产市场进行准确的把握,才可能成为真正的房地产市场调查专家。

2.2.6.2 房地产市场调研报告撰写

(1)市场调研报告的一般格式。书面调研报告是调研人员对房地产某种事物或某个问题进行深入细致的调研以后,经过事后认真分析研究和提炼要点而完成的调研报告,是我们进行市场调研之后的最终成果的书面展示。从严格意义上说,市场调研的格式也不是一成不变的,是由调研的目的、内容、调查对象以及主要用途决定的。但一般来说,市场调研报告在整体框架上都大致包括标题、导语、主体、结尾几个部分。

①标题:即市场调研的题目。标题必须能够揭示主题、高度概括、题文相符,使读者可以一目了然。如《关于杭州市农贸市场房地产开发调查报告》《长沙市居民住宅消费需求调研报告》等,这些标题都能够简明扼要,直击主题。

②导言:即市场调研的开头部分。导言一般用来说明该调研报告的目的、意义,介绍调研工作的基本概况和相关信息,包括市场调研的相关的时间、地点、调研人员、调查对象、调研方法等,或是直接阐述观点、提出问题等。总之,导言是对调研报告总体内容的相关概述。

③主体:即市场调研报告的正文部分。主体是报告的主要内容,也是具体表现主题和调研内容的重要部分。这部分必须准确阐明全部有关论据,包括问题的提出到引出的结论、论证的全部过程、分析研究问题的方法,还应当有可供市场活动的决策者进行独立思考的全部调查结果和必要的市场信息,以及对这些情况和内容的分析评论。总之,主体部分要善于运用材料来表现主题,从而提高整个调研报告的质量。

④结尾:即是对整个市场调研结果的总结说明。这部分可以是供决策者参考的相关对策措施,也可以是对整个调研报告的小结,或是一些图表、材料出处、参考文献等之类的附录内容。

(2)市场调研报告的内容。其主要包括的内容为调查方案的制订和调查表的设计是否切合实际。

①调查方式、方法和调查技术的实践结果,有哪些经验可以推广,有哪些教训应当吸取。

②实地调查中还有哪些问题没有真正搞清,需要继续组织追踪调查。

③对参加调查工作的人员做出绩效考核,以促进调查队伍的建设,提高调查水平和工作效率。

(3)市场调研报告撰写的基本要求。

①力求实事求是、客观真实。

②准确易懂,简明扼要。

③题文相符,目的明确。

④力求将复杂的数据变成简单、清晰的图表。

⑤调研资料和所持观点统一对应。

2.3 房地产市场预测分析

客观世界任何事物的发展变化都有一定的规律性，这些规律是能够被人们认识和掌握的，只要认识和掌握了这些规律，人们就可以有相当大的把握对未来进行一定程度的预测。本节从预测的原理出发，重点介绍房地产预测的内容、程序和方法。

2.3.1 房地产市场预测的概念、内容和种类

房地产市场预测是对房地产未来发展方向的判断，也是影响房地产开发企业进行战略规划的重要因素，因此，进行房地产预测首先要了解市场预测的基本内涵。

2.3.1.1 房地产市场预测的概念

房地产市场预测是指在房地产市场调查的基础上，利用已获取的各种信息，运用科学的方法和手段，对房地产市场供求关系及其发展趋势和相联系的各种因素加以分析和判断，从而对房地产市场的发展有深刻的认识，为房地产开发和经营决策提供依据，以指导房地产开发企业开发适销对路的房屋，减少生产的盲目性，使利益最大化。

人们有目的有计划的行为，事先必然有一个对未来的思考和研究过程，这就是预测。科学的市场预测，是运用科学的知识和手段，分析研究历史资料和调查资料，对市场销售趋势或可能的结果进行事先推测和估量的活动。简单地说，预测就是由过去和现在去推测未来，由已知去推测未知。

从预测的这一含义可知，要做出较为科学的预测，一是对预测对象必须有较深刻的认识和了解；二是要掌握与对象有关的各种信息；三是要有科学的预测手段和方法。

预测的基本概念就是在掌握必要的信息以后，通过对信息进行定性和定量的分析，得出预测的结果。预测结果的准确性，首先取决于输入信息的可靠程度。如果输入的信息是虚假的，那么预测的结果就是错误的。其次要靠对输入信息的科学分析，有了可靠的信息，再加上具体的科学的分析，才能有科学的预测结果。人们之所以能根据过去和现在推测出未来，由已知推测出未知，是因为任何市场变化都是有规律的，这种规律性是可以通过预测分析对信息进行认识和掌握的。预测未来，归根结底是为了找到将来行动的最优途径。

2.3.1.2 房地产市场预测的内容

市场预测是为市场决策服务的，房地产市场营销活动的未来目标和发展方向的正确决策离不开科学的市场预测，预测的内容一定要囊括各个方面，才能保证决策的正确性。以下介绍几种主要的预测内容。

(1)国民经济发展趋势预测。这是房地产市场预测的首要内容。房地产市场几年来的上下波折使人们懂得了房地产市场不是孤立存在的，它受国民经济发展趋势大气候的直接影响。这一预测包括国家总的经济状况的变化、货币投放状况、物价变化、国民收入状况、市场消费结构及发展趋向。

(2)国家方针政策所带来影响的预测。所带来的影响有：国家关于房地产产业政策调整对房地产市场的影响，当地政府政策导向及房地产产业政策对市场带来的影响；国家和当地政府的政策对房地产市场产品总的供求趋势的影响，对房地产开发企业生产带来的影响。

(3)房地产市场需求量预测。进行市场需求量的预测,一方面要了解某产品的社会拥有量,另一方面要了解某产品的社会饱和点,两者之差则为市场需求量。要搞清楚房地产市场需求量预测,还必须研究影响市场潜量的各种因素,如人口、分配政策、购买心理等许多不可控制因素。同时还要研究企业的可控因素,如产品、定位、分销促销政策变化对市场需求的影响。

(4)技术发展预测。技术发展对房地产产品发展有着决定性的影响,建筑和装修的新材料、新技术和新工艺及其在房地产产品上的应用,都会改变用户对房地产产品的需求,从而对房地产市场发生重大影响。

技术发展预测的主要内容是:对新技术、新材料、新工艺、新发明、新设备所具有的特点、性能、应用领域、应用范围、应用速度、经济效益,以及它们对房地产产品生命周期的影响进行预测。

(5)销售前景预测。这是对今后一段时间内最接近的房地产销售水平的预测。它包括销售量、品种、规格、地域、价格等变化情况。当企业的市场潜量和销售潜量确定后,就可以进行这种销售前景的预测。销售潜量是指某一产品在市场上的销售可能性,但由于设备、资金、价格、竞争力等条件限制,企业还不可能实现全部销售量的预测。

(6)产品生命周期预测。企业拟开发的新产品以及正在生产的老产品,通过市场预测手段,可使企业掌握其处于产品市场周期的哪个阶段。据此,企业就可以有的放矢地控制不同产品的不同市场策略和生产策略。

(7)供给能力预测。

①全行业供给能力预测。它包括从事房地产同类产品生产厂家有多少,生产规模有多大,成本高低,管理水平及技术状况如何等。

②本企业发展能力预测。它包括对房地产开发企业生产规模、技术条件、资源及能源供给、运输、人才、资金来源等方面发展趋向的预测。

③服务能力预测。它包括客户对服务的需求及房地产开发企业所能提供的售前、售中、售后服务的预测。

2.3.1.3 房地产市场预测的种类

房地产市场预测的种类很多,可以从不同的角度和标准划分。

(1)按预测的范围来划分,可分为总体市场预测、各类市场预测、各种业态、型号房屋的需求预测等。

(2)按预测的性质划分,可分为探索性预测和规范性预测。对房地产而言,探索性预测是指针对创新产品开发而言,市场上无历史数据参考分析,相反即为规范性预测。

(3)按预测所采用的方法划分,可分为定量预测和定性预测。定量预测即通过预测表示房地产量的规定性。定性预测即表示房地产性质或趋势性的预测。例如,是平衡还是不平衡,是供大于求还是供不应求等。

(4)按预测的时间划分,可分为短期预测、中期预测和长期预测。短期预测是指房地产开发企业安排年度内市场营销计划的预测;中期预测是指对1～4年内市场变化及其趋势的预测,以便为实现五年计划或长远规划编制实施方案;长期预测是指房地产开发企业对五年或五年以上房地产市场变化及其趋势的预测,是企业制定长远规划的基本依据。

(5)按预测的空间层次即房地产市场营销地区范围划分,可分为宏观市场预测和微观市场预测两种。宏观市场预测又可称为全国性房地产市场预测。它是统观整个房地产市场需求的发展变化及其趋势,是对全国房地产产业的生产发展、产品供求关系、产业政策和法规的制定提供依据。微观市场预测又可称为地区性房地产市场预测。它是对房地产开发企业所在地区的房地产市场的预测。

2.3.2 房地产市场预测的必要性和原则

在了解了房地产市场预测的基本概述和内涵之后，我们更进一步思考进行房地产市场预测对我们开发房地产项目和进行房地产市场营销有什么意义呢？它的重要性体现在哪里呢？以下是对其进一步的阐述。

2.3.2.1 房地产市场预测的必要性

(1)房地产市场预测有利于平衡和满足社会对房地产开发的需要。人们生活的需要因收入水平的提高、生活品质的提升、人口的增长、消费习惯的改变而在不断变化，为此，要使人们对房地产的需要得到充分满足，就必须进行科学的推算和估计，只有这样，才能在投资、房屋设计、房地产数量、规格、质量等方面与人民的生活需要相适应。

(2)房地产市场预测有利于制订科学的开发经营计划。通过房地产市场预测，可以了解房地产市场发展变化的趋势，以及对房地产开发企业开发经营活动所带来的影响，从而指导企业自觉按市场规律办事，为制订科学的计划和开发经营决策提供依据。房地产市场受各种市场因素的影响很大，企业必须对各种因素的变化趋势有清楚的了解，以顺应市场的变化。另外，房地产市场受国家宏观调控影响很大，通过预测可使企业把握国家宏观经济政策走势，及时调整策略，减少盲目性。

(3)房地产市场预测有利于企业改善经营管理，增强自身竞争力，提高经济效益。在产品经济条件下，房地产开发企业的生存和发展与房地产市场息息相关，而房地产市场信息又是瞬息万变的，如果不了解房地产市场的动态和发展趋势，盲目开发经营，势必带来巨大的损失。只有通过房地产市场预测，掌握大量的房地产市场信息和数据资料，才能不断地改善经营管理水平，提高经济效益。正确的房地产市场预测可以使开发经营者对未来市场的变化心中有数，掌握市场对不同房地产产品需求的变化动态，以及对房地产开发企业开发经营活动所带来的影响，从而指导企业按市场规律办事，将效益最大化。

(4)通过市场预测可以使房地产开发企业把握市场的总体动态和各种营销环境因素的变化趋势。通过市场预测能正确地分析和判断消费者需求的变化，从而科学地选定目标市场，或者根据市场的变化，调整自己的营销策略，做到在市场中永远领先一步。

综上所述，市场预测在房地产开发企业经营决策中占有十分重要的地位。从某种意义上讲，市场预测的好坏不仅关系到企业的经营成果，甚至关系到房地产开发企业的兴衰存亡。实践证明，有市场预测和无市场预测，预测准确与否，对房地产开发企业经营的影响极大。哪个企业注意利用了房地产市场预测，而且预测比较准确，哪个房地产开发企业生产和经营情况就较为顺利，市场占有率就高。

2.3.2.2 房地产市场预测的原则

(1)客观性原则。房地产市场预测实质上是借助于历史统计资料和调查研究资料来推测未来。遵循客观性原则，就是在预测过程中，必须从房地产市场的客观实际出发，实事求是，尊重历史资料，认真分析研究现状，揭示其本质联系和必然发展趋势。不唯书，不唯上，要唯实。

(2)连续性原则。就是说过去和现在的情况将会持续到未来。也就是说，未来是在过去和现在的基础上发展的，因此，它在很多方面同过去和现在存在着相似之处。遵循连续性的原则进行分析和研究，可以在过去和现在的基础上推测未来，尽量做出比较准确的预测。例如，要预测未来若干年后房地产市场的需求总量，就要把房地产市场发展的过去、现在和将来看作是一个连续性的过程，根据过去和现在的各类房屋的需求情况，去测算未来的需求水平。如果离开连续性原则去考虑未来的需求状况，则只能是一种没有根据的臆测，但房地产市场情况受很多因素影响，瞬息万变，推测的结果只能作为基本参考。

(3)类推原则。就是根据以往房地产市场营销发展的模式和规律，推测出未来房地产市场营销发展变化的情况和发展趋势。例如，当房地产市场中的商品房价格处于均衡时，商品房需求量和供给量就相一致；当市场上的商品房价格高于均衡价格时，商品房就积压；当市场上的商品房价格低于均衡价格时，商品房就供不应求等。

2.3.3 房地产市场预测的程序

房地产市场预测必须遵循一定的程序，才能达到预期效果，预测结果才有参考价值。进行房地产市场预测，通常需要经过明确任务、选择方法、收集资料、参数估计、推测和评价等环节才能完成。

2.3.3.1 确定预测对象和任务

因为需求预测可以分不同的产品层次、空间层次和时间层次，而且在具体的市场背景下能够获得的数据资料、参与的预测人员、可运用的知识与技术手段都有其规定，所以，在进行市场需求预测时，首先要明确需求预测的对象、任务是什么，可利用什么条件、渠道和途径来完成预测任务。

2.3.3.2 选择预测方法

由于对有关对象的了解程度和可获得的数据资料有差异，需要预测的内容也有难易之分，因而采用何种方法来进行市场需求预测，要视可利用的条件和渠道而定。在预测任务相对简单、预测人员对有关对象比较熟悉和了解、不需掌握太多历史资料的情况下，组织经验丰富的专业销售人员、市场营销经理或有关方面的专家，进行定性预测较合适。而预测任务较复杂，有较多历史资料和有关影响因素的变动资料可供利用的，就可以进行定量预测，借助计算机通过模拟计算可获得相当准确的预测值。近年来也出现了一些新的预测方法，这里介绍几种常见的方法。

(1)直观预测技术，也称专家预测法，是目前常用的方法之一。它通过对房地产行情十分熟悉的有关专家的直观判断进行预测。这种方法简单易行，特别是在历史数据资料不足的情况下适用。常用的直观预测技术方法有专家会议法、德尔菲法、类比法等。

①专家会议法是请一批专家或熟悉房地产行业情况的人开会讨论，事先提供必要的历史资料和房地产环境情况，明确预测的目标。使会议人员有足够的准备时间。开会时各自提出意见，相互交流，使意见逐步集中。

②德尔菲方法主要过程是主持预测的机构先选定与预测问题有关的领域，以及有关方面的专家 10～30 人，与他们建立适当的联系，如信件往来。将他们的意见经过综合、整理、归纳，并匿名反馈给各位专家，再次征求意见。这种方式经过多次反复、循环使专家们的意见逐渐趋向一致，由主持预测的机构进行统计分析提出最后的预测意见。

③类比法是一种普遍应用的方法。它是将预测事件称为类比物，将类比物称为类比模型，然后将类比物与类比模型进行逐项比较，如果发现两事物间的基本特征相似并具有相同的性

质，就可以用类比模型来预测类比物。比如，A 地区的 GDP、人均收入、人口数量的发展与 B 地区前两年的情况相似，则可以用 B 地区目前的房地产需求量估算出 A 地区在今后一段时间内的房地产需求量。

（2）房地产估价法。就是利用房地产估价原理和方法进行房地产产品的价格预测。常见的房地产估价法有市场法、成本法、收益法、假设开发法、基准地价法等。

①市场法是将待预测的房地产与在较近时期内已经发生了交易的类似房地产加以对照比较，根据已发生交易的房地产价格，通过多项因素的修正得出待预测房地产价格的一种方法。

②成本法是以开发或建造待预测房地产或类似房地产所需耗费的各项必要费用及正常的利润和税金为依据，来确定待预测房地产价格的一种方法。

③收益法是运用适当的还原利率，将待预测的房地产未来的正常纯收益折算还原，从而确定待预测房地产价格的一种方法。

④假设开发法是指预计估价对象开发完成后的价值，扣除预计的正常开发成本、税费和利润等，以此估算估价对象的客观合理价格或价值的方法。

⑤基准地价法是通过将待预测的房地产与基准地块比较，对基准地价进行修正后得出待预测房地产价格的一种方法。

（3）系统动态学方法。系统动态学方法是用定量和实验的方法来研究社会经济行为中信息反馈的特征，并用仿真的方法来研究政策的作用和系统行为中延迟作用对系统动态行为的影响。系统动态学可以运用反馈结构的概念模型，借助计算机研究在一定时间范围内，由于政策的变化导致系统各状态变迁的特征；找出系统中政策的作用点，测试系统对政策的敏感性；研究改善系统结构的可能性和时机；试图通过改变政策和系统结构达到消除现实系统中存在的问题，并引导社会经济系统朝着期望的目标运行。

房地产系统是一个社会经济系统，房屋的供给量、需求量、存量、退出量之间存在着信息的反馈和延迟作用，而社会经济系统中某一个量的变化，会导致房地产发展系统状态的变迁。因此，运用系统动态学模型来研究住宅发展问题是可行的。

在选择预测方法时要依据预测的具体情况，从实际出发，选择最合适且有效的方法，这样才能提高预测的准确率。

2.3.3.3 确定预测人员，拟订预测计划

科学的预测不仅要求预测者具有较高的文化、专业水平和扎实的基础知识，而且要求他对有关预测对象和预测方法熟悉。在组织市场需求预测活动时，必须认真选择预测人员，切莫出现“盲人摸象”的现象。此外，还需要制订市场需求预测的实施计划，以便井然有序地做好各项工作。预测实施计划应详细列出预测过程中需要做的工作，并对工作进行具体细分，安排具体执行人和责任人，保证各项工作之间的合理衔接和交叉作业，以便提高效率、缩短预测活动周期。

2.3.3.4 收集和整理资料

任何预测都要从历史和现有资料出发，收集和整理资料是科学预测的基础。收集资料主要通过调查方法取得。

一般来说，市场需求预测所要利用的数据资料可以有历史资料和横截面资料两类。历史资料是指反映有关预测对象过去和现在状态的各种资料，通过分析研究这些资料，大体认识预测对象的发展变化规律和发展趋势；横截面资料是指和预测对象有联系或者类似的有关对象

的资料，通过分析预测对象与相关对象、因素之间的联系和类似性，可以发现预测对象受到的影响力度和变动趋势。资料收集范围应根据预测任务来确定，范围过宽会分散人力物力，范围过窄又不能满足预测的要求，因而必须适当确定收集范围。

2.3.3.5　建立预测模型并进行分析评价

收集资料是为了利用有关和有效信息，构建一个有关预测对象的模型。所谓模型，是用来明确表现已知现象与未知现象之间、原因与结果之间的相互作用、相互影响的功能性框架或数学函数。为方便计算，人们提出了一些常见的预测模型，如线性模型、二次非线性模型、生长曲线模型、类推预测模型等。在实际运用时，必须根据预测的具体内容认真选择和评价。以便选用最贴近预测对象特性的预测模型，尤其是在进行定量预测时，要特别注意预测模型的选择和评价。

2.3.3.6　数据处理并估计误差

由于预测只是对未来的市场需求进行推测和估计，具有不确定性，因而不可能百分之百准确，不能完全排除误差。为了有效地指导决策，避免决策失误，预测者要能够准确估计预测的准确度如何，即误差有多大、在何种程度上是可信的、可用于指导何种类型的工作，以便市场营销经理或其他管理人员在运用预测结果制定决策时，能够更加全面地设计和评价行动方案。

2.3.3.7　审查预测结果并予以校正

在有多个预测人员背对背做预测的情况下，不同人员做出的预测结果可能不同。例如，销售人员做出的销售预测可能与企业经理做出的预测有差距。利用预测结果前必须对预测结果进行认真审查，认真分析和评价不同预测值的可信度，有时可能需要组织有关预测人员一起讨论、校正误差、补充内容，以提高预测结果的可信度水平，最后获得理想的预测值。

科学的预测应当注重在实践中检验预测方法的可靠性、预测模型的完备性、预测内容的准确性，并通过经验积累和知识积累，掌握更多的市场需求变化的规律，不断改进预测方式和方法，为今后的市场需求预测创造更加完善的条件。

知识归纳

1. 市场是指买卖双方进行交易的场所，其核心是“交换”。房地产市场是进行房地产产品交易活动的场所，也是各种生产关系的总和；房地产市场的特征包括投资的风险性、供给的滞后性、区域性以及变化的周期性等。

2. 房地产市场调研需要涉及社会经济文化等多个角度，调研可分为探测性调研、描述性调研、预测性调研等几个主要类型。

3. 房地产市场调研是为相关企业的投资决策和管理决策提供信息的，也是房地产项目策划的基础。研究方法包括价格弹性分析法、价格敏感性分析法、SWOT 分析法、聚类分析法、联合分析法和因子分析法等。

4. 房地产市场预测是对房地产未来发展方向的判断，也是企业进行战略规划的重要影响因素。进行房地产市场预测有利于平衡和满足社会对房地产开发的需要，有利于制定科学的开发经营规划，有利于改善企业经营管理，从而提高企业的经济效益。

5. 房地产市场预测必须要有科学的方法进行指导，专家预测法、房地产估价法和系统动态学方法等都是常用的预测方法。

6. 进行房地产预测分析需遵循客观性原则、连续性原则、类推原则等，掌握好房地产市场预测分析的程序,能更好地进行房地产市场预测分析。

思考题

1. 房地产与房地产市场的区别体现在哪里?各有哪些特征?
2. 房地产市场调研的内容及方法有哪些?
3. 什么是房地产市场预测分析?进行房地产市场预测分析的必要性体现在哪里?
4. 进行房地产市场预测分析应遵循哪些程序?有哪些常用的预测方法?

案例实训

案例一:××镇房地产市场开发条件分析

(1)本区域整体生活配套一般,地段优势不明显,但有本地自然景观以及十余所大学组成的大学城人文景观,这成为本区域的两大特色。

(2)从交通上来看,本区域目前依靠老107国道和郑新路与郑州联通,交通情况处于中上水准。

(3)从客户层上来看,目前郑州只要是外环以内的楼盘单价都在4000元/平方米以上,所以说区域内20万～25万/套住宅的优势可以吸引很多在郑州市购房困难的客户层、投资客等。

(4)从价格上看,单价已经从区域刚开发时候的1100～1300元/平方米上升到2400～2700元/平方米,主力总价已达到30万/套,和郑州同类产品的总价差距在逐渐变小。

(5)从个案上看,区域内目前在售项目不多,有两个远郊大盘为代表,基本上都配备了从郑州市区发往现场的看房车,把客户看房不便的困扰降低到最小。

(6)本项目在规划上大都注重社区配套的完善,避免区域配套较差的销售障碍。

(7)目前区域内基本上所有空地都已经拍出,接下来还会有超出以往年份的更大体量推向市场。

问题:

通过以上该项目的现状简介,运用SWOT分析法对该项目在本区域内的开发条件进行调研分析。

案例二:房地产市场调研

1. 调研背景

与一、二线城市房企众多、竞争激烈、土地成本越来越高相比,当前三线城市其丰富的可开发土地资源、相对较低的拿地成本、新城开发等带来的各类需求等也正促使更多的房企进入三线城市。种种条件下,三线城市无疑成为一片“价值洼地”。大牌开发商的进入,往往会带动三线城市楼盘品质的提升和先进开发建设观念的培育,加快城市化进程和房地产市场的发展,所以当地政府对外来资本大多持欢迎态度。这对于开发商圈地是一个很好的时机,但如果不能充分了解本土化的运作方式,融入到当地经济文化氛围之中,难免还是会惨遭滑铁卢。所以房地产市场的深入调研此时显得尤为重要。

2. 调研目的

为了更好地把握××市房地产市场,为××项目开发和产品定位提供市场反馈的真实有效数据。

3. 调研内容

(1)市场政策环境。2017年上半年微调政策不断，各地房地产调控政策调整动作趋于频繁，在“双向调控”的基调下，定向放松限购或通过信贷、公积金等方式鼓励刚需，成为部分面临去化风险城市的政策调整突破口。不过事实证明，在信贷持续收紧，楼市库存压顶以及市场需求回落下，这些救市行为对于提高需求、提振市场的作用有限。

(2)市场经济环境。土地市场呈先热后冷。不难看出××市土地市场呈先热后冷的趋势，在年初土地市场延续上年年末的火热，土地出让数量较多，但是随着整个房地产市场走淡，进入观望状态，××市土地市场的热度也有所减退，地块入市放缓。

(3)市场文化环境。近年随着人们受教育水平的不断提高，传统的居住生活方式不断发生变革，××区作为老城区在新时期也被赋予了新的活力，人们开始从居住、教育、生活等全方位地去定位一块房地产项目。这对发展新的房地产市场有着重要的意义。

4. 调查方法

由于718地块开发项目较大，所以针对性地采用了不同人群的调查问卷方法。

5. 调查对象

调查对象为京华附近消费人群，年龄在20～65岁。对这些人群直接采取问卷方式，如简单的日常购买物品，对附近的产品购买情况表达自己的切身感受，希望能够改进的地方有哪些。同时还对附近的生活环境和娱乐设施做出详细的问卷调查。

6. 总结

通过调查可以发现，××作为总部在上海的地产公司对省内三线城市的房地产市场缺乏开发力度和拓展的魄力，由调查分析得出的相关结论不难发现××市的地理和区位优势，若公司紧跟国家政策在长三角地区以××市为中心向南京、上海、安徽、湖北等省市开发辐射，由点到线继而成面，发展起来将会为公司带来巨大发展前景。

问题：

如何运用房地产市场调研方法开展本案例的详细调查？

案例三：房地产市场调研分析

某房地产开发企业开发产品多年，过去一直受政策保护，经营十分顺利，营业额节节上升，收益率尚佳。近年来，由于市场国际化、市场竞争压力大、消费者消费习性多元化，致使该公司在既有产业的市场竞争上节节败退。加之现存经营包袱颇重，经营上的压力益增。该公司除积极地进行总体经营体制改善，以提高市场竞争之外，更积极寻求企业经营多角化，寻找新契机。在众多多元化计划中，几经选择之后，将“土地有效开发利用”列为优先计划。可是土地有效开发的途径很多，诸如土地出售、兴建大楼出售、发展游乐产业、兴建大型购物中心等。该房地产开发企业在某大都会附近拥有的大量土地已列入都市计划，现在房地产开发企业最高经营层决定在该土地上建大型购物中心：一则配合未来消费者购买习性多元化；二则营业行为可产生可观现金流量，增加该公司营运周转能力；三则继续保持土地使用权，以得土地增值之利，在下最后经营决定之前，该公司决定进行一次“大型购物中心之市场调查”，以帮助最高决策当局做最后决策。

问题：

大型购物中心的市场调研目标的重点在于哪些方面？

第3章　房地产市场营销环境分析

内容提要

本章主要内容为房地产市场营销环境分析和环境分析的三种方法；重点为房地产市场微观环境和宏观环境的分析与研究；难点为各环境要素是如何影响房地产市场的，以及它们之间的关联性和环境分析方法的运用。

能力要求

通过本章的学习，熟悉房地产市场营销环境的概述、分类与特点；掌握房地产市场营销环境是一个多因素、多层次且不断变化的综合体，它对开展营销各项工作会带来很大的影响；掌握各种环境要素之间的紧密联系与区别；掌握分析环境的三种方法。

3.1　房地产市场营销环境概述

房地产开发企业作为独立的房地产产品生产者与房地产产品交换者，和其他任何企业一样，都是在不断变化着的社会经济环境中运行的，也是在和其他企业、消费者群体和社会参与力量的作用下开展市场营销工作的。房地产市场营销环境是由这些对房地产开发企业营销活动产生影响的外部力量和内部因素所构成的，并且是在不断变化着的，不断地涌现出新的机会和风险。在房地产项目开发中，房地产项目的市场环境分析是必不可少的，通过对项目市场环境进行分析，以及对投资进行指导，使项目风险降低，并尽可能为企业获取更多的利润。因此，客观、全面、深入地研究其市场营销环境和准确分析、把握好各种环境因素的变化，对房地产开发企业制定合理的营销策略和更好地开展市场营销活动具有十分重要的意义。

房地产市场营销是在一定环境下展开的，环境的优劣会直接影响到房地产市场营销的最终效果。任何企业都是在特定的社会经济和其他各种外界环境下生存与发展的，用著名营销学家菲利普·科特勒的观点来讲，市场营销环境就是“影响企业的市场营销管理能力，使其能否卓有成效地发展和维持与其目标顾客交易及关系的外在参与者和影响力”。因此掌握好与市场营销环境有关的问题是发展房地产开发企业的基础工作。

3.1.1　房地产市场营销环境的概念

营销环境是指与企业营销活动有潜在关系的所有内部、外部力量和各种相关因素的集合，是企业采取对策措施才能加以利用或可控制的因素，企业营销活动要以营销环境为依托，并且主动地适应和利用其环境。房地产市场营销环境是指影响房地产开发企业生存和发展的各种内部条件和外在因素的集合。这些力量和因素是影响房地产营销活动及其目标实现的条件。在现行的房地产市场环境下，对房地产市场进行环境分析，一方面有助于发现新的市场机会，另一方面则可以避免环境威胁。在激烈而复杂的市场竞争中，机会与威胁并存，这也更加体现了市场营销环境分析的重要性。

3.1.2 房地产市场营销环境的特点

房地产市场营销环境是一个多因素、多层次且不断变化的动态综合体，它具有以下特点。

(1)客观性。房地产市场营销的宏观环境是客观存在的，房地产开发企业所处的社会经济和其他外界环境条件总是特定的，是企业不可选择且难以控制的，房地产市场营销环境并不会随着房地产开发企业的主观愿望而发生变化，它有着自己的运行规律和发展趋势。如一个国家的政治法律、人口环境、经济环境等，房地产开发企业不可能随意改变这些外界环境因素，但可以通过不断调整其营销策略去主动适应环境的变化。企业发展与环境变化的关系是:适者生存，不适应者被淘汰。因此，善于适应环境变化的企业就能生存和发展，不能适应环境变化的企业则难免被淘汰。

(2)系统性。房地产市场营销环境中的各种构成因素之间总是相互联系、相互影响的，一个因素的变化会导致其他许多相关因素的变化，如经济发展良好则会提高顾客的购买力，社会的价值观会影响消费者的购买倾向等。各种影响因素也是相互依存、相互作用、相互制约的，它们共同构成了房地产市场营销环境这一系统。在这个系统中，某种现象的出现，往往不是由某一种单一因素决定的，而是一系列相关因素共同影响和作用的结果。如经济因素不能脱离政治因素单独存在，政治因素也要通过经济因素来体现，两者之间是对立统一、相辅相成的关系。因此，在对营销环境分析的过程中，除了对单个环境因素进行分析外，还要分析各环境因素之间的相互关联性。

(3)层次性。从空间上看，营销环境因素是个多层次的集合。第一层次是企业所在的地区环境，如当地的地理位置和市场环境。第二层次是整个国家的政策法规、社会经济因素，包括国情特点、全国性市场环境等。第三层次是国际环境因素。这几个层次的外界环境因素与企业发生联系的紧密程度是不相同的，如图 3-1 所示。

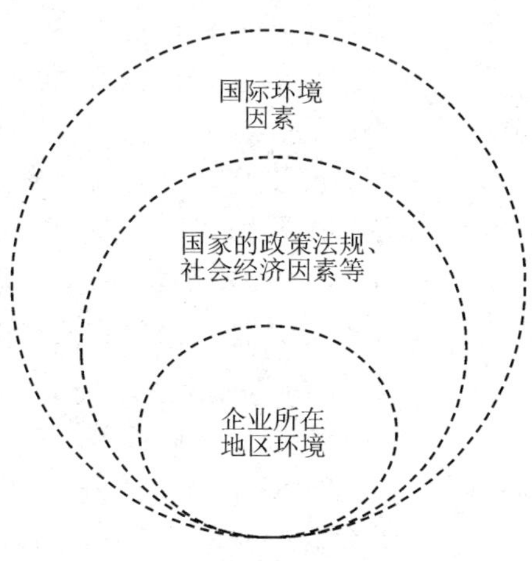

图 3-1 房地产营销环境的层次示意

(4)差异性。房地产的固定性特点决定了房地产市场营销环境比其他市场营销环境受到地域性的影响更大,不同地区的房地产项目的市场营销环境是不同的。不同国家、民族和地区在政治、经济、文化等方面存在着广泛的差异性,加上企业在生产经营性质等方面的差异性,使得相同的房地产开发企业或类似的项目在不同国家会处于不同的房地产市场营销环境中,环境的差异性决定了企业经营战略的多样性。对于不同的房地产开发企业,其市场营销环境往往也存在着很大的差异,企业只有认清差异,才能适应环境,生产出适销对路的产品。

同时,房地产市场营销环境由人口、经济、社会、文化、政策、行业、消费者、竞争者等因素构成,这些因素从不同的角度和不同的深度影响着房地产开发企业的营销策略。每个因素对房地产开发企业营销活动的影响是不同的,这不仅表现在不同房地产开发企业受不同环境的影响,而且表现在同一种环境因素的变化对不同企业的影响。

(5)动态性。房地产市场营销环境是时刻动态变化着的,它会随着时间的推移而不断发生变化。一方面,各种环境因素自身是不断变化的;另一方面,某一环境因素的变化又会引起其他相关环境的变化。如人均收入的提高会引起房地产购买行为的变化,构成市场环境的各种因素以及它们之间的组合方式也会不断有新的内容、新的形势竞相出现。这些变化既有渐进性,又有突变性。因此,房地产开发企业要用变化和发展的观点经常性地探求市场营销环境的变化,从中找出其客观规律,灵活变通,与时俱进,使企业慢慢地适应这种变化,从而减少由于环境的变异给企业造成的不利影响。只有与市场营销环境相适应,房地产开发企业才能顺利地开展营销活动,实现预期的各项经济指标。

影响房地产市场营销环境的因素是多方面的,同时也是复杂的,但房地产开发企业可以发挥主观能动性,通过对内部环境要素的调整,对外部环境施加一定的影响,最终促使某些环境要素向有利的方向转化。企业开展营销活动必须适应营销环境的变化,不断调整和修正自己的营销策略,否则将会丧失市场机会。现代营销学认为,企业经营成败的关键,就在于企业能否适应不断变化着的市场营销环境并及时对营销策略做出调整。

3.2　房地产市场营销环境的分类

房地产市场营销环境的内容广泛而复杂,不同因素对营销活动各个方面的影响和制约也不尽相同,同样的环境因素对不同企业的影响和制约也是不同的。但总体来说,房地产开发企业的营销环境由微观环境和宏观环境构成。

宏观环境是指通过微观环境的媒介间接影响和制约房地产开发企业营销活动的各种社会性力量和因素,包括政治法律环境、经济环境、人口环境、社会文化环境、技术环境和自然环境等。宏观环境间接影响着企业的营销活动,它先影响市场,再间接影响企业,所以房地产开发企业欲想把握好它不是一件易事。它是给企业带来市场机会和环境威胁的主要因素,会对房地产开发企业营销活动造成广泛而深远的影响。

微观环境是指直接影响和制约房地产开发企业服务其目标市场能力的各种力量和因素的总和,包括企业本身、房地产供应商、房地产营销中介、竞争者、消费者以及公众等。微观环境直接影响着房地产开发企业的营销活动,对房地产开发企业的影响是具体的,同时微观环境中的各种行为都是在宏观环境中运作并受其影响的。

在一般情况下,宏观环境因素决定微观环境因素,宏观环境常常通过微观环境作用于房地产开发企业的营销活动。宏观环境中的不同因素又相互作用，对房地产开发企业营销活动产生制约和影响。同时，微观环境对宏观环境有相应的反作用。两者相互作用、相互影响，共同构成了房地产市场营销环境的大系统。

3.2.1 房地产市场营销宏观环境分析

房地产市场营销宏观环境主要是由一些影响范围比较大的社会约束力量构成，主要包括政治与法律环境、经济环境、人口环境、社会文化、技术环境和自然环境等。

3.2.1.1 政治与法律环境

政治环境研究的是国际国内“气候”、国家政局稳定性和国家的开放程度与政策的连续性。而影响房地产开发企业市场营销活动的政治与法律环境包括政府机构、产业政策等。任何一个房地产开发企业都是在一定的政治法律环境下运行的，企业的营销活动不可能脱离政治法律制度的管理和约束。

(1)政治体制、经济体制、政府与房地产开发企业的关系。

①政治体制是指在特定的社会中，统治阶级通过组织政权来实现其政治统治的原则和方式的总和。它包括一个国家的阶级本质、国家政权的组织形式和管理形式、国家结构形式以及公民在国家生活中的地位。作为一种投资环境要素，投资者关注的是该国政治体制变革及政权更迭的过程对其企业发展的影响。

②经济体制是指在一定区域内(通常为一个国家)制定并执行经济决策的各种机制的总和。一般指国家经济组织的形式，它规定了国家与企业、企业与企业以及企业与各经济部门之间的关系，并通过一定的管理手段和方法来调控和影响社会经济流动的范围、内容和方式。

③政府与企业之间的关系取决于国家的政治体制和经济体制，房地产业作为国民经济的支柱性产业，与政府的关系更紧密，因此，房地产营销要充分考虑两者间的关系。

(2)政策。政策是国家或政党为了实现一定历史时期的路线和任务而制定的国家机关和政党组织的行动准则，政策是政治环境中的主要要素，其中投资者最关注的是产业政策与经济政策。它们包括国民经济发展、引进外资、对外开放、税收以及财政经济等一系列的政策。

(3)法律法规。法律法规是政府为了建立和维护一定的社会秩序，保护正当的社会竞争、消费者利益和社会长远利益发展而制定的，每一项法律法规的制定、颁布与实施，或者原有法律法规的调整，都会影响到企业的营销活动。因此房地产营销人员必须熟悉相关的法律法规，并在其允许的范围内开展营销活动。

目前，我国已经形成了较健全的房地产法律法规体系，该体系由国家法律、行政法规，地方性法规、规章，行业规范性文件和技术规范等构成。其中法律主要有四部，即《中华人民共和国城市房地产管理法》《中华人民共和国土地管理法》《中华人民共和国城乡规划法》和《中华人民共和国民法典》(物权编)。特别是《中华人民共和国城市房地产管理法》，它的颁布标志着中国房地产产业的发展迈入了法制管理的新时期，为依法管理房地产市场奠定了坚实的法律基础。这部法律除了确立我国房地产管理的基本原则外，还对房地产开发用地、房地产开发、房地产交易和房地产权属登记等主要管理环节确立了一系列基本制度，内容比较丰富和全面。

房地产行政法规是以国务院令颁布的，主要包括《城市房地产开发经营管理条例》《国有土地上房屋征收与补偿条例》《土地管理法实施条例》《城镇国有土地使用权出让和转让暂行条例》《住房公积金管理条例》等。房地产部门规章是以国务院房地产行政主管部门部长令颁布的，主要有《房地产开发企业资质管理办法》《国有土地上房屋征收评估办法》《城市商品房预售管理办法》等。此外，还有《房地产估价师执业资格制度暂行规定》《房地产估价师执业资格考试实施办法》等多项规范性文件，以及国家标准《房地产估价规范》《房产测量规范》等多项技术法规。目前，房地产管理的主要环节均有法可依，房地产法律法规体系基本建立，为住宅建设和房地产行业的健康发展创造了良好的法律环境。

3.2.1.2 经济环境

经济环境是影响房地产项目投资决策最重要和最直接的因素。在人口数量波动不大的情况下，房地产市场规模的大小，很大程度上取决于社会的购买力。社会购买力越强则需要越大规模的房地产市场来满足消费者的需求。而社会购买力又受国民经济发展水平、消费者收入支出水平等一系列经济因素的影响。

(1)国民经济发展水平。房地产开发企业是在国民经济大环境中生存和发展的，同时也受到国民经济发展水平的制约和影响。一个国家或一个地区的经济发展水平是影响房地产需求的决定性因素。一般来说，房地产需求水平与国民经济发展水平呈正相关的关系。一个国家或地区经济发展水平越高，相应地其房地产需求量也越大，反之则相反；一个国家或地区某一时期的国民经济发展速度快，则这个时期房地产需求增长也会比较快，反之则相反。

国民经济发展水平对房地产需求的影响作用主要来自两个方面。①投资规模。投资规模的扩大，拉动了生产经营性用房需求的增加，从而扩大了对工业厂房、商铺、办公用房等的需求。②国民收入水平。随着经济发展和国民收入增加、企业的扩大再生产能力提高以及个人的可支配收入增长，必然会增大房地产的生产性需求和消费性需求。改革开放以来，中国经济快速增长，促进了各类房地产需求的急剧增长，由此推动了现阶段中国房地产行业的繁荣局面。

(2)消费者收入与支出。消费者收入水平与房地产需求呈正相关的关系。消费者收入水平的提高直接拉动房地产消费需求的增加，所以说消费者收入水平是影响社会购买力的主要因素，同时也是影响房地产营销企业营销机会的重要因素。消费者收入是指消费者个人所得到的合法的货币收入，通常包括个人的工资、奖金、其他劳动收入、退休金、红利、馈赠、出租收入等。消费者的收入主要形成消费资料购买力，这是社会购买力的重要组成部分。消费者收入水平的提高，还将促使其消费结构发生重大的质的变化。19 世纪德国统计学家恩格尔根据统计资料，对消费结构的变化进行了研究，并得出一个规律：一个家庭收入越少，家庭收入中(或总支出中)用来购买食物的支出所占的比例就越大(此比例值称为恩格尔系数)。随着家庭收入的增加，家庭收入中(或总支出中)用来购买食物的支出比例则会下降，而对于其他方面的消费比例会上升。按国际经验，当消费者的消费结构的恩格尔系数处在 40%～50%时，正是住房需求旺盛、房地产产业大发展的时期。随着我国住房制度的改革，住房消费占家庭总消费的比例不断提高，这也为房地产开发企业营销带来了广阔的发展空间。

除此之外，房地产价格、城市化水平、国家有关经济政策和消费者对未来的预期都会对房地产的需求产生一定的影响。

3.2.1.3 人口环境

市场是由具有购买欲望和具有购买能力的人组成的，房地产需求的主体是人，人的数量和结构直接决定了对房地产的需求程度，因此人口环境因素对房地产的价格有很大影响。人口环境因素包括人口数量、人口增长率、人口结构等。把握人口环境因素，是房地产开发企业进行营销活动的重要依据之一。

(1)人口数量及其增长率。人是市场的主体，人口数量及其增长率与房地产市场规模有着密切的联系。在社会购买力一定的情况下，市场规模会随着人口数量的增加以及增长率的上升而增大，同时企业的营销机会也会随之增加。因此房地产开发企业在确定目标市场时，首先要了解当地的人口数量及其增长率。人口数量的增长对房地产开发企业的营销活动的影响也是双向的，例如人口数量增长过快会导致整体购买力的下降和消费结构的变化，消费者的大部分收入就会用于基本需求方面的支出，从而减少或延缓对住房的需求。

(2)人口结构。人口结构是指一定时期内人口按照性别、年龄、家庭、职业、教育程度、文化、民族等因素的构成状况。人口结构是影响房地产产业的一个重要因素。年龄、性别、民族、职业、受教育程度不同的消费者由于在收入、生活方式、价值观念等方面存在着差异，必然会产生不同的消费观念和需求，从而形成市场上各具特点的消费群。例如，青年消费者在购买住房时，受其经济能力的限制，往往购买小户型的住房；中年消费者经济收入较高，往往购买舒适、宽敞的住房；老年消费者往往购买环境安静、有配套医疗设施地区的住房。正如房地产产业界流行着的一句话“看懂了人口也就看懂了房地产”，因此人口结构也是房地产开发企业在开展营销活动之前需要予以重视的一个因素。

3.2.1.4 社会文化环境

社会文化环境主要是指一个国家或地区的社会组织、社会结构、社会风俗习惯、宗教信仰、生活方式、教育水平等。它是影响企业营销诸多变量中最复杂、最重要、令消费者印象最深刻的变量。这些因素的不同会直接影响消费者的个人消费观念，从而对房地产开发企业的营销活动产生很大的影响。因此，房地产开发企业在进入目标市场时，应对当地的文化背景、价值观念、风俗习惯、宗教信仰等方面进行详细的了解与分析，避免营销过程中出现盲目的行为。同时在产品设计、广告促销等方面要投其所好，避其所忌，满足房地产消费者的需要。

3.2.1.5 技术环境

科学技术是第一生产力，技术进步是经济增长的主要动力。作为营销环境的一部分，技术环境不仅直接影响房地产开发企业内部的生产和经营，还与其他环境因素互相依赖、相互作用。新技术对房地产市场营销带来的影响是双面的，在带来机会的同时，也带来了威胁。企业的机会在于寻找和利用新技术，而它面临的威胁主要有两方面：一是新技术的突然出现，使房地产开发企业的现有产品由于没有应用新技术变得落后；二是新技术改变了房地产开发企业人员原有的价值观念。新技术给房地产开发企业带来了巨大压力，如果房地产开发企业不及时跟上新技术革命的发展脚步，很有可能就会被淘汰出局。因此房地产开发企业必须紧跟时代科学技术创新的步伐，了解其变化发展趋势，及时开发和应用新的技术，淘汰更替旧技术，充分利用最新的科学技术给企业带来一系列的发展机会。

3.2.1.6 自然环境

房地产开发企业的营销活动不仅需要社会环境和经济环境，同时也需要一定的自然环境。自然环境是指项目所在地的自然条件和风景地貌特征，包括地理位置、地质地貌、自然风光、气候气温特点等。由于自然环境是一种相对稳定、无法轻易改变的客观物质环境，并且房地产项目又具有地理位置的固定性和不可逆性的特点，因此，房地产开发企业应对所处地区的自然环境加以科学的分析，积极处理好自然环境与房地产开发企业之间的相互制约关系，因势利导、扬长避短，科学地利用和挖掘自然环境的优势。

3.2.2 房地产市场营销微观环境分析

房地产市场营销活动的主要目的就是为消费者提供满意的产品并从中获取一定利润，同时也带动所在地区社会经济的发展。房地产产品营销的实现需要诸多力量、因素的共同参与，而房地产开发企业能否成功地开展市场营销活动，还要受到消费者、竞争者、公众等环境因素的影响，它们共同构成了房地产开发企业微观环境的全部内容。

微观环境是由直接影响房地产开发企业市场营销活动的一系列因素构成的，主要包括房地产开发企业自身、房地产供应商、消费者、竞争者、公众以及房地产营销中介等。

3.2.2.1 企业自身环境

房地产市场营销微观环境中的主要力量是房地产开发企业内部的环境力量。良好的企业内部环境是顺利开展房地产开发企业营销工作的前提条件。内部环境由企业高层管理和企业内部各种组织构成。房地产开发企业高层及其各部门的支持对营销部门工作的成败有很大影响。房地产开发企业所有部门都同营销部门的计划和活动发生着密切的关系。各管理层之间要做到分工科学、协作和谐、目标一致、配合默契，这是房地产开发企业的营销管理决策和营销方案顺利实施的前提。所有这些相互联系的群体组成了企业的内部环境。

管理高层需要确定企业的宗旨和目标，并制定企业的总体战略和政策。房地产开发企业的所有者和经营者的智慧、经验、价值观等都会对营销决策产生巨大的影响。因此他们更要认真听取营销部门的市场调查和分析，并在此基础上做出决策，防止主观盲目，提高决策的科学合理性。同时，作为营销部门还必须与企业的其他部门密切配合：财务部门负责为实施营销计划筹集和分配资金；研发部门致力于设计市场上最吸引人的产品；采购部门关心的是如何取得优质原材料等供应物品；生产部门负责房屋建设的数量、质量、进度；等等。所有这些部门对营销部门的计划和行动都会产生影响。

3.2.2.2 房地产供应商

房地产供应商是指为房地产开发企业提供建筑材料、建筑设备、能源、劳动力等资源的企业或个人。供应商与房地产开发企业之间存在着合作关系，他们对房地产营销的影响主要体现在两个方面：一是供应商的品牌效应，供应商的品牌影响力能直接提升房地产开发企业的市场竞争力。二是供应商所提供的资源质量、价格和供应量，会直接影响着房地产开发企业产品的质量、价格、销售利润以及房地产开发企业的生产能否顺利进行。房地产供应商与房地产开发企业之间的关系具有两面性，协作得好是双赢，反之则是双败。房地产供应商对房地产开发企业的营销活动具有重要影响，因此房地产开发企业必须处理好与供应商之间的关系，重视双方的合作，做到互利共赢。

3.2.2.3 消费者

房地产消费者是指购买房地产产品以及服务的所有对象，消费者可以是个人、家庭，也可以是各种组织机构。他们对房地产市场营销有着决定性的作用和影响，同时也是衡量房地产市场营销成功与否的主要指标之一。

消费者主要通过对市场需求的变化对房地产市场营销产生影响，由于消费者收入水平和生活水平，房地产产品的多样性、复杂性等各种差异，使房地产的市场需求处在不断变化之中。所以房地产开发企业需要准确地了解消费者的消费心理、消费者对未来的心理预期以及消费需求的变化，并采取不同的营销方式与经营策略，以此去吸引更多的消费者来选择自己的产品。

3.2.2.4 竞争者

企业对房地产目标市场进行营销活动时，会不可避免地遇到各种竞争者的挑战。在满足顾客需要或欲望方面，企业必须要比竞争对手做得更细、更好、更快，以此来吸引顾客消费自己的产品，从而在市场竞争中取得胜利。从消费需求的角度划分，房地产开发企业的竞争者可分为愿望竞争者、行业竞争者、产品形式竞争者和品牌竞争者。

愿望竞争者是指提供不同房地产产品以满足不同需求的竞争者，如工业用房、商业用房、住宅和娱乐用房的开发商之间就是愿望竞争者。愿望竞争者的存在将使购买力的投向在不同行业或不同产业之间发生转移，从而使不同行业或不同产业的市场规模发生或大或小的变化。

行业竞争者是指提供不同房地产产品以满足同一需求的竞争者，如普通住宅、高级公寓、别墅的开发商之间就是行业竞争者。行业竞争者的存在将使购买力的投向在不同行业的生产经营相关产品的企业之间发生转移，其竞争程度主要通过科技进步所带来的替代品的多少以及相互替代的程度来体现。在科技进步较快的情况下，房地产开发企业应更加关注行业竞争者对本企业的影响。

产品形式竞争者是指向房地产目标市场提供种类相同，但质量、设计、风格、型号、款式、组合等有所不同的产品的其他企业。由于这些同类型但形式不同的产品对同一种需要的具体满足上存在着差异，购买者有所偏好和选择，因此这些产品的生产经营者之间便形成了竞争关系，互为产品形式竞争者。营销者可以把制造同样或同类房地产产品的其他企业都广义地视为竞争者。

品牌竞争者是指向房地产目标市场提供种类相同、产品形式也基本相同，但品牌不同的产品的其他企业。

在市场营销活动中，房地产开发企业除了要了解市场的需要与购买者的购买决策过程外，还要全面了解房地产竞争对手的数目、分布状况、综合能力、竞争目标、竞争策略、营销组合、市场占有率及其发展动向等方面的情况，从而制定出有效的竞争性营销策略。

3.2.2.5 公众

公众指对企业经营活动有实际或潜在兴趣和影响的团队和个人。房地产开发企业在争取满足目标市场时，不仅会影响竞争对手的利益，而且还会影响公众的利益。房地产开发企业对于广大公众所持的态度会协助或妨碍企业营销活动的正常开展。因此所有的房地产开发企业都必须采取积极措施，树立良好的企业公众形象，力求保持和公众之间的良好关系。在通常情况下，企业所面临的公众主要有融资公众、媒介公众、政府公众、社团公众、社区公众、一般公众和内部公众等。

3.2.2.6 营销中介

房地产营销中介机构是协助房地产开发企业推广、销售和分配产品给最终买主的企业和个人，包括中间商、实体分配公司、营销服务机构及金融机构等。正因为有了营销中介机构所提供的服务，才使房地产开发企业的产品能够顺利地到达顾客手中。

3.3 房地产项目开发条件分析

房地产项目开发是指在一定的土地上建设各种房屋，使之成为满足人们生产和生活需要的项目开发活动。依照《中华人民共和国城市房地产管理法》的规定，房地产项目开发是指在依法取得土地使用权的国有土地上进行基础设施、房屋建设的项目。房地产开发条件分析是房地产市场营销的基础性和根本性工作，只有把每项开发条件分析清楚了才能在项目营销中立足根本。

房地产项目开发不仅是一项高投入、高风险的投资经营项目，也是一项涉及面较广的经济项目，它对国计民生产生重大影响，其开发建设必须严格执行城市规划，按照经济效益、社会效益、环境效益相统一的原则，实行全面规划、合理布局、综合开发、配套建设。我国的城市规划分为总体规划和详细规划，详细规划又分为控制性详细规划和修建性详细规划。其中详细规划对房地产项目开发产生直接法律约束力。房地产项目开发的设计与施工必须符合国家的有关标准和规范，且房地产开发项目竣工、经验收合格后，方可交付使用。取得竣工验收合格证亦是申请取得房屋所有权的一个重要前提条件。上述立法的目的主要为保障房地产开发过程及产品的安全性，使房地产开发企业在追求经济效益的同时，兼顾社会效益和环境效益。房地产开发项目在开发中只有依法依规满足上述各项开发条件才能使项目建设和营销顺利进行，因此在房地产营销中要充分分析开发过程中的各个条件。此外，还需对房地产项目开发的可行性、投入产出及开发创新等开发条件进行充分的分析。

3.3.1 房地产项目开发的可行性研究

可行性研究是指对某一项工程项目的必要性、可行性与合理性通过多种科学手段进行技术经济论证的综合科学。房地产项目可行性研究是指在投资决策前，对与项目有关的市场、资源、经济、社会等方面的问题进行全面的分析、论证和评价，从而判断该项目开发的经济效用性以及技术可行性，选择最佳的开发方案，保证房地产项目开发的合理性与科学性，从而提升房地产项目决策的正确性，最终提高项目的经济效益。项目可行性研究作为项目前期工作的主要内容，它从技术科学、社会学、经济学以及系统工程学多个角度出发，通过市场分析、技术研究、经济测算，最后确定是否投资开发这个项目。项目可行性研究其本质就是房地产市场营销前期策划工作的关键内容，通过前期策划的可行性分析决定项目是否继续进行。

项目可行性研究是保证建设项目以最少的投资耗费取得最佳经济效果的科学手段，也是实现建设项目在技术上先进、经济上合理和建设上可行性的科学方法。可行性研究是在正确理论指导下，在自觉地认识客观规律的基础上，借助科学的预测技术体系和对大量信息资料的系统分析，揭示客观过程的本质联系和必然趋势的科学预测。科学预测不是任意猜测，而是依据对客观规律的认识去预测未来。也就是说，我们对未来预测的准确程度，取决于对客观过程及其运动规律的认识和掌握程度。

项目的可行性研究包括项目概况、市场分析、市场定位和需求预测、规划方案的优选、开发进度安排、项目投资估算、资金的筹集方案和筹资成本估算、营销收入、财务评价、风险分析、国民经济评价和结论等。

项目的可行性研究是房地产开发建设管理和前期策划管理中的一项重要的基础工作，它对房地产投资开发决策和项目营销会产生十分重要的影响和作用。随着房地产市场的逐步成熟和规范，房地产投机机会越来越少，开发商应该高度重视前期策划的可行性研究工作，以保证房地产项目以最小的投资取得最大的收益。其具体影响和作用如下。

3.3.1.1　可行性研究是申请房地产项目审批的依据

在我国，房地产项目必须要经过政府相关职能部门的立项和审批，而可行性研究报告就是立项审批的依据之一。为了充分发挥市场配置资源的基础性作用，确立房地产开发企业在投资活动中的主体地位，保护投资者的合法权益，营造有利于各类投资主体公平、有序竞争的市场环境，促进生产要素的合理流动和有效配置，优化房地产投资结构，提高投资效益，推动经济协调发展和社会全面进步，政府对房地产开发企业投资的管理制度改革日益深化。

3.3.1.2　可行性研究是房地产投资决策的重要依据

一个房地产开发投资项目，需要投入大量的人力、财力和物力，项目投资周期长，而且房地产市场的不确定因素多，凭经验或感觉进行投资决策是不可取的。因此需要通过投资决策前的可行性研究，明确该项目的建设地址、规模、内容、营销方案等在技术上是否实际可行，是否符合相关法律文件的规范。此外，还要研究房地产项目竣工后能否找到适当的购买者和使用者，判断项目的市场竞争力，计算项目投资的绩效或经济效果。通过对这些因素进行分析，得出项目应不应该建设、如何建设、如何营销以及哪种建设及营销方案能取得最佳的投资效果等，并以此作为项目投资前期决策的依据。

3.3.1.3　项目可行性研究是项目筹措建设资金的重要依据

一个房地产开发投资项目，需要投入大量的人力、财力和物力，所以房地产开发商需要就其拟开发的房地产项目进行权益和债务融资。开发商要想吸引机构或个人投资者参与其拟开发项目投资，作为项目发起人和一般责任合伙人的开发商，必须要给这些潜在的有限责任合伙人提供项目可行性研究报告，以帮助他们更好地了解拟开发项目的投资收益水平和所面临的风险。此外，银行等金融机构在进行贷款前的风险评估时，需要项目方出具详细的可行性研究报告，然后对项目可行性研究报告进行全面、细致的分析评估，并据此完成房地产开发项目贷款评估报告，之后才能确定是否给予项目方贷款。

3.3.1.4　项目可行性研究是开发商与项目参与各方签订合同的依据

各部门签订协议与合同的内容包括项目所需的建筑材料、协作条件以及供电、供水、供热、通信、交通等很多方面，且都需要与有关部门协作。这些供应的协议、合同的商谈以可行性研究报告为依据。在项目核准工作完成后，有关技术引进和建筑设备进口才能根据核准文件同国外厂商正式签约。

3.3.1.5　项目可行性研究是编制设计任务书的依据

在可行性研究报告中，对项目的地址、规模、建筑设计方案构想、营销方案、主要设备选型、单项工程结构形式、配套设施和公共服务设施的种类以及建设速度都会进行分析和论证，并确定原则和推荐最佳施工建设方案。可行性研究报告完成后，规划设计工作就可据此开展进行，不必另作方案比较选择和重新论证。

3.3.2 房地产项目开发的投入产出分析

国民经济中的任何一个从事生产活动的部门，都需要在一定的生产过程中投入从各部门购进的货物和服务等中间产品及劳动力、资本等各种生产要素；同时将生产的货物和服务作为中间产品供其他生产活动使用，或者最终使用于消费、资本形成。

投入产出分析中的投入，是指产品生产所需原材料、燃料、固定资产折旧和劳动力投入。投入大致可以分为中间投入和最初投入这两个要素，通过选用这两个参数可以很好地反映投入结构的基本情况。中间投入(也称中间产品或中间消耗)是指一定时期内所有常驻单位在生产或提供货物与服务活动过程中的生产性消耗，由各种直接消耗和全部间接消耗构成。最初投入是指初始投入要素的消耗，由固定资产折旧、劳动者报酬、营业盈余等构成。

投入产出分析中的产出，是指产品生产的总量及其分配使用的方向和数量，它包括用于生产消费的中间产品以及用于生活消费、积累和净出口的最终产品。中间产品是指经济系统的各个部分，如国民经济各部门所生产的产品被用于中间消耗的部分产品；最终产品是指用于最终消费、资本形成和净出口的产品。

房地产投资形式多种多样，人们最为熟悉的就是房地产开发企业所进行的房地产开发，为租售经营而开发住宅、商铺或办公楼是相当普遍的房地产投资。另外，企业建造工厂、学校建设校舍等也都属于房地产投资。尽管它们表现形式各异，但它们有一个共同点——现在的某些利益，它是指即期确定性的利益，但是预期收益却要到未来才能实现，而且这种未来收益在时间和总量上都难以精确地预测。所以，在房地产投资决策中，估算总成本和利润的同时还要考虑时间因素。在比较项目收益和支出的总量与时间的基础上，做出合理的投资决策。这时房地产市场营销就发挥关键的作用，利润的实现得益于行之有效的营销方案。

3.3.3 房地产项目开发的创新

只有创新才能进步，房地产项目开发和营销一样也离不开一系列的创新，具体表现在开发理念的创新和规划设计等的创新。

3.3.3.1 开发理念的创新

所谓理念，通俗地说，就好比写文章动笔之前的立意，文章反映什么主题意旨，确立何种观点，围绕何种主题观点，如何进行谋篇布局。在房地产开发项目上，就要依据开发商自身的实力、能力，结合政治、经济、社会、政策等要素，寻找市场的可发展空间，确立项目的销售对象，在众多的竞争项目中标新立异、脱颖而出。在迎合买方需求心理的前提下，设法使其感到实用而又新颖、别致，产生巨大的吸引力和非买不可的购买欲。理念创新是房地产开发创新的重中之重，所以在住宅开发过程中首先应是对开发理念进行创新，然后才是对规划设计、营销策划、物业管理等方面的创新。开发理念是本、是纲，其他的创新是末、是目。

房地产的开发理念与楼盘概念是紧扣在一起的，通过在房地产开发中导入某个概念来张扬楼盘个性和避免同质化，赋予楼盘新的文化品位，从而使楼盘展现出来的理念与消费者的购买需求相对应，以满足消费者不同的需求。如广州奥林匹克花园将体育产业与房地产产业复合，使“运动就在家门口”成为国内房地产开发过程中开发理念创新的典范。

3.3.3.2 规划设计的创新

(1)户型设计创新。20 世纪 90 年代初，户型设计创新的亮点在于“三大一多一少”取代传统的户型结构。近年来，户型设计方面的创新更为频繁。2000 年后，广州奥林匹克花园在广州率先采用跃式设计；深圳创世纪海滨花园在深圳率先建造客厅、卧室与洗手间，厨房不再一个平面，即所谓的三错层式的住宅。此外，双卫生间、复式结构、阳台外飘、弧型阳台、落地窗户型设计等方面的创新不胜枚举。

(2)建筑风格创新。20 世纪 90 年代，广州、深圳等地的欧陆风格取代大一统的传统模式，盛极一时，在当时情况下可以说是建筑风格的一次创新。近几年来，建筑风格更趋多样化。例如，中国海外广州公司开发的中海名都呈现新加坡风情；广州保利房地产公司开发的保利花园采用地中海建筑风格；深圳星彦房地产公司投资的碧云天小区演绎了岭南风情；更有甚者，信和集团将北欧斯堪的纳维亚的简约小镇(柏涛雅苑)在广州这个亚热带城市移植演绎。广州、深圳两市当今的住宅建筑风格真可谓百花齐放、姹紫嫣红。

(3)景观设计创新。深圳万科的四季花城通过在不同的组团中种植不同的花卉，每个组团都以此花卉命名，两者紧密结合在一起，颇有新意；深圳金地集团开发的金地翠园，不管是地下架空层及其可能的位置还是小区的围墙上都进行了绿化，号称百分之百的绿化率，真正突出了“翠”的意境；广州合生创展有限公司开发的帝景苑小区，为了突出高档豪宅的市场定位，特意在小区的中庭广场布置了许多著名的雕塑。

(4)会所与配套设施创新。一所学校可以救活一个楼盘，这个说法可能有点言过其实，但我们的确可以看到学校尤其是著名小学在房地产开发中的重要作用。由于我国的家长都有望子成龙的强烈愿望，如今与名校联姻这种做法已经成为很多开发商推售自己楼盘的惯用手法。在国内，顺德碧桂园是最早与名校联姻的小区。同时，在顺德碧桂园成功销售过程中，其三大会所一应俱全，极具奢华的娱乐设施也给顺德碧桂园的成功销售增加了砝码。

在科技高速发展的今天，智能化配套设施是一个不能逃避的话题。广州丽江花园之“九如通津”项目，率先将宽带网引入小区。此外，远红外监测系统、智能化门禁系统、刷脸系统、指纹门锁等一大批高科技产品与技术在小区建设中得到了广泛应用。

3.3.3.3 经营策略的创新

经营策略包括定价、销售渠道、销售策略等，这些是吸引买家注意力、有效促销必不可少的手段。通过房地产经营策略的创新，房地产项目的理念、文化、环境、产品、技术等方面得到了创新，就能赢得理想的市场份额和买主的青睐，在实现丰厚的经济效益的同时，也创造了良好的社会效益和环境效益。

3.3.3.4 物业管理方面的创新

物业管理创新有七个维度，分别是：观念创新，从企业到业主；理论创新，从生活到生产；制度创新，从管制到自治；商业创新，从价格到价值；管理创新，从就业到专业；技术创新，从人工到智能；监管创新，从主导到引导。物业管理观念创新的核心是从“以企业为中心”转变为“以业主为中心”。“以业主为中心”就是要求物业服务企业在进行任何决策、提供任何产品时，都不要忘记倾听市场的声音、倾听业主的声音。未来的物业管理市场，业主可以任性，企业必须理性。

3.3.3.5 房地产项目的空间创新

空间是项目设计的具体形态。优秀的建筑之所以引人入胜或经济效益显著，最主要在于其空间特色。一座建筑要保持长期不落后，同样依赖于其建筑空间所起的作用。不同功能与特色的建筑，需要由不同的空间组成。室内空间、室外空间、住宅组团、小区、街区等都应在设计过程中缜密考虑。空间构建的核心是人，以人为本是空间组合的依据，高效、感人、舒适、安全、便捷，张扬个性又与环境互融是空间序列设计的关键所在。上海的金茂大厦、香港的会展中心、北京的故宫、合肥的琥珀山庄都是空间组合的典范。

3.4 房地产市场营销主要竞争对手分析

房地产开发企业参与市场竞争，除了要了解谁是自己的客户之外，更要弄清谁是自己的竞争对手。由于房地产消费需求的复杂性、层次性、易变性，技术和产业的快速发展使得处在市场竞争环境中的企业面临复杂的竞争形势，一个企业不仅要面临被新出现的竞争对手打败的风险，还要避免由于新技术的出现和需求的变化而被淘汰的情形。所以房地产开发企业必须密切关注竞争环境的变化，了解自己的竞争地位及与其他企业相比的优劣势，只有知己知彼，方能百战不殆。

3.4.1 识别竞争对手

分析市场营销竞争对手的前提应该是，确定其主要的竞争对手，明确竞争对手在社会经济中的产业划分、行业划分与产品线划分。竞争对手主要是指生产经营同种、同类产品和服务，并以同一地区为经营地域的企业。有些与本企业不在同一行业、产品线的企业，表面上没有竞争关系，但其产品和服务的自然发展将可能成为潜在的竞争对手。从行业角度来看，房地产开发企业的竞争者可以分为现有企业的竞争者和潜在的加入者；从企业所处的竞争地位来看，房地产开发企业的竞争者大致可分为品牌竞争者、行业竞争者、需要竞争者和消费竞争者。企业应从不同角度识别自己的竞争对手，关注竞争形势的变化，使自己在市场竞争中占据有利地位。

这里所指的房地产市场竞争对手指与本企业提供的房地产产品在质量、类型等方面具有相似性，并且具有相同目标市场的企业。在企业没有进入目标市场之前以及在目标市场进行营销的过程中，需要时时刻刻关注竞争对手的动向及变化，并对其做出及时的反应与决策，而这所有的前提是先准确地识别竞争对手。

3.4.2 判断竞争者战略

战略群体是指在某一行业里采取同一种战略或类似战略的一组企业。房地产开发企业最直接的竞争对手就是那些处于同一行业、采取统一战略群体的企业，企业通常需要对竞争对手所属的战略群体做出判断，战略越相似，房地产开发企业之间的竞争也就越激烈。不同战略群体的进入与流动障碍不同，不同战略群体之间存在现实或潜在的竞争。所以对竞争者战略的判断与分析就显得格外重要了。

在识别了主要竞争者之后，企业经营者一般都会面临的三个问题：他们在竞争市场上寻求什么？他们行动的动力是什么？竞争对手是否有进攻新的细分市场或开发新产品的意图？在长期利益和短期利益方面，每个竞争企业战略各有侧重。有些竞争者更趋向于获得“满意”利润的战略，有些竞争者则趋向于获得“最大利润”的战略。他们通过一系列的战略使其取得更多的利润，尽管每个竞争者都是特别关心自己企业的利润的，但是他们往往并不把利润作为唯一或者首要的战略目标。在利润目标的背后，竞争者的战略目标是一系列的目标组合，对于这些目标组合，竞争者各有侧重。

所以，我们应该了解竞争者对目前盈利的可能性、市场占有率、资金流动等其他一系列战略目标所给予的重要性权数。通过对竞争者的这种加权目标组合的深入了解，我们就可以了解竞争者对目前竞争状况的满意程度，分析它对各类型的竞争性攻击会做出什么反应。如一个追求低成本领先的竞争者对于它的竞争对手因技术性突破而使成本降低所做出的反应，比对一位竞争对手增加广告宣传产生的费用所做出的反应强得多。

3.4.3　分析竞争者目的及角色

分析竞争者的目的是企业制定竞争战略的基础，也是占据市场主导地位的前提。而分析竞争者优势则是企业制定战略的向导，竞争对手在市场营销中所拥有的优势资源也直接影响其营销目标的制定。

在房地产市场中，每个参与者都有其特有的竞争地位及优势，都扮演着不同的角色，可以把它们分为以下几类。

3.4.3.1　市场领导者

市场领导者是指在某一行业的产品市场上占有最大市场份额的企业。市场领导者通常在新产品开发、新技术引进、价格变动、分销渠道、促销强度等方面处于主导地位。市场领导者的地位是在竞争中形成的，但不是固定不变的，由于一些特殊情况的变动会使市场领导者发生变动。房地产市场也不例外，这个领导企业在营销市场中占有最大的市场份额及绝佳的市场地位，对其他企业具有领导者的作用。

3.4.3.2　市场挑战者

市场挑战者是指在行业中处于次要地位(第二、第三甚至更低地位)的企业。市场挑战者往往试图通过主动竞争扩大市场份额，提高市场地位。

3.4.3.3　市场追随者

市场追随者是指在行业中居于次要地位，并安于次要地位，在战略上追随市场领导者的企业。在现实的房地产市场中存在大量的追随者。顾名思义，市场追随者的最主要特点是跟随。在技术方面，它以学习和改进为主；在营销方面，为了减少风险和降低成本，它往往选择搭便车，学习和借鉴别人的成果。市场追随者通过观察、学习、借鉴和模仿市场领导者的行为，不断提高自身技能，不断发展壮大。

3.4.3.4　市场补缺者

市场补缺者多是行业中相对较弱小的一些中小型企业，它们专注于市场上被大企业忽略的某些细小部分，在这些小市场上通过专业化经营来获取最大限度的收益，在大企业的夹缝中求得生存和发展。市场补缺者通过生产和提供某种具有特色的产品和服务，赢得发展空间，甚至可能发展成为“小市场中的巨人”。

3.4.4　市场竞争战略

菲利普·科特勒对出现在企业中的“战略”做了非常清楚的描述：“当一个组织搞清楚其目的和目标时，它就知道今后要往何处去。问题是如何通过最好的路线到达那里。公司需要一个到达其目标的全盘的、总的计划，这就叫战略。”可见，企业战略可以理解为实现目标的途径，是指为了实现一定的目标，企业所制订的长期性、全局性的行动纲领和方案。在房地产市场营销活动中，“战略”问题首先体现在房地产开发企业的市场环境分析中，通过环境分析摸清竞争者的动态和意图，以期制定适合自己发展的营销策略。

3.4.4.1 市场领导者的竞争战略

(1)扩大市场需求总量。当某类房地产产品的市场需求总量扩大时，受益最大的是处于该类产品领先者地位的房地产开发企业。道理显而易见，因为领先者所占的市场占有率最高，所以新增市场需求的相当部分属于该类企业。通常房地产开发企业可以通过实施密集型发展战略来达到这一目的。

(2)捍卫市场占有率。领先者在努力扩大市场需求总量的同时，还必须时刻保护好现有业务，防范竞争对手对自己的挑战、攻击和对本企业市场占有率的侵蚀。保护市场占有率最根本的办法在于企业不断创新，不断提高产品质量，不断开发新产品，降低产品成本，开辟新的销售渠道，树立良好的品牌形象，从而使自己真正处于领先者地位。

(3)提高市场占有率。提高市场的占有率可以通过产品创新、质量策略、多品牌策略和大量广告策略等途径实现。

3.4.4.2 市场挑战者的竞争战略

首先要界定战略目标和挑战对象，攻击市场领先者、市场挑战者或追随者，攻击地区性中小房地产开发企业。然后再选择进攻战略，可以采用正面进攻策略、侧翼进攻策略、围堵进攻策略、迂回进攻策略和游击进攻策略等。

3.4.4.3 市场追随者的竞争战略

对于紧紧追随的竞争者，可以采用紧随模仿、不进行创新、做寄生者的方式；对于距离追随的竞争者，可以进行少量的创新、差异化的模仿，并且不能怒斥强势企业；对于选择跟随的竞争者，可以进行自主创新、积蓄实力，然后缓慢挑战。

3.4.4.4 市场补缺者的竞争战略

中小房地产开发企业可以通过产品差异化、项目差异化和区域差异化来提高自己企业的竞争优势。产品差异化是精品战略之路，确定适合自己的房地产开发项目，定位上以进入二、三、四级城市为主。

3.4.5 竞争者的影响

竞争对手对企业的影响具有两面性，一方面会给企业带来威胁，另一方面合适的竞争对手能够加强而不是削弱企业的竞争地位。合适的竞争对手可以使企业增加竞争优势、改善当前产业结构、协助市场开发以及遏止其他企业的进入。市场上激烈的竞争，把竞争对手赶向绝境可能适得其反。反之，接受“协同”竞争的思维方式，企业与竞争对手寻求共同利益，就可能达到双方甚至多方的“互惠互利”。

在我国，房地产行业是一个发展前景很大的行业，但是随着大批的各行各业经营商的加入也使得行业竞争愈演愈烈。竞争者的存在加大企业压力的同时也给企业带来了好处。例如改变战略利益、增加总需求、导致产品更多差别、创牌效应提升品质、分摊市场开发成本等。

通过主要竞争对手分析对房地产市场营销具有重要意义：可以促进企业营销模式的不断

创新进步，提高应对竞争者挑战的能力，也有利于企业避开竞争者的攻击，在市场上占据优势地位，从而使企业更好地在竞争中生存。

3.5 房地产市场营销环境分析方法

房地产市场营销环境分析是指对制定营销战略时面临的外部环境和内部条件进行分析，从而寻求机会，明确风险，找出优势和劣势。这是制定营销战略的基础和前提。环境分析的目的是展望房地产开发企业的未来，是为了使企业的发展目标与环境变化和企业能力实现动态的平衡。房地产开发企业有许多环境分析方法，应用比较广泛的有 PEST 分析法、五力模型分析法和 SWOT 分析法。

3.5.1 PEST 分析法

PEST 是"politics""economic""society""technology"的首字母的组合。PEST 分析法是战略外部环境分析的基本工具，它通过政治的、经济的、社会的和技术的角度或四个方面的因素分析从总体上把握企业外部宏观环境，并评价这些因素对企业战略目标和战略制定的影响。表 3－1 是一个典型的 PEST 分析。

表 3－1 典型的 PEST 分析

政治(包括法律)	经济	社会	技术
环保制度	经济增长	收入分布	政府研究开支
税收政策	利率与货币政策	人口统计、人口增长率与年龄分布	产业技术关注
国际贸易章程与限制	政府开支	劳动力与社会流动性	新型发明与技术发展
合法执行法，消费者保护法	失业政策	生活方式变革	技术转让率
雇佣法律	征税	职业与休闲态度，企业家精神	技术更新速度与生命周期
政府组织/态度	汇率	教育	能源利用与成本
竞争规则	通货膨胀率	潮流与风尚	信息技术变革
政府稳定性	商业周期的所处阶段	健康意识、社会福利及安全感	互联网的变革
安全规定	消费者信心	生活条件	移动技术变革

3.5.1.1 四大方面的影响因素

(1)政治要素。政治要素是指对组织经营活动具有实际与潜在影响的政治力量和有关的法律、法规等因素。当政治制度与体制、政府对组织所经营业务的态度发生变化时，当政府发布了对企业经营具有约束力的法律、法规时，企业的经营战略必须随之做出调整。法律环境主要包括政府制定的对企业经营具有约束力的法律、法规，如反不正当竞争法、税法、环境保护法以及外贸法规等,政治、法律环境实际上是和经济环境密不可分的一组因素。处于竞争中的企业必须仔细研究一个政府和商业有关的政策和思路,如研究国家的税法、反垄断法以及取消某些管制的趋势,同时了解与企业相关的一些国际贸易规则、知识产权法规、劳动保护和社会保障等。这些相关的法律和政策能够影响到各个行业的运作和利润。

(2)经济要素。经济要素是指一个国家的经济制度、经济结构、产业布局、资源状况、经济发展水平以及未来的经济走势等。构成经济环境的关键要素包括GDP的变化发展趋势、利率水平、通货膨胀程度及趋势、失业率、居民可支配收入水平、汇率水平、能源供给成本、市场机制的完善程度、市场需求状况等。由于企业是处于宏观大环境中的微观个体,经济环境决定和影响其自身战略的制定,经济全球化还带来了国家之间经济上的相互依赖性,企业在各种战略的决策过程中还需要关注、搜索、监测、预测和评估本国以外其他国家的经济状况。

(3)社会要素。社会要素是指组织所在社会中成员的民族特征、文化传统、价值观念、宗教信仰、教育水平以及风俗习惯等因素。构成社会环境的要素包括人口规模、年龄结构、种族结构、收入分布、消费结构和水平、人口流动性等。其中人口规模直接影响着一个国家或地区市场的容量,年龄结构则决定消费品的种类及推广方式。每一个社会都有其核心价值观,它们常常具有高度的持续性,这些价值观和文化传统是历史的沉淀,是通过家庭繁衍和社会教育而传播延续的,因此具有相当的稳定性。而一些次价值观是比较容易改变的。每一种文化都是由许多亚文化组成的,它们由共同语言、共同价值观念体系及共同生活经验或生活环境的群体所构成,不同的群体有不同的社会态度、爱好和行为,从而表现出不同的市场需求和不同的消费行为。

(4)技术要素。技术要素不仅仅包括那些引起革命性变化的发明,还包括与企业生产有关的新技术、新工艺、新材料的出现和发展趋势以及应用前景。在过去的半个世纪里,最迅速的变化就发生在技术领域,微软、惠普、通用电气等高技术公司的崛起改变着世界和人类的生活方式。同样,技术领先的医院、大学等非营利性组织,也比没有采用先进技术的同类组织具有更强的竞争力。

3.5.1.2 PEST 分析流程

PEST 的分析流程按照以下五个步骤进行:

(1)列出环境变化分析过程中确定的关键宏观因素。

(2)根据各个因素对于企业的具体影响来确定权重,赋予各个因素权重。

(3)按照企业现行的战略对各个关键因素评分。

(4)用每个关键因素的权重乘以它的评分,得出每个因素的加权分数。

(5)将所有因素的加权分数相加,得到企业所处宏观环境的总加权分数。

3.5.2 五力模型分析法

五力分析模型是迈克尔·波特(Michael Porter)于20世纪80年代初提出的,该模型对企业战略的制定产生了全球性的深远影响。该模型用于竞争战略的分析,可以有效地分析客户的竞争环境。

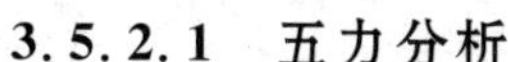

3.5.2.1　五力分析

五力模型将大量不同的因素汇集在一个简便的模型中，以此分析一个行业的基本竞争态势。五力模型确定了竞争的五种主要来源，即卖方议价能力、买方议价能力、潜在竞争者的威胁、替代品的威胁、行业内对手的竞争。一种可行战略的提出首先包括确认并评价这五种力量，不同力量的特性和重要性因行业和企业的不同而变化。

(1)卖方议价能力。供方主要通过其提高投入要素价格与降低单位价值质量的能力，来影响行业中现有企业的盈利能力与产品竞争力。供方力量的强弱主要取决于他们所提供给买主的是什么投入要素，当供方所提供的投入要素其价值构成了买主产品总成本的较大比例、对买主产品生产过程非常重要或者严重影响买主产品的质量时，供方对于买主的潜在讨价还价力量就大大增强。

(2)买方议价能力。购买者主要通过其压价与要求提供较高的产品或服务质量的能力，来影响行业中现有企业的盈利能力。一般来说，满足如下条件的购买者可能具有较强的讨价还价力量：购买者的总数较少，而每个购买者的购买量较大，占了卖方销售量的很大比例；卖方行业由大量相对来说规模较小的企业所组成；购买者所购买的基本上是一种标准化产品，同时向多个卖主购买产品在经济上也完全可行；购买者有能力实现后向一体化，而卖主不可能前向一体化。

(3)潜在竞争者的威胁。新进入者在给行业带来新生产能力、新资源的同时，也希望在已被现有企业瓜分完毕的市场中赢得一席之地，这就有可能会与现有企业发生原材料与市场份额的竞争，最终导致行业中现有企业盈利水平降低，严重的话还有可能危及这些企业的生存。竞争者进入威胁的严重程度取决于两方面的因素，这就是进入新领域的障碍大小与预期现有企业对于进入者的反应情况。进入障碍主要包括规模经济、产品差异、资本需要、转换成本、销售渠道开拓、政府行为与政策（如国家综合平衡统一建设的石化企业）、不受规模支配的成本劣势（如商业秘密、产供销关系、学习与经验曲线效应等）、自然资源（如冶金业对矿产的拥有）、地理环境（如造船厂只能建在海滨城市）等方面。

(4)替代品的威胁。首先，现有企业产品售价以及获利潜力的提高，将由于存在着能被用户方便接受的替代品而受到限制；其次，由于替代品生产者的侵入，使得现有企业必须提高产品质量，或者通过降低成本来降低售价，或者使其产品具有特色，否则其销量与利润增长的目标就有可能受挫；最后，源自替代品生产者的竞争强度，受产品买主转换成本高低的影响。总之，替代品价格越低、质量越好、用户转换成本越低，其所能产生的竞争压力就强；而这种来自替代品生产者的竞争压力的强度，可以具体通过考察替代品销售增长率、替代品厂家生产能力与盈利扩张情况来加以描述。

(5)行业内对手的竞争。现有企业之间的竞争常常表现在价格、广告、产品介绍、售后服务等方面，其竞争强度与许多因素有关。一般来说出现下述情况将意味着行业中现有企业之间竞争的加剧：行业进入障碍较低，势均力敌的竞争对手较多；参与者范围广泛；市场趋于成熟，产品需求增长缓慢；竞争者企图采用降价等手段促销；竞争者提供几乎相同的产品或服务，用户转换成本很低。

3.5.2.2　五力模型与一般战略的关系

五力模型与一般战略的关系具体见表3-2。

表 3-2　五力模型与一般战略的关系

行业内的五种力量	一般战略		
	成本领先战略	产品差异化战略	集中战略
竞争者的威胁	具备杀价能力，以防止潜在者的进入	培育顾客忠诚度，以打击潜在竞争者的信心	建立核心能力，以阻止潜在竞争者的进入
买方议价能力	具备向大买家出更低价格的能力	因为选择范围小而削弱了买家的谈判能力	因为没有选择范围而使买家丧失谈判能力
卖方议价能力	更好地抑制大卖家的砍价能力	更好地将卖方的涨价部分转移到顾客	进货量低卖方的砍价能力就高
替代品的威胁	能够利用低价抵御替代品	顾客习惯了一种产品或服务，降低了替代品的威胁	特殊的产品和核心能力能够降低替代品的威胁
行业内对手的竞争	能更好地进行价格竞争	品牌忠诚度能使顾客不理睬竞争对手	竞争对手无法满足集中差异化的顾客

3.5.2.3　五力模型的缺陷

实际上，关于五力分析模型的实践运用一直存在许多争论。较为一致的看法是：该模型更多是一种理论思考工具，而非可以实际操作的战略工具。该模型的理论是建立在以下三个假定基础之上的。

(1)制定战略者可以了解整个行业的信息，显然现实中是难于做到的。

(2)同行业之间只有竞争关系，没有合作关系。但现实中企业之间存在多种合作关系，不一定是你死我活的竞争关系。

(3)行业的规模是固定的，因此，只有通过夺取对手的份额来占有更大的资源和市场。但现实中企业之间往往不是通过吃掉对手而是与对手共同做大行业的蛋糕来获取更大的资源和市场。同时，市场可以通过不断的开发和创新来增大容量。

因此，要将波特的竞争力模型有效地用于实践操作，以上在现实中并不存在的三项假设就会使操作者要么束手无策，要么头绪万千。

波特的竞争力模型的意义在于，五种竞争力量的抗争中蕴含着三类成功的战略思想，那就是大家熟知的总成本领先战略、差异化战略、专一化战略。

3.5.3　SWOT 分析法

SWOT 分析法即态势分析法，是战略管理的常用分析方法。SWOT 是“strengths”“seaknesses”“opportunities”“threats”的首字母的组合。所谓 SWOT 分析，就是将与研究对象密切关联的内部优势因素、弱势因素，外部机会因素和威胁因素进行分析并依照一定的次序按矩阵形式罗列，然后运用系统分析的研究方法将各因素相互匹配起来进行分析研究，从中得出系列相应的结论，以便充分认识、掌握、利用和发挥有利条件和因素，控制或化解不利因素和威胁，扬长避短，从而选择最佳经营战略的方法。

(1)优势。它是组织机构的内部因素，具体包括有利的竞争态势、充足的财政来源、良好的企业形象、技术力量、规模经济、产品质量、市场份额、成本优势、广告攻势等。

(2)劣势。它也是组织机构的内部因素,具体包括设备老化、管理混乱、缺少关键技术、研究开发落后、资金短缺、经营不善、产品积压、竞争力差等。

(3)机会。它是组织机构的外部因素,具体包括新产品、新市场、新需求、外国市场壁垒解除、竞争对手失误等。

(4)威胁。它也是组织机构的外部因素,具体包括新的竞争对手、替代产品增多、市场紧缩、行业政策变化、经济衰退、客户偏好改变、突发事件等。

3.5.3.1　分析模型

(1)优势与劣势分析(SW)。由于企业是一个整体,并且由于竞争优势来源的广泛性,所以,在做优劣势分析时必须从整个价值链的每个环节上,将企业与竞争对手做详细的对比。如产品是否新颖,制造工艺是否复杂,销售渠道是否畅通,价格是否具有竞争性等。如果一个企业在某一方面或几个方面的优势正是该行业企业应具备的关键成功要素,那么,该企业的综合竞争优势也许就强一些。需要指出的是,衡量一个企业及其产品是否具有竞争优势,只能站在现有潜在用户的角度上,而不是站在企业的角度上。

(2)机会与威胁分析(OT)。比如当前社会上存在的盗版威胁:盗版替代品限定了公司产品的最高价,替代品对公司不仅有威胁,可能也带来机会。企业必须分析:替代品给公司的产品或服务带来的是"灭顶之灾",还是提供了更高的利润或价值;购买者转而购买替代品的转移成本;可以采取什么措施来降低成本或增加附加值来降低消费者购买盗版替代品的风险。

(3)整体分析。从整体上看,SWOT可以分为两部分:第一部分为SW,主要用来分析内部条件;第二部分为OT,主要用来分析外部条件。利用这种方法可以从中找出对自己有利的、值得发扬的因素,以及对自己不利的、要避开的东西,发现存在的问题,找出解决办法,并明确以后的发展方向。根据这个分析,可以将问题按轻重缓急分类,明确哪些是急需解决的问题,哪些是可以稍微拖后一点儿的事情,哪些属于战略目标上的障碍,哪些属于战术上的问题,并将这些研究对象列举出来,依照矩阵形式排列,然后用系统分析的所想,把各种因素相互匹配起来加以分析,从中得出一系列相应的结论,而结论通常带有一定的决策性,有利于领导者和管理者做出较正确的决策和规划。

3.5.3.2　SWOT分析的方法

在适应性分析过程中,企业高层管理人员应在确定内外部各种变量的基础上,采用杠杆效应、抑制性、脆弱性和问题性四个基本概念进行这一模式的分析。

(1)杠杆效应(优势+机会)。杠杆效应产生于内部优势与外部机会相互一致和适应时。在这种情形下,企业可以用自身内部优势撬起外部机会,使机会与优势充分结合发挥出来。然而,机会往往是转瞬即逝的,因此企业必须敏锐地捕捉机会,把握时机,以寻求更大的发展。

(2)抑制性(劣势+机会)。抑制性意味着妨碍、阻止、影响与控制。当环境提供的机会与企业内部资源优势不相适合,或者不能相互重叠时,企业的优势再大也将得不到发挥。在这种情形下,企业就需要提供和追加某种资源,以促进内部资源劣势向优势方面转化,从而迎合或适应外部机会。

(3)脆弱性(优势+威胁)。脆弱性意味着优势的程度或强度的降低、减少。当环境状况对公司优势构成威胁时,优势得不到充分发挥,出现优势不优的脆弱局面。在这种情形下,企业必须克服威胁,以发挥优势。

(4)问题性(劣势+威胁)。当企业内部劣势与企业外部威胁相遇时,企业就面临着严峻挑战,如果处理不当,可能直接威胁到企业的生死存亡。

3.5.3.3 SWOT 分析的步骤

SWOT 分析的步骤如下:

(1)确认当前的战略是什么。

(2)确认企业外部环境的变化(波特五力模型或者 PEST 分析)。

(3)根据企业资源组合情况,确认企业的关键能力和关键限制。

(4)按照通用矩阵或类似的方式打分评价。

(5)将结果在 SWOT 分析图上定位。

(6)战略分析。

SWOT 分析如图 3-2 所示。

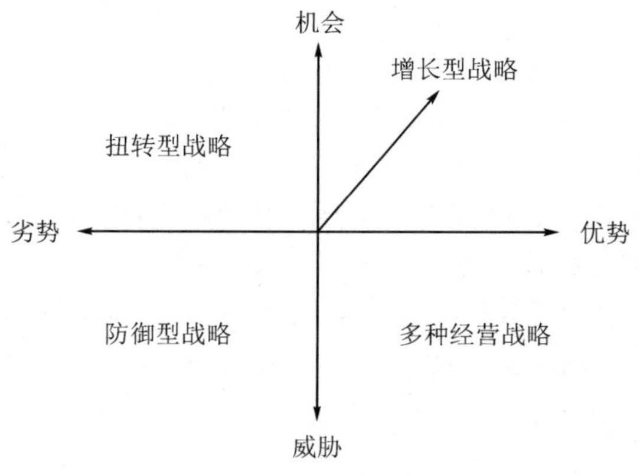

图 3-2 SWOT 分析

3.5.3.4 SWOT 模型的局限性

与很多其他的战略模型一样,SWOT 模型已由麦肯锡提出很久了,带有时代的局限性。以前的企业可能比较关注成本、质量,现在的企业可能更强调组织及流程。这就要看企业要的是以机会为主的成长策略,还是以能力为主的成长策略。SWOT 没有考虑到企业改变现状的主动性,企业可以通过寻找新的资源来创造企业所需要的优势,从而达到过去无法达成的战略目标。

在运用 SWOT 分析法的过程中,企业或许会碰到一些问题,这就是它的适应性。因为有太多的场合可以运用 SWOT 分析法,所以它必须具有适应性。然而这也会导致反常现象的产生。目前基础 SWOT 分析法所产生的问题可以由更高级的 POWER SWOT 分析法得到解决。

3.5.3.5 POWER SWOT 分析法

POWER 是个人(personal)、规则(order)、加权(weighting)、重视细节(emphasize detail)、等级与优先(rank and prioritize)的首字母的组合,这就是所谓的高级 SWOT 分析法。

(1)个人。作为市场营销经理,你是如何运用 SWOT 分析法的呢?无非是将你的经验、技巧、知识、态度与信念结合起来。你的洞察力与自觉力将会对 SWOT 分析法产生影响。

(2)规则。市场营销经理经常会不由自主地把机会与优势、劣势与威胁的顺序搞混。这是因为内在优势与劣势和外在机会与威胁之间的分界线很难鉴定。举个例子，针对全球气温变暖与气温变化，人们会错将环境保护主义当作一种威胁而非潜在的机会。

(3)加权。通常人们不会将 SWOT 分析法所包含的各种要素进行加权。某些要素肯定会比其他的要素更具争议性，因此企业需要将所有的要素进行加权从而辨别出轻重缓急。企业可以采用百分比的方法，比如威胁 A＝30％，威胁 B＝60％，威胁 C＝10％(总威胁为 100％)。

(4)重视细节。SWOT 分析法通常会忽略细节、推理和判断。人们想要寻找的往往是分析列表里面的几个单词而已，重视细节将极大地帮人们决定如何最佳地评价与比较各种要素。

(5)等级与优先。一旦添加了细节并评价了要素，企业便能够进入下一个步骤，即给 SWOT 分析法一些战略意义，例如企业可以开始选择那些能够对企业的营销策略产生最重要影响的要素。企业将它们按照从高到低的词序进行排列，然后优先考虑那些排名最靠前的要素。比如说机会 C＝50％，机会 A＝35％，机会 B＝15％，那么企业的营销计划就得首先着眼于机会 C，然后是机会 A，最后才是机会 B。

知识归纳

1. 房地产市场营销环境是指与房地产开发企业营销活动有潜在关系的所有外部力量和相关因素的集合，这些力量和因素是影响房地产营销活动及其目标实现的内外部条件。房地产市场营销环境是一个多因素、多层次和不断变化的集合体，具有客观性、系统性、层次性、差异性、动态性、适应性等特点。

2. 房地产市场营销环境大体可分为宏观市场营销环境和微观市场营销环境。宏观市场营销环境包括影响企业营销的主要社会因素，如人口、政治经济等；微观市场营销环境则包括影响企业本身及其市场营销中介、市场、竞争者和各种公众。

3. 房地产项目开发条件分析除了要从项目建设、营销角度依法依规分析外，更要从房地产项目开发的可行性研究，房地产项目开发投入产出分析，房地产项目开发的创新等角度展开分析。房地产市场营销主要竞争对手分析要识别竞争对手、判断竞争者的战略、分析竞争者目的及属性、竞争者的影响等。

4. 房地产市场营销环境的分析方法有 PEST 分析法、五力模型分析法和 SWOT 分析法三种。它们有其各自的优点和缺陷，应根据不同的实际情况采用不同的分析方法，但是现在比较常用的还是 SWOT 分析法。

思考题

1. 房地产市场营销环境的概念是什么？其特点有什么？
2. 什么是房地产市场营销的宏观环境？它包含哪些环境因素？
3. 什么是房地产市场营销的微观因素？它包含哪些环境因素？
4. 宏观环境与微观环境如何影响房地产市场？
5. SWOT 分析法相比于 PEST 分析法和五力模型分析法有什么优点？

案例实训

案例:龙口项目

1. 区位优势

龙口项目的区位优势体现在:发达的产业体系,稳定而强大的地方政府财政收入,直逼国内一线城市的人均收入水平,将对龙口市的城市开发建设和房地产产业的发展形成强有力的支撑。从自然环境资源来看,龙口市风景秀美,荣膺“中国优秀旅游城市”称号,拥有国家 4A 级旅游区——南山景区和之莱山自然保护区、丁氏故宅、徐公祠等旅游景点,并且正在规划建设东海旅游度假区。在需求逐渐趋于层次化、多元化的形势下,文化底蕴较浓厚、易于接受新鲜事物民情风俗,隐藏着龙口房地产市场的创新空间。以项目地块为核心,车程 10 分钟范围可以覆盖项目地块周边的所有重点配套和主要交通干道,使去往龙口港也不过车程 15～20 分钟。

2. 市场情况

新区将是龙口市房地产市场的焦点板块,由于整个新区项目规划限制较多,产品形态相似,致使新区“龙族峰景”“龙泽华府”“宏润花园”以及“幸福里”等项目在风格上的差异化意识明显增强,四个楼盘风格各异,且体现得比较到位,与之前模糊的欧式和现代风格相比具有明显的差异。另外,新区几个项目在产品质素、配套、服务以及营销方式等方面也有了明显的提升。

3. 与竞争对手的差别

建筑风格上,显然西区项目区域多元化,这是竞争逐渐激烈致使各项目差异化意识增强,目前欧式、现代、中式都已出现。从容积率上看,显然本项目容积率相对高。户型设计上,目前新区楼盘基本上都做到了有地窗和飘窗,其中“幸福里”有入户花园,“龙泽华府”有跃层设计,“宏润花园”则为全开放式阳台设计,打破了龙口一直以来封闭式阳台设计习惯。外立面上,龙泽华府的涂料和宏润花园的仿石材材质,打破了龙口市一直以来局限于普通面砖的设计特点,不过“宏润花园”单一而暗淡的外立面色彩仍然美感不足。科技采用上,“龙族峰景”在供暖供水、空调位处理、隔音处理等技术上都采用先进技术,与其现代风格相承,也是龙口市产品竞争力塑造上的一大创新。

问题:

请用 SWOT 分析法分析企业现在的环境情况,以及企业可以在哪些方面加以发展?发展过程中会遇到什么阻碍?

第4章　房地产消费者需求分析

内容提要

本章内容主要是从消费者的角度分析消费者需求的含义、特点、模式、类型等。重点为消费者的需求影响因素与需求过程；难点为需求模型的分析、消费者的需求心理的探究。

能力要求

通过本章的学习，熟悉市场上消费者需求的概念和意义；掌握了解消费者需求的方法、消费者需求的模式和各个模式体现出来的特点、房地产消费者的三种需求类型，以及怎样探究消费者的心理需求。

4.1　房地产消费者需求概述

研究消费者需求市场和购买行为分析，首先要掌握消费者需求及其行为模式，然后进一步研究影响消费者购买行为的因素，最后具体研究消费者心理对消费者购买行为的影响。

4.1.1　房地产消费者需求的概念、特点、创新模式及类型

4.1.1.1　房地产消费者需求的概念

房地产消费者需求是指其他条件不变，消费者在某一价格水平上愿意而且能够购买的房地产数量。房地产消费者需求有两个主要形成条件，一是消费者愿意购买，即有购买欲望，二是消费者能够购买，即有支付能力。房地产需求量的变动符合需求法则或需求定律，就是排除其他因素，房价上涨会导致需求量减少，房价下降会引起需求量增加。如图 4－1 需求曲线所示，需求曲线为负斜率，表示需求量的多少与房价的高低呈反比变动。

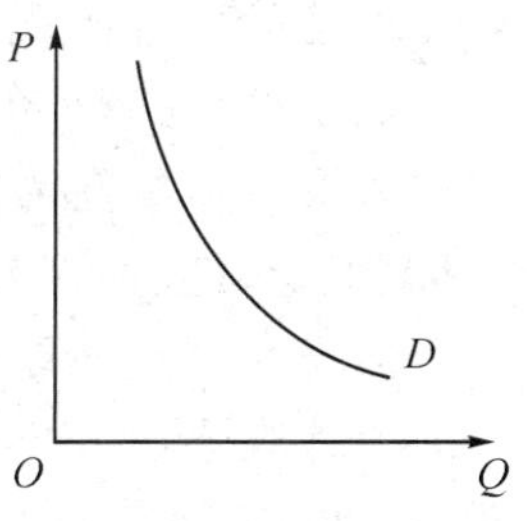

图 4－1　需求曲线

4.1.1.2 房地产消费者需求的特点

(1)驱动性。当人们拥有足够的资金并产生了某种需要以后,心理便会产生一种紧张感和不适感,而这种紧张和不适就会成为一种内驱力,驱动人们寻找缓解这种紧张和不适的方法和目标,从而迫使人们去从事各种投资活动,以满足这种需求。购房则是众多投资活动的一种。这一特点在冲动型消费者中表现得最为突出。

(2)多样性。由于消费者有着各种各样的自主行为以及消费者周围生活环境存在着差异,人们选择房地产产品的时候就会受其影响,同样社会文化、生活习惯会对消费者的消费心理和消费观念产生双重的影响,从而影响消费者对房地产产品和服务的需求。

(3)选择性。人们的需求是具有双重性的,已经形成的需求经验和需求习惯使消费者对需求的内容能够进行自主选择。消费者将根据自身的消费经验、个人爱好、文化修养、经济收入等情况,重新选择自己的购房消费需求,这个选择通常具有独立性。

(4)时尚性。随着社会的不断发展和物质文明的高度进步,消费者的消费需求也在不断地更新换代,越来越多的房地产消费者加入追求时尚的行列中,这类消费者主要以年轻人为主,他们要求房屋的户型及装饰样式能跟上时代潮流,拥有别具一格的风格,例如简欧风格、美式乡村风格、中式园林风格等。

(5)连续性。消费需求的连续性也称为周期性、无限性等,是指消费需求不断地"出现—满足—再出现—再满足"从而进行周而复始的循环状态。由于人们的需求永无止境,因此人们生存的需要就永远不会完全被满足,人们会随着时间的推移不断产生新的需求、新的欲望,因而就促使人们不断地进行活动去满足它。一旦旧的需求得到满足,就会产生更新的、更高级的需求,达到目标的消费者会为自己确定更高的目标,并且再为此奋斗,以此循环下去。住房的阶梯消费就是房地产消费者需求连续性的很好体现。

(6)发展性。消费者的需求形成和发展与整个社会的生产力发展是密不可分的。需求不是一成不变的,人的需求总体上是无止境的并会随着社会生产力的提高和进步而改变,需求由低级到高级、由物质到精神、由简单到复杂不断发展变化,以此来适应社会的发展,因此房地产开发企业要不断推陈出新,以满足新的发展需求。

(7)目标性。人们的需求内容总是会包括一定的、具体的事物,离开了具体事物和具体内容,就不会产生需求。消费者的需求都具有一定的对象目标,不会凭空臆想出需求对象,所以这个需求对象一定是真实存在的具体的事物,或者是消费者所需要的具体内容。如人们对住宅、商铺、写字楼的目标需求都不尽相同。

(8)竞争性。在一定时期,消费者会存在多种需求,但只有最强烈、最迫切、最持续的需求才能转化为消费者的消费动机,成为消费行动的主要支配力量。消费者的各种需求之间存在着一种竞争,企业要相互权衡各个需求的重要性,并满足最后竞争所获得的需求。如不同楼盘的户型、环境、配套、交通及价格就对需求者形成竞争性的选择。

(9)伸缩性。伸缩性又称弹性,消费需求受多方面因素影响,在购买选择上表现出较大的需求弹性或伸缩性。就目前的市场来说,伸缩性特点主要有价格伸缩性、交叉价格伸缩性、收入伸缩性,伸缩性会间接地影响购房者的消费观念以及消费的程度。如消费者购买房地产产品时,在选择功能、面积、户型、交通、环境等方面会随着自身的购买力而变化,会随价格的高低去选择合适的房地产产品。

(10)诱导性。很多消费者有时对自己的真实需求并不了解,这就需要销售人员去发现、引导和调节。通过将房地产产品包装成充满诱惑力的产品，以此吸引消费者的视线，消费者的需求就很可能会发生变化和转移。

4.1.1.3　房地产消费者需求的创新模式

（1）市场细分型。房地产市场的发展还未完全成熟和理性，还有更多分化空间可供品牌进入，在未来一个时期企业只需对此空间进行有效区分，以形成一个相对独立的功能分明的细分市场，在持续的传播和终端推广活动中打造在该细分市场上的强势品牌，即能获得暂时的成功和持续发展的基础。这里的关键是要把握细分市场与母市场的关联性，要借助母市场强大的消费能力，使顾客在既有的认知下很自然地形成对新消费价值的理解和认同。如恒大地产宣布打造恒大童世界，在全国布局15个"中国文化底蕴＋高端科技""融合中国文化和世界文明"的特色儿童乐园，使其在现有的主题公园中脱颖而出，这就是市场细分型创新模式满足消费者需求的典范。

（2）品类另造型。无论在何种情况下，创造一个新的品类能使企业及品牌进入一个新的利润领地，而且在最初时期其他竞争者难以跟随加入，这种品类创新模式能引导新的购房需求。其中项目为先型就是品类另造型的典例。项目为先的品牌发展模式的基本特点是用项目品牌的点连成公司品牌的线，侧重和强调项目品牌的营造，弱化对公司品牌的主观营造。中海地产就是典型的项目为先的品牌发展模式，中海地产的品牌思路是以建设精品项目来累积品牌资产。具体表现为：凭借其国有企业的资金优势和政策优势以及香港房地产的建设经验，在国内开发各种以"中海"命名的大众化精品项目，从纵向建立品牌的口碑；通过全国布局在横向上建立品牌的影响力。项目为先的品牌发展模式是当前中国房地产主流的品牌营造模式，它能避免因项目品牌的失败对整个公司品牌产生严重的负面影响，其最大的优势是打造了新的市场需求。

4.1.1.4　房地产消费者需求的类型

由于房地产市场消费的主体不同，房地产消费者需求也是多种多样的，根据其需求的性质大致可分为三种需求类型。

（1）生产性需求。它是指物质生产部门和服务部门为满足生产经营需要而产生的对相关房地产产品的需求，其需求的主体是各类企业事业单位和个体工商业者。如工厂的厂房、商店的商铺、服务行业用房等以及其他生产经营性用房所产生的需求。这类需求同社会生产经营活动有关，是房地产作为生产要素存在而形成的需求。房地产开发企业可以从生产性需求出发，提供符合现代市场需求的物业。

（2）消费性需求。它是由人们的居住需要而形成的房地产需求，主要包括住宅房地产的需求，其需求的主体是居民家庭，这类需求具有广泛性和普遍性。按住宅的分类，居住消费需求又可以分为花园别墅型需求、高层住房型需求、多层住房型需求、大中小各类房型需求和各种不同档次的住房需求等。如何根据居住消费需求的不同层次性，开发建设满足不同消费需求的居住物业，始终是房地产开发企业需要认真研究的课题。

（3）投资性需求。它是指人们购置房地产不是为了直接生产和消费，而是作为一种流动资金的价值形式储存，然后在合适的时候再出售或出租，以达到保值、增值的目的。这类需求本质上属于获利性投资行为，如房屋转售是为了获取差价收入，房屋出租是为了获得租金收入。在市场经济增长条件下，房地产投资性需求的产生有其必然性，它是由房地产的资产功能带动出来的，房地产作为不动产不仅是价值量大的超耐用品，而且其附着的土地又是稀缺资源，升值的趋势较大，是非常良好的投资工具，投资者看中的正是这种投资风险较小、收益又稳定的优势，因而房地产更受投资者青睐。

房地产投资性需求按照持有时间的长短可分为两种：一种是长期性投资，购房后长期出租，等待房价上涨时再转售；另一种是短期性投机炒作，在购买期房后炒高房价再在较短时间内转手出售获利。

房地产投资性需求的作用有两重性：一方面，它是市场经济的滑润剂，有利于促进房地产市场繁荣，特别是在供过于求的情况下，投资性购房能够扩大有效需求、活跃市场，有助于供求平衡，这种积极作用正是投资性需求得以长期存在的缘由。另一方面，也应看到可能出现的某些消极作用，过度投资可能增加房地产市场需求的水分和泡沫，造成需求旺盛的假象，加剧供求失衡，甚至出现房价起伏较大的现象，特别是在房地产市场供不应求的情况下，短期投资性炒作人为抬高房价，不利于实现房价的基本稳定，也不能满足消费者的实际需求。所以，对房地产投资性需求的政策选择，应把握住恰当的度。国际上通行的适度的量化标准是，投资性购房量控制在房地产交易总量的20%以下。在保护其积极作用的同时，还需要采取适当的政策措施，如物业税，去限制其消极作用，在必要时还可制定法律法规限制期房转售。

4.1.2 房地产消费者购买行为模式

消费者购买行为是指消费者为获取、使用、处置消费物品或服务而采取的各种行动，包括决定这次活动的决策过程。对房地产消费者购买行为的描述，我们可以简单地概括为以下七个问题(6W＋1H)。

4.1.2.1 谁来买房地产(who)

(1)谁是主要的消费者？在这里我们主要分析研究谁是主要的消费者，分析各种消费者类型，即从房地产产品本身的产品设计出发，主要将房地产卖给什么类型的消费对象，即首先解决消费者层次定位的问题。例如高端别墅营销的对象主要是经济能力好及消费水平较高的高收入人群，如外资企业的高级职员、成功的企业家等。而高档的商住楼则面向具有一定实力的较大企业，既可以办公又可以解决外地工作人员的住宿问题。确定主要消费者是对消费者购买行为进行描述的第一步，也是最重要的一步，它为房地产项目进行营销策划并最终划分目标市场提供了依据。

(2)消费者类型的划分。由于消费者所接受的教育水平、文化环境、处世方式及个人修养存在不同的差异，所以即使确定了主要消费对象，这些消费对象的个体之间也会存在很大的差异。因此仅仅确定主要消费者还远远不够，还应该对消费者进行分类，以便在营销活动中采取正确的策略来进行业绩的突破。

4.1.2.2 谁参与买家的购买行为(whom)

由于房地产产品具有高价值的特点，在购买行为的过程中还存在许多参与者，如购买的决策者可能不是最终的使用者，因此在研究主要消费对象的同时，还要对谁参与房地产产品的购买决策进行研究和分析，如谁进行购买决策，谁出资购买房地产产品，谁对购买决策产生影响，谁最终实际使用房地产产品。这里的重点是要对购买的决策者和购买决策的影响者进行研究和分析。

4.1.2.3 为什么要买房地产(why)

消费者为什么要购买房地产产品？为什么要购买这个区域的房地产？为什么要购买这种

类型房地产产品？从经营角度来说，我们称之为购买动机。销售心理学在研究消费者的购买动机时，常把购物动机分为理性的购买动机和带有感情色彩的购买动机两大类型。人们具体购买活动总是受其中一种动机的支配或受两种动机的共同支配。

(1)理性的购房动机。理性的购房动机是指消费者个体在购房时所关注的内容主要是价格、质量、售后服务等特征。房地产产品在这些方面能够让消费者满意，就会促进消费者购买行为的实现。理性的购房动机遵循的是经济原则，并在人们的购买活动中起着一定的作用。由于房地产产品价格昂贵，许多的消费者是花了多年的积蓄来购买房地产产品的，因此购房者的行为相对于其他产品消费的行为来说是非常理智的。消费者即使产生伴随感情色彩的购房动机，其购房动机也是建立在理性的购房动机的主导和支配下的。常见的理性购房动机有投资动机与自用动机。

①投资动机。投资动机以投资房地产产品并在合适的时间出售或出租，以赚取房地产产品的增值价值为目的。具备这类动机的消费者不在乎现楼、楼花，甚至连开发商的实力都不在乎，他们在意的是楼宇的升值能力与出手的可能性。

②自用动机。自己买房的人，往往希望产品的质量可靠、物有所值、性价比较高，有能满足多方面家居生活的室内环境，小区的物业设施比较完善，环境比较好，更加偏好于有益于子女教育的住房区位。

(2)带感情色彩的购房动机。常见的带感情色彩的购房动机主要有以下几种。

①求新动机。即以追求新颖、刺激、时髦为主要目的的动机。这是由强烈的好奇心和求新欲引发的动机，常表现为在选购产品时，特别注重该产品的时尚性，如是否是新产品、新款式、新花色等。一个设计新颖、构思巧妙的产品，往往能极大地激发求新欲强的消费者的兴趣，使其忽略实用性、价格等因素，不惜代价地想要拥有。这一般在年轻人身上表现得更为突出，例如SOHO、复式小公寓等都得到了潮流年轻人的青睐。开发商可充分利用人们的好奇心理和求异心理来吸引相应的消费者对楼盘的注意和兴趣。

②求美动机。美的东西总是让人们产生强烈的满足感和欢乐感，“爱美之心，人皆有之”，尤其是在物质需求得到满足之后，在考虑产品的实用性之外，人们会更追求楼盘的建筑风格、外立面设计、小区的布置是否符合自身审美标准等。

③仿效或炫耀动机。一些消费者在购买房地产产品时会产生模仿行为，之所以要效仿他人去购买某种产品，是因为他们认为这样做可以表明他们与所模仿对象的类似性。消费者在购物时模仿的对象一般是他们所崇拜或尊敬的人，当他们和自己的崇拜对象在某些方面一致时，他们的自尊心会得到极大的满足，会体现出他们与普通人的不同之处。因此说模仿也是他们的炫耀心理在作怪。许多产品的广告制作常常都以大家熟知的名人或当红的艺人为主角，就是这个道理。但营销人员在向顾客介绍产品时，一定要小心利用这种动机，只有在确定了消费者正谈及的模仿对象是当前消费者所崇拜的对象时才可以运用，否则在买卖过程中，还是少谈为妙。这是因为效仿和炫耀动机通常是在购买者的头脑中自动产生作用的，而且如果极力推荐某产品是某名人使用，因而建议顾客购买，也许一些顾客会因此觉得销售人员认为他们没有头脑，对这些事情一无所知，反而产生消极的作用。

④权利动机。大部分人总喜欢显示自己的地位和权力，在有意无意间表现出自命不凡的样子，渴望被人所认可和尊重。这种欲望引导着人们的每一个行动，促使他们不断地努力，追求上进。在购物过程中也不例外，如果消费者感到不被尊重或重视，即使某种产品是他们非常

喜欢或急切需要的，他们也会拂袖而去。所以营销人员要时刻表现出对顾客的兴趣和尊重，这是非常重要的。这种动机也会促使房地产消费者在发生购买行为时选择那些象征威望、权力、金钱或地位的产品，如高端住宅和普通人无法消费的高档别墅等，以显示自己的与众不同。

⑤癖好动机。癖好动机是指以满足消费者个体对某种事物的特别爱好为目的的购物动机，它与一个人的生活习惯、兴趣爱好有非常密切的关系。例如有的人喜欢花草，有的人喜欢古董，有的人喜欢字画等。一个人特别爱好某一事物会导致收藏行为的发生，并具有经常性和持久性的特点。人们在选择自己爱好的产品时往往比较理智，因为对这类产品有了较多的了解和购买经验，因而能够合理购买。当然如果发现了一种自己还没有的新产品，强烈的购买欲望会使人们想尽一切办法去获得。这种动机在消费者对房地产产品的购买行为中也时有发生，前提是要具备足够的购买能力，能对各种类型的房地产产品进行购买，即便是没有足够购买能力的消费者，也会根据自己的喜好和经验购买适合自己的房地产产品。

⑥健康和舒适动机。大部分人们都具有追求舒适、方便的心理。以最少的付出换取尽可能多的服务是人类的基本需求，也是非常重要的需求。房地产开发企业已经充分地意识到了这一点，于是就出现了这样的广告词："碧桂园，给您一个五星级的家。"

4.1.2.4 在什么地方买房地产(where)

什么地点、什么样的场合和气氛更有利于消费者做出购买决定？通过对这些问题进行分析和研究，可以为决策层制定渠道策略和促销策略提供依据。

房地产产品具有价值量大和固定性的特点。在多数情况下，消费者都最终会倾向于到现场进行实地考察、了解。因此，施工现场的环境、售楼厅的布置、样板间的设计、现场所分发的广告宣传资料以及广告推销途径都会对消费者的购买决策起到影响作用。

有些消费者则可能因为工作繁忙等原因不便亲自去每一个现场挑选，从而委托中介代理机构。因此通过对"where"的研究，可以发现何种中介机构是消费者经常光顾的，决策者可以在选择营销渠道时，将中介代理机构作为中间商，扩大房地产产品的销售。

4.1.2.5 在什么时候买房地产(when)

研究消费者在什么时候购买或者是在什么时候更想表达购买的意愿，有助于市场营销决策者选择最合适的时机将楼盘推向市场。春秋两季作为房地产销售的旺季，可以在这个时期举行一定规模的楼盘促销活动，当然也要充分考虑竞争对手推出楼盘的时间，以便减少竞争对手对本项目造成的影响。

4.1.2.6 买什么样的房地产(what)

由于消费者所处的社会环境、经济条件以及消费者心理因素不同，因此消费者对所需购买的房地产产品的需求也是多样的，同时由于受到经济条件的制约，消费者在购买房地产产品的时候，在区位上也会有所选择，通过对消费者需要购买什么样的房地产产品进行研究分析，可以使房地产开发企业及时了解消费者的需求，适时推出合适的房地产产品。

4.1.2.7 如何来购买房地产(how)

消费者购买房地产的方式，不仅会影响到市场营销活动的状态，还会影响房地产产品的设计及营销计划的制订。例如消费者拥有足够的支付能力，会一次性付款；当消费者支付能力不足时，消费者将分期付款或以按揭方式付款。消费者的具体购买方式受到许多因素的影响，我们将在影响消费者需求的主要因素中做进一步的分析。

4.1.3 影响房地产消费者需求的主要因素

消费者需求会受到众多因素影响，这些因素可以归纳为两大类，即社会客观因素、个人主观因素。

4.1.3.1 社会客观因素

(1)文化因素。对文化概念的理解，广义上是指人类社会历史实践过程中创造的一切物质产品和精神产品的总和。狭义的文化专指语言、文学、艺术及一切意识形态在内的精神产品。文化是静态的，是人们在社会实践中形成的，是一种历史现象的沉淀，是一种文明的象征；同时文化又是动态的，处于不断的发展变化之中，它会不断地适应生产力的发展，同时又能带动生产力的发展。在房地产行业中，文化因素一般影响着消费者对于房屋的地段、户型、朝向、楼层及装饰装修等的要求，消费者往往会注重风水较好、文化底蕴较高的房地产产品，这类房地产产品相对来说价格也会较高。

(2)价值观念。它是指人们对社会生活中各种事物的态度和看法。不同的文化背景，会使人们价值观截然不同，从而导致消费观念也会天差地别。市场上流行趋势都会受到社会公众价值观念的影响，企业在制定促销策略时应该将产品与目标市场中存在的文化传统尤其是价值观念联系起来。例如美国人希望个人得到最大限度的自由，追求超前享受，受这种观念的影响，美国人在购买住房、汽车等产品时，既会分期付款又会向银行贷款支付。而在我国，人们则习惯攒钱买自己经济能力可以承担的产品，而不是去预支，人们购买产品特别是房地产产品时往往局限在自己货币支付能力的范围内。美国人大都是先住房，再买房，而中国人受到传统价值观的影响，大都是先买房，再住房。

(3)人口数量与结构的变动。人口数量的增加会导致需求数量增加，从而引起市场的供应量增加，人口数量减少会使需求数量减少，市场的供应量也会相对减小。人口结构的变动主要影响需求结构，从而影响产品的需求量。在中心城市如北京、上海、广州、深圳等经济发达地区，人口数量大，买房的人就较多，能激起房地产市场的活跃度。

(4)物质文化因素。物质文化由科学技术和经济成分构成，它影响着生活中的方方面面，如需求水平、产品的质量、种类、款式等，也影响着房地产产品的生产与销售方式。一个国家的物质文化对市场营销具有多种意义。每种物质文化之间有巨大的差异，在同一种物质文化的内部，也会因民族、宗教等诸多因素的影响，使人们的价值观念、风俗习惯、审美标准表现出不同的特征，进而也表现出不同的需求特征。这种特征一般通过经济、社会、金融和市场的基础设施显现出来。其中经济基础设施包括交通、能源和通信系统等设施，社会基础设施是指住房、保健、教育条件和体制设施，金融和市场基础设施是指政府及为企业服务的机构等。物质文化是人类发明创造和物质产品的组合，不同物质文化状况反映不同的经济发展阶段以及人类物质文明的发展水平。因此熟悉房地产目标市场的物质文化特点，有助于企业制定符合消费者需求的营销策略。

(5)家庭因素。家庭是消费者个人所归属的最基本团体，家是一个国家的最小组成单位。一个人会从父母那学习及模仿许多日常的消费行为，即使在长大离开家庭的影响后，这种习惯性的消费行为仍然形影不离地伴随着我们。父母的购房观念会潜移默化地影响孩子以后对于房屋的规模、样式、装修等方面的购房决策。

(6)参考群体。一个人的消费行为受到许多参考群体的影响。受到直接影响的群体称为会员群体，包括家庭、朋友、邻居、同事等主要群体及宗教组织、专业组织和同业公会等次级群体，这类群体是与我们生活最贴近也是接触最多的一类群体。受到间接影响的是参考群体，有些产品和品牌深受参考群体的影响，有些产品和品牌则鲜少受到参考群体的影响。对那些深受参考群体影响的产品和品牌，消费者必须设法去接触相关参考群体的意见领袖，并设法把相关的信息传递给他们，形成一种信息的对接。

(7)社会阶层。社会阶层是指按照一定的社会标准，如收入、受教育程度、职业、社会地位及名望等，将社会成员划分成若干不同等级的社会层次，便于分析不同层次中人们的不同的价值观和消费需求。同一社会阶层的人往往有着共同的价值观、行为方式、思维方式和生活目标，这些会影响他们的购买决策，他们的购房行为是具有一定的特点的，在购房问题上，同一社会阶层的人往往在房屋的选择上是差不多的。从另一角度上说，即使收入水平相同的人，由于其所属社会阶层不同，生活习惯、思维方式、购买动机及其消费行为也会有着较为明显的差别。因此，房地产开发企业和营销策划人员，可以根据社会阶层进行市场细分，进而选择自己的目标市场，促进不同类型房地产产品的销售。

(8)政府的消费政策。政治制度是指一个国家或地区所奉行的社会政治制度，它对消费者的消费行为具有很大的影响，这个影响体现在消费者消费行为的方方面面。国家政策对消费者的影响主要表现在消费者产生消费行为时国家提倡什么、反对什么，以一些政策形式及手段对消费行为进行规范，从某种层面上说，它也严格控制着房地产价格的走向。例如，政府提高利息率的政策会导致住房消费量的减少，而实行消费信贷制度则会鼓励消费。当房价过高的时候，政府常会实施打压政策，以降低房价的增长速度，当房价过低的时候，政府就会实施鼓励政策来提高房地产市场的活跃度。所以房地产开发企业需要有政治灵敏度，随时调整自己的营销策略。

(9)国民经济发展水平。一个国家或一个地区的经济发展水平是影响房地产消费者需求的决定性因素。一般来说，房地产需求水平与国民经济发展水平呈现出一种正相关的关系，即一个国家或地区经济发展水平高，促使其房地产需求的水平也比较高，反之则相反；一个国家或地区某一时期国民经济发展速度快，这个时期房地产需求增长也比较快，反之则相反。国民经济发展水平对房地产需求的影响作用主要来自两个方面：一是投资规模。投资规模的扩大，拉动生产经营性用房需求增加，从而扩大了对工业厂房、商铺、办公用房等的需求。二是国民收入水平。随着经济的发展，国民收入增加，企业扩大再生产能力提高，个人可支配收入增长，必然会增大对房地产的生产性需求和消费性需求。改革开放以来，中国国民经济快速增长，促进了各类房地产需求急增，由此推动了现阶段中国房地产行业的繁荣。

(10)城市化水平。城市化是社会经济发展的必然趋势。城市化包括城市数量的增加、规模的扩大和城市人口的增多等。城市化水平的高低也是影响房地产需求的重要因素，主要体现在：一是城市数量的增加和规模的扩大必然要加快城市建设，例如，盖更多的工厂，办更多的商场、银行、学校、医院，进行更多的基础设施建设，从而对各类房地产产生更多更大的需求。二是城市人口的增多既增加了对城市住宅的巨大需求，又增加了安排就业对生产经营性房地产的需求。三是城市建设的发展需要进行旧区改造和实施重大建设工程，由此必然要进行旧城区的动拆迁，这将导致动拆迁户大量住房需求的产生。2019 年中国城镇化率为 60.60%，预计 2025 年达到 65.50%，大量农村人口进城就业和生活，因此房地产市场的潜在需求很大，必将带动中国房地产产业长期持续发展。

(11)房地产价格。房地产产品与其他产品一样，价格和需求量之间存在着反方向变动的关系，即在其他条件不变的情况下，房地产价格提高，会降低消费者对房地产的需求量；反之，房地产价格下降，会促使消费者对房地产产品的需求量上升。可见，房地产价格的高低对其需求量的多少有着重要的调节作用。但由于房地产是一种与土地相联系的特殊产品，其价格和需求都有一定的特点，因而房价对需求的影响呈现出极为复杂的情况。

4.1.3.2　个人主观因素

(1)消费者的收入水平。对于多数产品来说，当消费者的收入水平提高时，对产品的需求量也会随之增加；相反，当消费者的收入水平下降时，对产品的需求量就会相应减少。但因房地产是属于生活必需品的行列，消费者收入水平变化对购买房地产产品的影响是比较小的，人们只会根据自己的收入水平来选择性价比更适合自己的房地产产品，而收入水平一般的消费者购买房地产产品更多的是通过贷款的方式来实现。

(2)消费者对未来的预期。消费者预期包括对自己的收入水平、产品价格水平的预期。如果预期未来收入水平上升或未来产品价格要上升，消费者就会激发现阶段的需求；反之，如果预期未来收入水平下降或未来产品价格水平下降，消费者就会相应减少现阶段的需求。消费者对房地产产品的需求亦然，是房地产市场买涨不买跌的诠释。

(3)消费者偏好。它是指个人对物质或事物的态度，即喜爱或厌恶的程度。随着人们生活水平的提高，消费不仅仅是为了满足人们的物质生活需求，还需要满足消费者各种精神层次的需求。因此，消费者偏好对消费者需求的影响是至关重要的。消费者偏好受文化、习惯等因素的影响，广告却可以在一定程度上引导这种消费者偏好。这就是许多房地产企业不惜血本大做广告的原因，目的就是因为广告能潜移默化地影响消费者的偏好，进而影响消费者的购买行为。

(4)审美标准。它通常指人们对事物好坏、美丑、善恶的评价标准。由于审美标准对理解某艺术文化的不同表现形式、色彩及标准等诸如此类的象征意义起了很大的作用，所以市场营销策划人员必须要把握和重视审美标准。如果一个企业对社会的审美标准缺乏文化上的正确理解，那么在产品设计、广告创意上就很难取得成功，不容易被消费者所接受；如果对审美标准的反应迟钝，不但产品的样式和包装不能发挥应有的效力，而且还会失去潜在的消费者，导致不良的市场形象。所以企业在房地产产品的设计上不仅要做到符合那些受当地文化等因素影响的消费者审美标准，还要符合产品自身的功能定位。

(5)心理因素。众所周知，人的行为是受其心理活动所支配和控制的。所以，在房地产市场营销活动中，尽管消费者的需求及其购房行为千差万别，但都是受到心理活动的影响。消费者心理活动过程是指消费者在消费决策中支配购买行为的心理活动的整个过程，一般包括环境格局设计心理、区位交通便捷心理、配套设施完善心理、价格选择弹性心理、品牌品质优越心理等，因此要设定各种大众化的不同的营销策略迎合各种购房者心理需求。如市场营销人员可以利用消费者的学习心理，并利用各种传播媒介来加强消费者对本企业的公告及产品的印象，给消费者普及适当的房地产知识，强化消费者的认同感，引导他们做出购买本企业房地产产品的决定。这部分将在4.4节做重点阐述。

(6)需要需求。①它是指在一定的生活条件下，人们为了延续生命和自我发展，对客观事物产生相应欲望的反映。心理学研究表明，人的需要是由于人们本身缺乏某种生理或心理因素而产生的与周围环境的某种不平衡状态，这种不平衡状态就是人们产生需求欲望的动力。

人们的需要确定了他们各自的行动目标。因此,需要是推动人们各种活动的内在驱动力。美国著名心理学家马斯洛提出了"需求层次理论"。他根据人们对需要的不同程度,把需要由下而上分成若干层次,即生理需要、安全需要、社会需要、尊重需要和自我实现需要,如图 4 - 2 所示。这一观点对市场营销人员具有很大的启示。首先,营销人员要不断发现消费者目前的需要及未被满足的需要,然后运用各种方法和手段最大限度地去满足他们的需要;其次,营销人员在分析消费者特征后,要将促销手段和广告推广集中于多层次消费者需要上,以获得最大效果;最后,营销人员可以针对某个层次的需要来确定目标市场,并进一步制定相关营销策略。

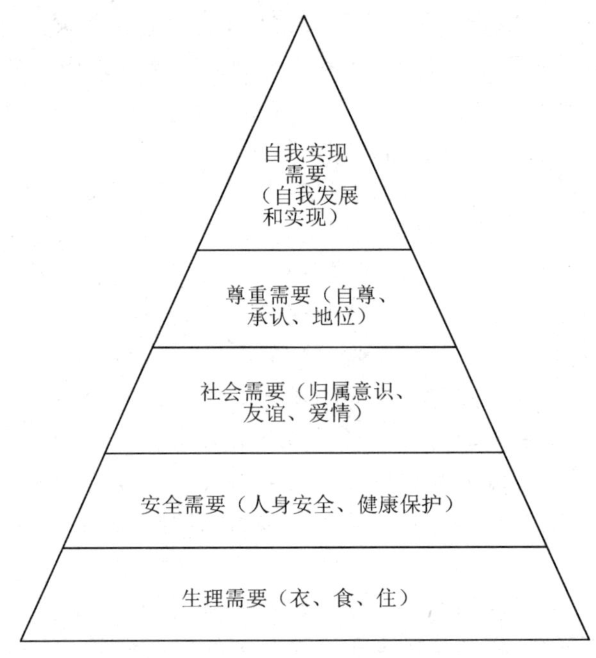

图 4 - 2　马斯洛需求层次理论

(7)认知消费。消费者对产品的感觉与知觉、记忆与思维构成了对产品的基本认知。感觉是大脑对直接作用于感觉器官的客观事物的个别属性的反映,是认知过程的形成阶段。消费者对产品的辨别方式有:①根据视觉对产品上的图案、文字、颜色及大小做判断;②通过视觉、听觉、味觉、嗅觉和触觉对产品进行区分;③通过广告宣传进行刺激,对产品产生深刻印象。

知觉是感觉的延伸,它主要受个人主客观因素的影响。其中消费者自身的性格差异以及消费观念的不同是知觉的先决条件;产品形象、企业形象及产品吸引力是知觉的基本条件;媒体宣传的方式和力度、营销人员的行为,则是促成消费者对产品拥有知觉的关键因素。

为了进一步加深对产品的认识,消费者会利用记忆、思维等心理活动来完成认知过程。记忆是指人脑对经历过的事物的反映。它对消费者的认识发展具有十分重要的作用。思维是指人脑借助于语言对客观事物的概括和间接的反应过程。消费者通过对感知、记忆形成的产品"印象"进行分析、比较、判断、推理、综合等,达到认识发展的高级阶段,最终做出购买决定。比如有些房地产产品的广告是"港湾地产,你的家""选择尚品,就是选择了一种未来"。房地产的广告宣传应该要做到能引起消费者的共鸣,触动消费者的内心,从而提高消费者的购买率。市场营销人员应该随时洞察消费者的心理活动,利用广告宣传、人员推销等手段,引起消费者对产品的关心和注意，诱发他们的购买欲望和需求，促成消费者的购买行为。

(8)消费者态度。它是指消费者在购买或使用产品的过程中产生的对产品的感知度，即对产品的好恶、肯定与否定的情感倾向。消费者若持肯定态度，则会推动其完成购买行为，由潜在客户变为现实客户；若持否定态度，则会阻碍甚至中断其购买行为。根据消费者在购买产品时对产品持有态度的不同程度，它可分为以下三种类型。

①完全相信型。即消费者对所要购买的产品的各个方面持完全肯定的态度。这种态度往往更容易导致购买行为的实现。这种消费者往往是因为亲戚或朋友购买了这个楼盘的房屋，因而对这类房产比较了解，所以容易使消费者产生购买欲望，房地产市场老带新成交率较高的原因也基于此。

②部分相信型。即消费者对所要购买的产品并不十分满意或不完全相信。在这种情况下，消费者的态度往往犹豫不决，拿不定主意。这种类型的消费者通常有自己的想法但是容易受到周边朋友的影响，对产品保持着非常谨慎的态度，营销人员应该为消费者详细讲解，为消费者普及适当的房地产知识，增强消费者对产品的信任感，引导其产生购买欲望并进一步发生购买行为。

③不信任型。即消费者对所要购买的产品持完全否定的态度。造成这种情况的主要原因有：一是曾经有产品不符合消费者的心理需求；二是消费者发现此类产品的缺陷及不足较为严重；三是消费者发现产品的实际性能与广告宣传不符，虚假宣传，从而对产品产生了完全不信任。

消费者对产品持不信任态度，一般很难引导其发生购买行为，只有通过各种方式消除消费者的怀疑和不信任态度，改变消费者对本产品的印象，才有可能引起消费者的购买欲望，最终产生购买行为，但是一般来说，改变消费者态度的过程是漫长的。影响消费者态度转变的主要因素来自消费者自身价值观念、经验、个性等的转变，以及信息、广告宣传、群体压力等外界因素的影响。因此，房地产开发企业和市场营销人员必须做到：利用各种形式如广告宣传、产品展销、操作表演等向消费者传递产品的真实信息；提高产品质量，改进性能，树立良好的产品信誉和企业形象；加强产品的售前、售中和售后服务，促进消费者态度的转化。

4.2　房地产消费者购买决策过程及特点

在新经济时代，消费者需求呈现出多样化、动态化、个性化的特点。房地产开发企业如果想在竞争激烈的市场中获胜，必须首先要确定消费者的需求决策过程，然后生产出产品或提供服务来满足这些需求。

4.2.1　消费者购买决策过程

消费者的购买决策行为并非只是独立的单一行为，而是一系列的连续行为。分析与研究消费者决策过程的主要目的是针对消费者在决策过程各环节的心理活动与行为，不失时机地采取适当的营销措施，唤起和强化消费者的需要，影响消费者的购买决策，引导消费者的购买行为朝着有利于实现房地产开发企业营销目标的方向发展。购买决策过程可分为五个步骤，即引起需要、收集信息、评估方案、决定购买、购后行为。

4.2.1.1 引起需要

房地产消费者认识到自己有某种需要时，是其决策过程的开始，这种需要可能是受生活环境影响产生的，也可能是某种精神需要或者是内外两方面因素共同作用的结果。任何购买行为都是由动机支配的，而动机又是由需要激发的，所以可以说消费者对于某一需要的认知是购买行为的起点。

4.2.1.2 收集信息

房地产信息来源主要有四个方面：人际来源，如家庭、亲友、邻居、同事等；商业来源，如从广告、推销员、分销商、产品介绍、图片报道、展销会、样品房等途径得到的信息（此信息源最广泛，信息量最大）；公共来源，如大众传播媒体、消费者组织等；经验来源，如操作、实验和使用产品的经验等。收集各方房地产信息是购买决策的基础工作。

4.2.1.3 评估方案

消费者得到的各种有关房地产信息可能是重复的、错误的，甚至是互相矛盾的，因此还要进行准确分析、比较、评估和选择，这是购买房地产决策过程中的决定性环节。在消费者的评估选择过程中，有以下几点值得营销人员注意。

（1）地产产品性能是大多数购买者考虑的首要问题。

（2）不同消费者对房地产产品的各种性能给予的重视程度或评估标准是不同的，大多数的消费者都会选择他们认为性价比较好的产品。

（3）多数消费者的评选过程是将实际房地产产品同自己理想中的产品相比较，然后择优而取。

4.2.1.4 决定购买

消费者对房地产产品信息进行比较和评选后，已形成购房意愿，然而从购买意图到决定购买之间，还要受到两个主要因素的影响。

（1）他人的态度。反对态度愈强烈，或持不同态度者与购买者关系愈密切，修改购买意图的可能性就愈大；家庭房产购买中，决策人的决策结果一般受父母或爱人影响较大。

（2）意外的情况。失业、意外急需用钱、涨价或发现银行征信有问题等，都可能导致消费者改变购买意图。

4.2.1.5 购后行为

购后行为包括购后的满意程度和购后活动。消费者购房后的满意程度取决于消费者对产品的预期性能与产品使用中的实际性能之间的对比。购房后的满意程度决定了消费者的购后活动，决定了消费者是否再次主动购买该产品，决定了消费者对该房地产产品的认知态度。如果购后满意程度高，该消费者会将此房地产产品推荐给其他消费者，从而形成连锁效应，间接扩大房地产开发企业形象。

4.2.2 消费者购买决策的特点

4.2.2.1 消费者购买决策的目的性

房地产消费者进行购买决策，就是要促进一个或若干个消费目标的实现，这本身就带有目的性。在决策过程中，都要围绕购买房地产产品这个目标进行筹划、选择、安排，这就是实现购买活动的目的性。

4.2.2.2　消费者购买决策的过程性

房地产消费者购买决策是指消费者由于受到生理、精神因素影响而产生需求，形成购买动机，并抉择和实施购买方案，此次购房后所得经验又会反馈回去影响下一次的购买决策，从而形成一个完整的循环过程。

4.2.2.3　消费者购买决策主体的需求个性

购房行为是消费者主观需求、意愿的外在体现，同时受许多客观因素的影响。除集体消费之外，个体消费者的购买决策一般都是由消费者个人单独进行的，主要受自身主观因素的影响。随着消费者支付水平的提高，购买行为中独立决策及个性决策的特点将越来越明显。

4.2.2.4　消费者购买决策的复杂性

(1)心理活动和购买决策过程的复杂性。决策是人大脑复杂思维活动的产物。决策涉及消费者生活的方方面面，决定消费者将采取某种行动。消费者在做决策时不仅要开展感觉、知觉、注意、记忆等一系列心理活动，还必须进行分析、推理、判断等一系列思维活动，同时还要计算费用支出与可能带来的各种利益，以及评价给自身带来的最大效益。像购房这种较大金额的支出，消费者的购买决策过程一般是比较复杂的。

(2)决策内容的复杂性。消费者通过分析各种信息，确定在何时、何地、以何种方式和何种价格购买何种房地产产品等一系列复杂的购买决策内容，并实施购买行为。

(3)购买决策影响因素的复杂性。房地产消费者的购买决策受到多方面因素的影响和制约，具体包括消费者个人主观因素，比如性格、兴趣、生活习惯与收入水平等主体相关因素；同时也受消费者所处的地理环境、社会文化环境和经济环境等各种因素的刺激，如产品本身的属性、价格、房地产开发企业的信誉和服务水平以及各种促销手段等。这些因素相互影响、相互交融，它们会对消费者的决策内容、方式及结果有不确定的影响。

4.2.2.5　消费者购买决策的情景性

由于影响决策的各种因素不是一成不变的，而是随着时间、地点、环境及心理状态的变化而不断发生变化的，因此相互的情景之间总是相对的。因此，尽管同一个房地产消费者的消费决策具有明显的情景性，然而其具体决策方式又因所处情景不同而不同。由于不同消费者主观和客观等因素存在着差异性，因此不同的消费者对于同一种商品房的购买决策也存在着大小不一的差异。

4.3　房地产消费者需求模型分析和决策相关理论

企业要从需求的角度分析消费者的需求类型，把不同的消费者分配到不同的模型中，分析不同模型中的消费者不同的需求特点。分析消费者决策相关理论能洞悉消费动机，从而引导更多的购房消费。

4.3.1　消费者需求模型分析

4.3.1.1　人类行为一般模式

人类行为一般模式是“刺激个体生理、心理反应”。如图 4－3 所示，该模式表明消费者的购买行为是由某些刺激所引起的，这种刺激既来自于消费者身体内部的生理、心理因素，又来自于消费者周围的外部环境。消费者在内外各种因素的刺激下，产生购买动机，在购买动机的驱使下，做出购买产品的决策，并实施购买行为，购后还会对购买的产品及其相关渠道和厂家做出评价，这样就完成了一次完整的购买决策过程。在购房方面这种刺激一般是来自家中亲戚或者朋友同事中购买过此类房地产的人，是他们推荐了这类房地产，但是如果自己并不是特别了解，可能就会导致购房后的各类问题。

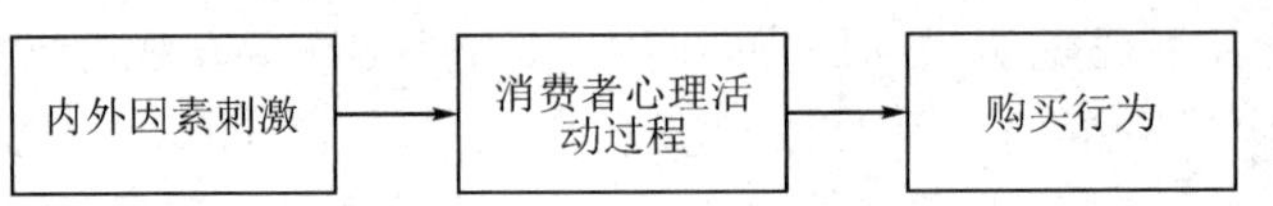

图 4-3　人类行为一般模式

4.3.1.2　科特勒行为选择模型

菲利普·科特勒提出一个强调社会两方面消费行为的简单模式。如图 4-4 所示，该模式说明消费者购买行为的反应不仅会受到营销的影响，还会受到外部因素的影响。不同特征的消费者会产生不同的心理活动，通过消费者的决策过程，产生了一定的购买决定，最终形成了消费者对产品、品牌、经销商、购买时机、购买数量的选择。房地产消费同样受房地产营销策划的影响和各种外部因素的影响。

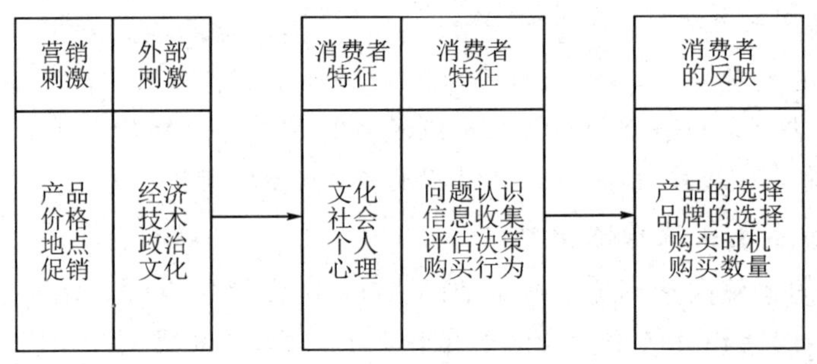

图 4-4　科特勒行为选择模型

4.3.1.3　尼科西亚模式

尼科西亚在《消费者决策程序》一书中提出了尼科西亚模式。如图 4-5 所示，该模式由四大部分组成：第一部分是从信息源到消费者态度，包括企业和消费者两方面的态度；第二部分是消费者对产品进行调查和评价，并且形成购买动机的输出；第三部分是消费者采取有效的决策行为；第四部分是消费者购买行动的结果被大脑记忆、贮存起来，供消费者以后的购买参考或反馈给企业。消费者购买产品以后，经过使用过程，对所购买的产品产生实际的经验，购后使用的满意程度会影响再购行为，同时企业也由消费者的购买意向与使用的满意程度获得信息的反馈，以作为产品改进、定价、广告以及其他营销策略的参考依据。房地产营销的实现也同样存在以上四部分的消费决策模式。

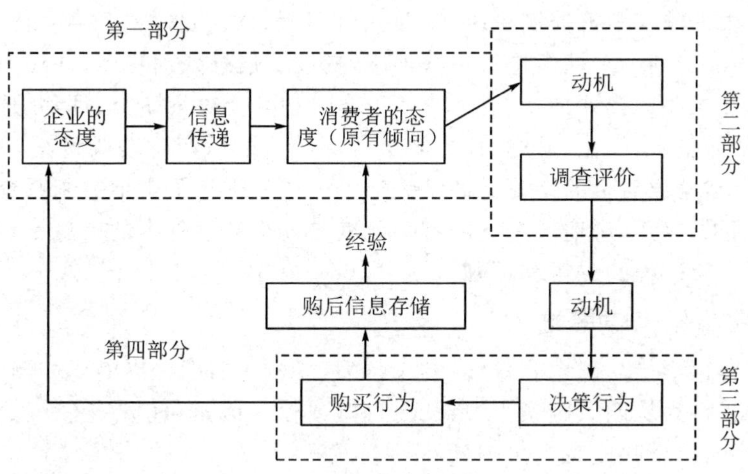

图 4－5　尼科西亚模式

4.3.1.4　恩格尔模式

该模式是由恩格尔、科特拉和克莱布威尔提出。如图 4－6 所示，其重点是从购买决策过程去分析。整个模式分为四部分：第一部分是中枢控制系统，即消费者的心理活动过程；第二部分是信息加工；第三部分是决策过程；第四部分是环境。恩格尔模式认为，外界信息在有形

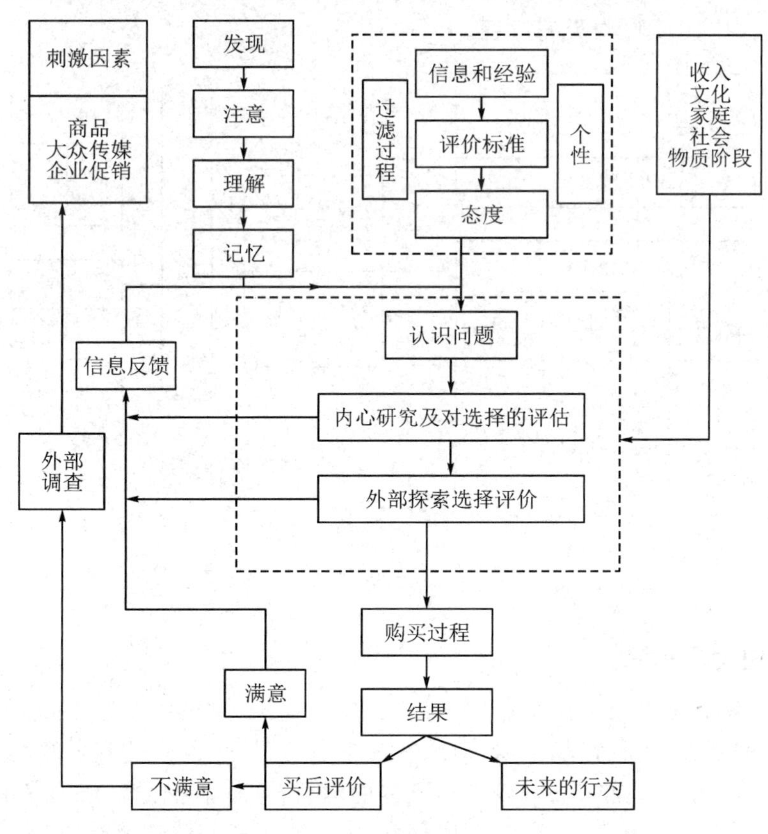

图 4－6　恩格尔模式

和无形因素的作用下输入中枢控制系统，即对大脑引起、发现、注意、理解、记忆与大脑存储的个人经验、评价标准、态度、个性等进行过滤加工，构成了信息处理程序，并在内心进行研究、评估、选择，对外部探索即选择评估，产生了决策方案。在整个决策研究、评估、选择过程中，同样要受到环境因素，如收入、文化、家庭、社会阶层等影响。最后产生购买过程，并对购买的产品进行消费体验，得出满意与否的结论。此结论通过反馈又进入了中枢控制系统，形成信息与经验，影响未来的购买行为。房地产产品的特征尤其是其交易过程中的信息不对称问题，使购房者更加注重购买决策过程的分析和评判。

4.3.1.5 霍华德-谢思模式

该模式是在由霍华德与谢思合作的《购买行为理论》一书中提出的。如图 4－7 所示，其重点是把消费者购买行为从四大因素去考虑：①刺激或投入因素（输入变量）；②外在因素；③内在因素（内在过程）；④反映或者产出因素。

霍华德-谢思模式认为投入因素和外界因素是购买的刺激物，它通过唤起和形成动机，提供各种选择方案信息，影响购买者的心理活动（内在因素）。消费者受刺激物和以往购买经验的影响，开始接受信息并产生各种动机，对可选择产品产生一系列反应，形成一系列购买决策的中介因素，如选择评价标准、意向等，在动机、购买方案和中介因素的相互作用下产生某种倾向和态度。这种倾向或者态度又与其他因素，如购买行为的限制因素结合后产生购买结果。购买结果形成的感受信息也会反馈给消费者，影响消费者的心理和下一次的购买行为。房地产购买受外界营销信息刺激较多，并进行评判和产生购买意向，最终形成购买结果，霍华德-谢思模式在购房决策中能反映购买的过程。

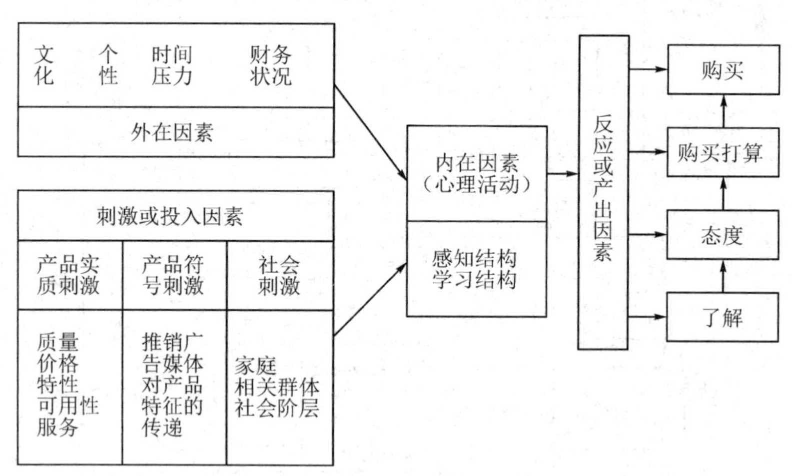

图 4－7 霍华德-谢思模式

4.3.1.6 四维度模式

第一维需求：质。这需要从两个层次来界定、理解：①不同的产品有不同的质。这需要企业了解科技进步的情况，进行市场调研，对顾客需求进行细分，并运用科技的成果向市场提供能满足不同需要、欲望、需求的产品，以求得顾客的消费，获取利润。②既有的相同的产品，在满足同一种需求方面也有差别，也会存在质量差别，即有劣质与优质之分，因此，企业要追随顾客的需求变化，尤其是分析科学进步对顾客的影响，为其提供优质产品。

第二维需求：量。物品不仅有质的区别，还有量的区别。量反映产品在消费者数量、规模上的变化，具体的反映就是：不同的社会、不同的人生阶段、不同的季节、不同的消费环境，消费者的需求量不同。而正是消费者对量的需求，才使企业有了做大做强和永续经营的良好愿望。

第三维需求：满意。顾客满意是一种心理活动，是顾客的质、量被满足后的愉悦度，它来源于消费者自身的内在需求，也是顾客消费的原动力。理解"满意"，不能仅限于"满意是指一个人通过对一个产品或者服务的可感知的效果与他的期望值相比较后所形成的感觉状态"，更应看到，正是顾客追求对某一产品或服务消费的满意，它才会去购买。

第四维需求：体验。消费者不仅在消费的同时，追求质、量、满意，而且还追求个人的被认可、被尊重，希望能参与到消费过程中来，以获得过程性的满足，这就是体验的第一层内涵（过程性体验），它需要产品的生产者、服务的提供者与消费者互动，以创造消费体验；第二个层次是结果性的体验，现在已没有一个顾客情愿不分青红皂白，一手交钱，一手交货，经常是想弄个究竟。也正是消费者有体验的需求，才推动产品经济继续向前发展。企业如能在房地产消费者中开发、满足其体验的需求，则能带来房地产营销的成功，也能领导趋势和潮流。

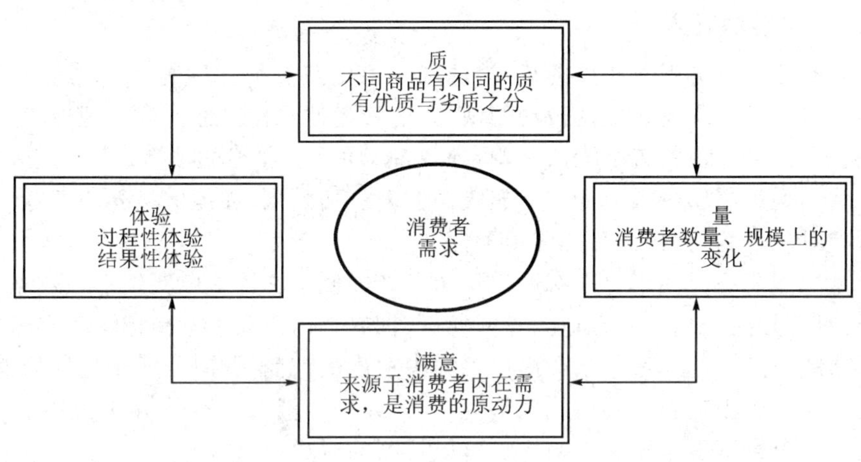

图 4-8 四维度模式

4.3.2 消费者决策相关理论

消费者决策是指消费者谨慎地评价产品、品牌或服务的属性，并进行理性选择，想用最少的付出得到最好、最优的产品或服务的过程。消费者购买决策是指消费者谨慎地评价某一产品、品牌或服务的属性并进行选择、购买能满足某一特定需要的产品的过程。广义的消费者购买决策是指消费者为了满足自身的需要，在一定的购买动机的支配下，经过分析、评价、选择可供选择的购买方案后，决定最佳的购买方案，以及完成购后评价的活动过程。它是一个系统的决策活动过程，包括需求的确定、购买动机的形成、购买方案的抉择和实施、购后评价等环节。具体消费者决策相关理论如下。

4.3.2.1 经济观点

在经济学理论中，消费者通常都是被描写为能够做出理性决策的人。这种"经济人"的理论模型，已经由于许多原因而受到研究者们的批评。如果要像经济学所说的那样做出理性的行为，消费者应该：①从广泛的渠道了解所有可以获得的产品选择项；②能够按照每一个选择项的利弊正确地将它们排序；③能够准确找出最好的选择项；④能够预测出自己选择的产品未来的发展前景。

然而在现实中，消费者很少能够拥有所有的信息或充分准确的信息，也很少有足够大的参与欲望和动机来做出这种所谓的"完美的"决策，更难准确预测未来的发展方向。同时消费者心理学研究认为由于如下原因导致经典经济学的完全理性消费者模式是不现实的：①人们受他们已有的技巧、习惯和反应能力的制约；②人们受他们已有的价值和目标的制约；③人们受他们的知识范围的制约；④人们受当下经济水平和社会生产力水平的制约。

消费者常常是在一个并不完全理想的世界中进行决策的，在这个世界中他们并不是根据经济方面如价格与数量关系、边际效用等考虑问题的。事实上，消费者们更倾向进行一个"满意的""足好的"决策。再如，近来的研究发现消费者讨价还价的最初动机不完全是人们长期以来所想是为了获得一个相对便宜的价格，而是与成就需要、归属需要和支配需要相关。这一点对研究广告与营销策划具有重要的启示意义。

4.3.2.2 被动的观点

与消费者的理性经济观点相反的是，被动观点将消费者描述为总是受到他自身的利益和营销人员的促销活动的影响。根据被动的观点，消费者被看作是冲动和非理性的购买者，他们总是会受到营销人员各种销售手段的影响，导致冲动的、不理智的消费。至少在某种程度上，消费者的被动模型受到那些竭力促销的超级销售人员的赞同，在他们接受的训练中，往往把消费者作为可控对象，作为营销训练的前提条件。

被动模型的主要局限在于它没有认识到消费者即使不在许多购买情形中占据支配性的地位，但在购买时也是处于与主导人员同等的地位，拥有自己主观能动意识——有时他会搜寻关于产品备选项的信息并选择看起来会提供最大满意度的产品，此时便属于理性的消费；有时他也会冲动地选择一个满足当时心境或情绪的产品，即冲动消费。然而，目前更多的理论认为大多消费者在当今市场下很难成为营销人员可以控制的对象。

4.3.2.3 认知的观点

认知观点的模型将消费者描绘成一个思维问题的解决者。在这一框架内，消费者常常被描绘成或是接受或是主动搜寻满足他们需求和丰富他们生活的产品与服务。认知模型主要研究消费者收集和评价关于某些品牌和零售渠道信息的行为。

在认知模型框架中，消费者通常被看作是信息的处理者——对信息进行处理加工导致消费者偏好的形成并最终形成特殊的购买意向。认知观点同样也认识到消费者不可能尽力去得到关于每个选择的所有可能信息。但是，当消费者认识到他们已经拥有了可以做出一个"满意"决策的那些选择项的充分信息时，他们就会停止搜寻信息，消费者常常会利用捷径式的决策规则来加快决策过程。他们也会运用一些决策规则来应对可选择项信息太多的情况。认知或问题解决观点所描述的消费者处于经济观点和被动观点所描述的极端的中间，他没有收集到可获得的产品选择项的所有知识，所以无法做出完美的决策，但是他仍然会积极搜寻最多的信息并尽力做出让自己最满意的决策。

4.3.2.4 情绪的观点

尽管营销人员早已了解消费者决策的情绪或冲动模型，但他们仍然偏好于根据经验或被动的观点来考虑消费者。然而事实上，每个人可能都会把强烈的情绪与特定的购买行为或物品联系在一起。

当消费者做出一些情绪性的购买决策时，他基本不会关注购买前的信息搜寻，更多的是关注当前的心境和感觉。消费者的心境对消费者自身的购买决策的影响是重要的。所谓“心境”是一种情绪状态，是消费者对待或使用某个产品之前的态度，是消费者在“体验”一则广告、一个零售环境、一个品牌或一个产品之前就已经存在的事先心理状态。一般说来，消费者在购买某个产品时，处于积极心境中的个体会比处于消极心境中的个体回忆起更多的关于这个产品的信息。但也有研究表明：除非事前已有了一个品牌评价，否则在做出购买决策时所诱发的积极心境对购买决策并未产生很大影响。

4.4 房地产消费者心理探究

研究消费者心理对消费者购买行为的影响，可给予房地产开发企业和营销人员一定的启示，从消费者心理探究的角度来促成消费者购买房地产产品的完成。

4.4.1 消费者心理概述

消费者心理指的是消费者在购买和消费产品过程中的心理活动。一般是：先接触产品，引起注意；然后经过了解和比较，产生兴趣，出现购买欲望；等到条件成熟，做出购买决定；买回产品，通过使用，形成实际感受，考虑今后是否再次购买。

根据消费者卷入程度（卷入程度是指消费者购买时的谨慎程度以及在购买过程中愿意花费多少时间和精力去收集、选择和判断信息，并且有多少人参与购买过程）和产品差异的组合，主要有三种消费者购买类型。

4.4.1.1 复杂型购买

复杂型购买一般发生在初次购买的场合。多数消费者对有关房地产产品知识知之甚少，但因其价格昂贵，属于长期消费品，故购买前的选择决策非常谨慎，要花费大量时间收集各种信息，多方位挑选比较。这种购买决策最为复杂，一般出现于刚刚工作不久的年轻人之间，因为其工资水平不高，所以在购买时首先会对房地产进行详细的了解，不会出现冲动购房的情况，属于理智消费。

4.4.1.2 和谐型购买

和谐型购买发生在消费者购买卷入程度高，但品质差异较小的房地产产品上。这种购买类型因不同品质的房地产产品价格在同一档次内，质量功能差别不大，故不需要收集很多的信息进行评价。卷入程度高主要因房地产产品价格较高或不经常购买引起。决策重点在于买不买、买什么档次的，而不在于买什么品牌的，消费者更关心的是能否得到最优惠的价格，购买时间和地点是否方便等问题。这个类型的消费者一般是掌握了一些购房知识且对房地产产品有一定了解的人，他们只需要比较相应房地产对自己的适用程度就可以了。

4.4.1.3 多变型购买

多变型购买发生在品牌差别大、卷入程度低的房地产产品上。大多数消费者在首次购买房地产产品时，一般并不主动收集有关的信息，只是通过广告等宣传媒体被动地接受信息，对房地产产品的品评也是发生在购买之后，所以消费者在未来有更大的房地产产品需要及具备相应购买能力的情况下，会结合前面的购买经验主动收集房地产相关信息并进行性价比较高的购买活动，而其所购买的品牌在极大的情况下是会更换的。这主要是由于消费者经济水平及价值观念的不断提高会驱使消费者在多次购买时选择更适合的价格、更好的房子、更大的品牌。

4.4.2 消费者心理探究

4.4.2.1 消费者的价值心理

艾尔·强森认为，消费者之所以喜欢某种产品，是因为他相信这种产品会给他带来比同类产品更大的价值，也就是说消费者所选择的产品具有更大的潜在价值。潜在价值取决于产品的潜在质量。所谓潜在质量，是指消费者心中感受到的产品质量，是消费者主观上对一种产品品质的评价。事实上，一种产品之所以能够打开销路，不完全因为它的真实价值，而是由于它所具有的潜在价值。潜在价值具有独特性、独立性、可信性和重要性，所以房地产开发企业要在产品推广时抓住消费者的价值心理，设计能深入人心的广告词，加大宣传力度，就能提高购买率。

4.4.2.2 消费者的规范心理

规范是指人们共同遵守的全部道德行为规则的总和。在现实生活中，规范起着巨大的作用，它可以左右我们的思想，制约着我们的言行，同时也影响着我们生活的方方面面。规范的面孔是多种多样的，它包括原则、理智、义务、礼貌、友谊、忠诚、谅解等多种因素。在一些情况下，规范可以成为诱发消费者产生消费行为的动机。根据营销专家的长期调查与研究，消费者之所以喜爱某种产品常常是为了避免或消除一种与其规范和价值相矛盾的内心冲突。消费者在做出购买或不购买某一品牌产品的决策时，规范是一个重要的影响因素。比如人们购房时喜欢挑选大牌企业就是因为大牌企业的产品质量的规范性使其能够放心购买。

4.4.2.3 消费者的习惯心理

习惯是人们长期养成而一时间难以改变的行为。不同的人、不同的民族有各不相同的习惯。例如，我国北方人以面食为主食，南方人以大米为主食。习惯常常是无法抗拒的，它甚至比价值心理对人的决定作用还要大。消费者一般都有特定的消费习惯，这是消费者在日常生活的长期的消费行为中形成的。例如消费者在购买了某一房地产产品之后觉得该房地产产品的质量和内外的环境等方面都相当称心，就会逐渐建立对这个楼盘的信任和喜好，增强持续使用该企业品牌的信心，有的还会推荐这个房地产给新的消费者，从而成为该品牌的忠诚顾客。由于文化的潜移默化在生活中的影响，人们渐渐形成了固定的生活方式。这种生活方式在历史中沉淀，成为一种文化习俗，沉淀到一定的厚度，便成为一种文化底蕴。营销专家们经过多年的摸索和探讨，形成了一套充分利用这种潜在的文化底蕴的经营理论——利用消费者的习惯心理来实现企业自身的销售目标。

4.4.2.4 消费者的身份心理

每个人都有各式各样的身份，人们也会在相应环境中做着符合和凸显自身身份的事情。尤其是那些有了一定名誉、权力和地位的人，更是无时无刻不在注重和凸显自己的身份，尽可能地使自己的言谈举止与社交活动同自己的身份相符。而最能表现人的身份的是衣、食、住、行、用。譬如某人穿的是名牌衣服，开的高档轿车，住的是五星级酒店，当这一信息传递给外界后，那么这个人的身份就会很自然地以有钱人的形象凸显出来。于是营销专家根据人性本身的这种心理，总结了与之相对应的营销理论——身份原理，让品牌成为消费者表达自我身份的有效武器。比如当下市场上别墅豪宅的开发，卖的就是身份，价格越高、耗资越大，越能体现消费者身份的高贵。因此对房地产开发企业来说，开发比竞争对手更胜一筹的、能够凸显消费者身份的房地产产品，也就成了一个重要课题，因为这直接影响到高端市场上消费者的购买决策，进而影响到房地产产品的销售。

4.4.2.5 消费者的情感心理

情感是人对外界刺激的心理反应，如喜欢、爱慕、悲伤、恐惧、愤怒、厌恶等。消费者喜欢或者厌恶某种产品，都是消费者情感的自然流露。有经验的品牌经营者早已关注消费者的情感心理对购买行为产生的影响，他们往往不遗余力地通过广告、公关等手段，发挥品牌潜力，触动消费者的情感，充分利用消费者的情感心理来促进房地产的销售。

综上所述，消费者心理活动是消费者的头脑反应客观现实的过程，是各种信息在消费者的头脑内进行整合后形成的主动意识，并以言语、动作和活动行为方式表现出来的反射过程，因此，消费者心理对购买行为起着重要的作用。

知识归纳

1. 消费者需求是指其他条件不变，消费者在某一价格水平上愿意而且能够购买的房地产数量。

2. 房地产消费者的需求具有驱动性、多样性、选择性、时尚性、连续性、发展性、目标性、竞争性、伸缩性。

3. 房地产消费者需求受到社会和个人两个方面的影响。

4. 房地产消费者决策相关理论是从经济、被动、认知、情绪的观点这四个方面体现的。

5. 房地产消费者心理指的是消费者在购买和消费产品过程中的心理活动。一般是：先接触产品，经过了解和比较，出现购买欲望；做出购买决定；买回产品，通过使用，形成购后感想。

6. 通过对消费者心理的探究能有效提升房地产的销售率。

7. 房地产消费购买行为模式可简单概括为6W1H，即谁来购买房(who)、谁参与买家的购买行为(whom)、为什么要买房地产(why)、在何地买房地产(where)、在何时买房地产(when)、买什么样的房地产(what)、如何来购买房地产(how)。

思考题

1. 房地产消费者需求的模式有哪几种？分别有什么特点？

2. 房地产消费者需求的特点是什么？

3. 房地产消费者需求受什么因素的影响？

4. 怎样探究消费者心理？
5. 房地产消费者购买决策过程的步骤是什么？
6. 影响房地产消费者购买决策的因素有哪些？

案例实训

案例一：深度挖掘消费者需求

30 岁左右的一位男士走进售楼处，看衣着是比较讲究的，进来只是说想了解了解，销售人员就给他进行了全面的讲解。较轻松地聊房地产行情，聊郑州的市场情况，还聊了其他的楼盘，整个过程没有太多的功利性推销。临走时销售人员给了客户一份资料，当客户翻看时一不小心纸张把手指给划破了，销售人员一看流血了突然想到自己的钱夹里放了一个创可贴，马上给客户拿出来，客户当时就表示很感谢。第三天客户打电话说："现在想定房怎么定？"在签合同时，销售人员问客户买这套房子是否用于投资，客户说："是啊！投资。我看过几个楼盘，感觉都可以，没想好买哪个，但是我这么快决定买你们这里，就是因为你们这里的人为客户着想，一个创可贴就卖了一套房啊！"这句话值得我们深思，只有真诚为客户考虑了才能赢得客户的心。

问题：

如何把握不同的销售情景深度挖掘消费者需求？

案例二：挖掘老业主，敢于逼客户

文先生在某项目买了两套写字楼，他还想再看看小户型，想买一套作为休息室。因为不常住，他就把目标定在了面积最小的 40 平方米上。由于文先生前期购买写字楼时已对公司和项目有了相当的了解，于是销售人员提议直奔 15 楼去看看实房。在工地现场，文先生表示对房子感觉还不错，问到了优惠问题。这套房子是最后一套，而且比较抢手，按揭是没有优惠的，销售人员向文先生引导，让其一次性付款，可享受 1 个点的优惠。文先生说要回去看一下资金情况，下午决定。临走时销售人员再一次向文先生强调了房源的稀缺性和舒适性，让他尽快考虑。下午 3 点，文先生再次出现在售楼部，直接交了定金。文先生交定金后，约定 3 月 21 日到售楼部签订购房合同，后来他打来电话，说在北京出差，3 月 21 日回不来，申请延迟签约的时间。销售人员经过和主管商量，同意文先生把签约时间延迟到 3 月 28 日（周五），如果再逾期，定金不退，房源另行出售，文先生表示同意。3 月 27 日晚上，文先生打电话说在郑州南区封闭培训，白天出不来，要到 3 月 29 日（周六）才有空，要求再延迟一天签约。销售人员当时也动摇了，找到主管，说明了情况。当时的情况是，周六来访客户较多，并且已经有三组客户约到周六来签约，如果文先生也到周六来签约，案场根本没有人手来接待新来访客户，所以主管直接拒绝了，而且还说，如果文先生 3 月 28 日不来，3 月 29 日来签约时要征收文先生违约金，取消所有优惠。在没有希望的情况下，销售人员给文先生打电话，把主管的话给他重复了一遍。第二天中午，文先生抽空来售楼部签订了购房合同。

问题：

怎样通过深挖客户需求促进客户下定和准时签约？

案例三:弄清客户不回访的真正原因

早上售楼部来了对非常年轻的夫妇,约25岁左右,销售人员为其简单介绍沙盘和模型。交谈中,得知金先生和马小姐在附近工作,家中还有小的店面做着生意,想购买一套小户型自用或投资。在去工地的路上,销售人员详细为其介绍了项目周边的几块未开发的土地以及将来这里的商业氛围、交通方便、小户型好租好卖等优势。在看完67.5平方米的户型之后,马小姐表现出很大的兴趣,但是对没有天然气和户型不朝南有些抗拒,于是销售人员为其推荐了1号公寓,户型通透,客厅、卧室朝东,卫生间是明卫,而且厨房可以单独隔开,马小姐觉得很不错,但她先生却不发表任何意见。回到售楼部,销售人员为马小姐计算了1号公寓的价格和40%的首付,她说回去考虑一下。销售人员告诉她,1号公寓房源不多了,只有三四套,得尽快决定。临走时,要求两位留下电话,但他们只留了金先生的电话。

次日下午,电话回访,金先生对房子并没有表现出很热心,马小姐也很坦诚,虽然不说买房的具体用途,但是还是有意向的,而且说,家中已有几套房产。春季房展会时,销售人员告知金先生夫妇公司有特惠房活动,截至月底,要定房得抓紧时间。到月底最后一天上午,销售人员再次通知金先生夫妇公司4月1日起涨价的信息,并且当天是优惠最后一天,4月1日起优惠将会取消。马小姐表示,会慎重考虑一下,尽量过来。但是,直到月底最后一天下班,客户也没有出现。4月份,销售人员再次回访,客户仍没有定房的意思。

问题:

深挖客户需求的核心问题在哪里?如何精准锁定客户需求?

第5章　房地产STP定位分析

内容提要

本章内容主要是针对房地产市场有关定位进行分析，包括房地产市场细分、目标市场选择、市场定位等，以及房地产市场细分、目标市场选择、市场定位、产品定位的方法与技巧；重难点是房地产市场细分、目标市场选择、市场定位运用、产品定位技巧等。

能力要求

通过本章的学习，应该了解和熟悉房地产市场细分、目标市场选择、市场定位、产品定位的着眼点，同时掌握房地产市场细分、目标市场选择、市场定位运用、产品定位等相关内容的方法与技巧等。

5.1　房地产STP定位分析概述

面对消费者复杂多变的需求，没有任何一家房地产开发企业能够满足所有消费者的需求，企业需要确定自己能够提供的有效产品和服务并获取最大利润的市场，而不是试图在整个市场上进行竞争。在企业资源有限的条件下，为保证效率和提高竞争力，企业需要把力量集中在对其产品感兴趣的消费者的需求上，换言之是对消费者需求进行分析，在企业自身条件允许下生产出部分消费者所需要的房地产产品。因此进行市场细分与产品定位研究，对于加强房地产市场营销管理、提供有效策略，具有重大意义。

目标市场营销就是房地产开发企业对消费者欲望与需求的研究，将其分为若干市场，再根据可衡量、可盈利、可实施、可稳定等原则结合企业自身条件，选择其中一个或几个作为目标市场，运用适当的市场营销组合，集中力量为目标市场服务，满足目标市场需求，从而达到企业利润最大化的目标。

著名营销教授飞利浦·科特勒在他的《营销管理》中提出STP市场营销策略。STP是"segmentation""targeting""positioning"的首字母组合，即市场细分、目标市场选择、产品定位。这就是著名的STP定位分析。

房地产市场作为资金密集型行业，投资大、风险大，要保证每一个项目的成功，就需要根据房地产消费者行为的差异性标准进行市场划分，就需要认识消费者的需求并根据选定的目标市场需求来进行产品定位开发，因此把握STP定位分析就极为重要。

5.1.1　市场细分

市场细分通常在房地产行业中扮演着极其重要的角色。在市场瞬息万变的环境中，做好市场细分就是要真正了解企业需要什么或房屋需求者的选房方向，同时应充分了解居住、商业、投资购房者的心理需求。

5.1.1.1　市场细分的概念

市场细分是美国市场学家温德尔·史密斯于1956年在《产品差异和市场分析——可供提高的两种市场营销战略》一文中提出的概念。就是指通过市场调研，按照消费者欲望与需求把一个总体市场划分成若干个具有共同特征的子市场的过程。它顺应了第二次世界大战后美国众多产品的市场转化为买方市场这一新的市场形式，是现代企业营销管理的一大进步。

5.1.1.2　市场细分的作用

市场细分能够帮助企业认识市场、研究消费者的需求和竞争对手，为企业选择合适的目标市场、制定正确的营销策略提供依据。同时市场细分对企业的生产、营销起着极其重要的作用，所以在任何市场上，市场细分总是起着相当重要的作用，主要表现在以下几个方面。

(1)有利于企业树立独特的企业形象，获得消费者的认可，在消费者心中形成特殊的偏爱。房地产开发企业在了解不同细分市场需求特征及市场已有产品的基础上细分市场，开发出新产品，使得消费者能找到与他们的需求紧密相关的产品。消费者可能会感到，这个特定的开发商更理解他们，因此消费者就会做出更多反应，最终更加忠实于这个开发商。

(2)有利于企业集中使用资源，发挥竞争优势，取得良好的经济效益。由于资源有限，每个房地产开发企业的生产能力对于整体市场来说都是微小的。一个房地产开发企业不可能满足所有的市场需求，因而必须在市场细分的基础上，选定目标市场，将其人力、物力和财力准确地投放到所选定的目标市场上，提高资源利用率，进而提高企业竞争力。有利于企业挖掘自身优势，扬长避短，促进企业的可持续发展。

(3)有利于调整房地产开发企业的市场营销策略，增强企业营销能力。通过市场细分可以帮助房地产开发企业了解消费者的需求、偏爱及其变化，从而有利于企业灵活制定符合消费者需求的营销策略，扩大市场占有率，提高企业在消费者心目中的形象。

(4)有利于企业有效地发现和把握市场机遇，分析和挖掘市场机会，开发新产品，开拓新市场。在市场细分中，房地产开发企业深入了解消费者心理及其需要，从而分析出消费者所需要的但并未得到满足的新市场，一旦企业发现并进入这个新市场，房地产开发企业会在其中获得良好的经济效益。

5.1.1.3　市场细分的变量

房地产市场细分的变量可分为住宅市场的细分变量与商业用房市场的细分变量。

(1)住宅市场的细分变量。住宅市场的细分变量有很多，凡是能造成消费者对住宅需求差异的因素，皆可作为住宅市场的细分变量。住宅市场的细分变量可以概括为地理细分、人口细分、心理细分和行为细分四大类。

①地理细分是指把市场细分为不同的地理单位，例如国家、市、县、区位或地段。房地产开发企业可选择在一个或几个地区开发，也可在整个地区开发，但要注意到消费者需要和欲望的地区差异。房地产的地理环境具有三重性质：一是自然地理环境，主要包括地形地貌与气候特点，地形地貌以及气候特点对一个城市的房地产发展来说是至关重要的。我国海口、三亚等城市，其气候特点和资源环境适合度假和养老休闲，所以很多人购买这里的住宅主要是为了度假和养老。二是经济地理环境，即消费者所在的区域是沿海还是内陆，是大城市还是小城市，经

济发展是先进还是落后。相对内陆而言，沿海地区经济相对发达，社会经济活动频繁，对住宅的需求相对较大，而内陆的小城市经济发展相对落后，消费者对住宅的需求也相对较小，但是对某些相对发达区域的特殊小城镇来说，此项考虑因素绝不可忽视。三是人文环境，地区的人口密度与地区的人文环境对其消费水平有着巨大的影响，人口密度越大的地区，人均居住面积和公共绿地面积越小，人们对住宅的消费需求越大且较为紧迫。

②人口细分是指根据各种人口变量，如年龄、性别、家庭人口、家庭生命周期、收入、职业、教育、宗教、种族、国籍等，把市场细分成不同群体。人口细分是细分消费者群最流行的依据。年龄方面，年龄 25 岁以下为一阶段，这一阶段的居民可以说几乎没有住宅购买力；26～35 岁为一阶段，此阶段居民在经济能力上处于初步发展时期，购买的欲望也特别强，占住房消费市场的 25％～30％；36～55 岁为一阶段，此阶段居民在整个住房市场上所占的比重最大，约为 30％～50％；56 岁以上的年龄层为一阶段，此阶段居民对房地产产品的需求大减。从对不同阶段居民的分析可以看出，不同年龄的消费者对房地产产品的需求不同。

一般来说，收入水平直接影响着消费水平，不同收入水平的消费者对住宅的需求数量和质量要求是不同的。收入低的人群即生存型，此类人群对房地产产品的需求是基本够用即可，只要有必要的活动空间即可；收入中等的人群即发展型，此类人群对房地产产品的需求是要求有着相对满足多方面的活动空间；高收入的人群即享受型，此类人群对房地产产品的需求是要求居住环境优美、设备高档。在住宅市场细分中，应调查和分析与各类收入水平消费者相对应的住宅需求特征，从而有针对性地开发适销对路的住宅，并制定符合实际的营销策略。

职业在一定程度上影响着收入，也影响着消费者对房地产产品的需求心理。不同职业的消费者会形成不同的职业习惯以及一些相应的需求，这就影响了消费者对户型和地理位置以及周边环境的不同要求，在对比职业不同时应充分分析消费者需求的变化，合理且适时更改户型及周围绿化，如果有必要可以充分考虑住宅的量身定做。

家庭的数量和结构对住宅的需求有重大影响。家庭规模指的是家庭人口数量的多少以及家庭组织范围的大小，随着经济的不断发展，我国家庭从以前的几代同堂的大家庭逐渐转变为家庭规模小型化，三四口之家成为目前中国家庭的主体，甚至也出现了丁克家庭。这些都导致对住宅数量需求的增加，对住宅面积和房间数量需求减少。家庭类型是指家庭成员之间的关系，根据家庭成员之间的关系，家庭一般分为 6 种类型，即单亲家庭、夫妻家庭、核心家庭、主干家庭、联合家庭和其他家庭。这就导致每个家庭对住宅数量与户型的要求不同。在不同类型的家庭中，由于家庭辈数不同，对居住面积与公共活动空间面积的所占比重的需求也是不同的。

家庭代际数是指家庭成员由几代人构成，由于各个家庭由不同的代际人员组成，一般要求分开住，从而增加了对住宅的需求量。家庭生命周期分为单身期、新婚期（无子女）、满巢期（子女未独立）、空巢期（子女另住）和孤独期（单身老人）。处于不同生命周期阶段的消费者对住房的需求各不相同。

③心理细分就是根据购买者的社会阶层及购买住宅的动机、生活方式、个性特点或偏好，将购买者划分成不同的群体。属于同一群体的人可能表现出差异极大的心理特征。不同的消费者购买动机是不同的，因此对住宅的需求各不相同，以自身需要为出发点即务实心理的消费者，一般会选择平面系数高的普通住宅；以投资为出发点的消费者，注重的是住宅是否升值与其获利性；购买房屋用于显示其身份的消费者，会选择购买高档豪华的住宅；而对于那些偏向

于风水的购买者来说,“上风上水”的居住观念会使其将风水的营造建设连接于现实的居住体会中,所以科学融入风水布局的住宅也可作为一种营销的方向。

生活方式是指个人对消费、工作和娱乐的特定习惯和倾向性的方式。生活方式不同,对住宅的需求也呈现出差异,同时消费者的住宅状况也反映着他们的生活方式。比如:有些人喜欢安静的生活环境,他们买房会尽量避免闹市;喜欢阅读的消费者,其在购房时会希望有书房;拥有私家车的消费者,他们购房时会考虑宽阔的道路及车库;顾及家里老人的消费者,他们购房时则更多的是考虑便捷、安全。

个性是指消费者的个人性格特征。不同个性的消费者对住宅的样式、装修、色彩、房屋结构、区位环境等都有着不同的偏好,尤其突出反映在室内装修与布局上。根据住宅需求的个性参数,大多数房地产开发企业推出了“毛坯房”,给消费者提供充分发挥个性的空间。

④行为细分是指按照消费者对产品的了解程度、态度、使用以及反应,把消费者划分为不同群体。许多营销人员认为行为变量是建立细分市场的最好出发点。一般行为因素能直接反映消费者的需求差异,因而也就成为市场细分的最佳标准。根据人们对住宅产品的知识、态度、时机、利益、使用或反应的不同,消费者可被细分成不同的顾客群。

A. 按消费者购买的时机进行细分。依据打算购买、实际购买或使用购买产品的时机来对购买者进行划分,购买时机细分可以帮助企业确定产品的用途。房地产开发企业一旦抓住并利用这一时机,可以促使企业开辟新市场。

B. 按消费者追求的利益进行细分。不同消费者在购买住宅时追求的利益不同,根据不同群体希望从住宅中得到的利益进行细分,需要了解不同利益人群所追求的利益以及能够满足他们利益的住宅。例如,有考虑孩子上学选择学区房的,有追求小区景观的,有追求交通便利的,有追求创新、高端、奢适别墅的。这些都要求房地产开发企业根据利益细分,让产品能更加贴近用户,做好宣传工作,以吸引消费者。

C. 按消费者所处的购买阶段进行细分。有的消费者可能还只是有购房的想法,对住宅的产品还不太了解;有的消费者对住宅的产品了解得很清楚;有的消费者处于持钱待购却因了解过多楼盘而处于迷茫阶段。房地产开发企业需根据消费者不同的购房阶段行为细分制定不同的营销策略,紧紧抓住消费者心理。例如:对那些不太了解房地产的消费者,房地产开发企业要不断进行介绍与宣传;对于已经了解得比较清楚的消费者,房地产企业则着重推出企业产品的优势;对于那些迷茫的消费者,房地产企业更需要利用本产品的点睛之笔加以说服。

(2)产品用房市场的细分变量。商业用房的细分变量主要考虑最终用户、用户规模、政策因素等。

①最终用户是指最终使用商业营业用房的需求者。产品用房主要可分为加工制造业、商业、金融业、娱乐业等几个细分市场。不同细分市场的最终用户对房地产产品有着不同的需求标准和利益诉求。房地产开发企业要想树立良好的企业形象,提高企业竞争力,占领市场,就必须尽可能使最终用户的需求得到满足,并对不同细分市场的最终用户相应地运用不同的市场营销组合策略。因此房地产开发企业在以最终用户参数细分商业用房房地产市场时,要着重调查分析最终用户需求的层次与标准。

②用户规模是指最终用户对商业用房需求量的大小。按照用户规模,可将商业用房市场细分为大客户、中客户和小客户市场。小客户购买力最低,但数量多;大客户则数量少,购买力最高,且能发挥带头作用;中客户居中。商业用房的购买和租赁主要集中于大客户,大客户是

房地产开发企业营销的重点对象。但是我国中小企业迅速发展,这一市场也不能忽视。

③政策因素对商业房地产的发展具有举足轻重的作用。例如,上海浦东的开发、深圳的开发等,这些城市的发展都与政府政策密切相关。所以房地产开发企业在进行商业用房项目开发时,必须了解政策方面的有关要求,并按照相关政策所提倡的方向进行开发,从而和各种产业的发展形成良性互动,以吸引更多商业投资落户。

5.1.2 目标市场选择

房地产目标市场在市场细分的基础上应当充分认识到自己所处环境的不同,同时应根据自身的优缺点进行有针对性的分析。

5.1.2.1 房地产目标市场的概念

房地产目标市场是指房地产开发企业在房地产市场细分的基础上,经过评估和筛选所确定的为企业经营目标而确定开拓的目标市场。目标市场选择就是,房地产开发企业根据企业自身条件选择其中一个或几个作为经营目标的决策过程。

5.1.2.2 房地产目标市场具备的条件

(1)可发展性。可发展性是指房地产经营企业有足够的用户规模和良好的发展前景。房地产细分市场预期规模的大小,是决定细分市场进入后,盈利能否达到预期的主要因素。一个理想的目标市场,不仅要有足够的实际购买力,还要有足够的潜在购买力。这样才能使房地产开发企业在该市场上有充分的发展潜力。如果企业所选择的目标市场过于狭窄,就不可能达到企业的预期目标。因此房地产开发企业在选择目标市场时,要充分考虑细分市场规模。大企业考虑规模大的细分市场,小企业考虑规模小的市场规模。

(2)可盈利性。可盈利性是指房地产经营企业所选定的细分市场的规模足以使本企业有利可图。房地产开发企业选择的目标市场不仅要有一定的用户规模和好的发展前景,同时也必须有良好的盈利潜力。而细分市场的盈利能力主要受以下五种因素的威胁。

①现有竞争对手的威胁。房地产市场内现有竞争对手越多,企业间的竞争就越激烈。竞争越激烈对企业就越不利,竞争激烈的细分市场对企业没有太大的吸引力。竞争较少的市场才是比较理想的细分市场。所以房地产开发企业应该尽可能寻找竞争相对较少的细分市场作为目标市场。

②新加入的竞争者的威胁。市场是有限的,新加入的竞争者进入市场并争夺市场占有率,自然会降低原有房地产开发企业的利润。如果细分市场进入的门槛过低,新的竞争者就会轻易进入该市场,如二手房新的竞争者能轻易进入二手房市场,原有企业的获利就会相对减少,对这样的市场房地产开发企业要尽量避免进入。

③替代产品的威胁。替代产品会对原有产品的价格与利润产生较大影响,例如二手房对一手房的冲击、租房对买房的冲击,如果该细分市场很容易被其替代产品替代,那么该细分市场就会失去吸引力。

④购买者讨价还价的能力。如果该细分市场的购买者讨价还价能力强,就会压低价格,从而减少了房地产开发企业的利润。房地产开发企业为了保证自己的利益应该选择购买者议价能力较弱的细分市场,或者房地产开发企业提供消费者无法拒绝的优质产品。

⑤供应商讨价还价的能力。供应商讨价还价的能力越强,原材料的价格就会提高,房地产

开发企业的成本就越高,从而导致房地产开发企业的利润降低,房地产开发企业应该避免该细分市场,企业也应该与供应商建立良好的关系。

(3)符合房地产开发企业目标。细分市场必须与房地产开发企业的经营目标、资源和优势相吻合,即使某个细分市场有足够的规模和良好的发展前景,有良好的盈利能力,但如果不符合企业的长远发展目标,也应该被舍弃。

综上所述,无论怎样细分市场,房地产开发企业要想获得成功,细分市场时就必须具备以上这些条件,如果缺少其中一个或多个,那么这个细分市场就应该被舍弃。房地产营销人员必须记住的一点是:要真正赢得该细分市场,就应该发展压倒其他竞争者的优势。如果没有或不能制造这样的优势,就应该放弃该细分市场。

5.1.3 市场定位

针对不同的消费者,不同的房地产开发企业应根据市场的变化及自身的优势,结合环境的变动,制订合理的方案并进行精准的市场定位。

5.1.3.1 房地产市场定位的概念

市场定位是针对消费者对该种产品的特征、属性和核心利益的重视程度,从而塑造出本房地产开发企业的特色产品,给消费者树立与众不同的、印象深刻的、个性鲜明的形象,并通过特定的市场营销组合把这种形象通过迅速、准确而又生动的方法传递给客户,提高客户对该产品的好感度,进而提高企业竞争力。简而言之,市场定位就是在目标客户心目中为企业本身、产品、服务等创立鲜明的个性和独特的形象,以适合目标客户的需求和偏好。

5.1.3.2 房地产市场定位的目的

市场定位的实质是使房地产开发企业自身与其他企业严格区分开来,使客户可以明显感受到这种差别,从而在客户心目中留下深刻的印象,形成一种特殊的偏爱,使产品更具吸引力。而市场定位的目的就是房地产开发企业通过为自身的企业、产品、服务等创立鲜明的特色或个性,塑造出独特的市场形象,从而确定本企业的市场位置。

5.1.3.3 房地产市场定位的内容

房地产市场定位包含多方面的内容。例如:项目的目标客户群的定位,房子是要卖给什么人,对这些人进行全面的分析,找出他们的需求;项目自身的定位,通过对市场的研究,以及项目的背景、先天条件、目标客户及区域内项目间的比较,确定项目的整体形象、文化内涵、项目档次,进而对项目的功能进行定位,包括室内空间和室外空间,对功能进行系统策划,满足客户需求。

市场定位是相对的,而不是绝对的,定位的目的是使项目的规划设计、项目的销售具有一定购买倾向性,吸引目标客户。

(1)项目定位。项目定位是对整个项目开发的系统价值规划,是指导整个项目全流程的纲要。项目定位包括项目功能定位和项目形象定位。

①项目功能定位。一个产品一般由核心层、形式层以及附加层组成。核心层是构成产品最为本质的核心部分,是指产品能给购买者带来的基本利益和效用;形式层即消费者所需要的产品实体外观,是指核心产品的表现形式,是向市场提供识别实体的面貌特征,如名称、包装、样式和价格等;附加层是指消费者购买产品的同时得到的附加服务与附加利益的总和,如售后

服务、保修服务等。人们购买房地产产品时功能可能是放在第一位的，因此功能定位就是对产品核心层的纲领性总结。

②项目形象定位。项目形象定位是指为一个具体的房地产项目或楼盘塑造一个恰当的符合消费者胃口的形象，通过这样的形象来展示该房地产项目的优势和卖点，通过形象的表现和推广，提高竞争优势，从而达到房地产项目的营销目标。

(2)目标客户定位。目标客户是指一个具体的房地产项目所针对的那部分客户群体，在房地产市场营销策划中，寻找目标客户群或者给目标客户定位是整个策划过程中的重头戏，要求企业对该房地产项目的内外环境及影响有深入的了解。

(3)价格定位。价格定位主要是以产品销售或出租价目标为目的，以价格来衡量物业在业主心中的价值地位。

(4)产品定位。

①环境定位。好的环境是吸引消费者购买决策的一个重要因素。环境主要包括交通环境、生态环境、自然景观环境、人文环境、经济环境以及区内环境、建筑物大体布局等。

②户型定位。任何产品都有核心层、紧密层、外围层、无形辐射层之分。户型与面积是房地产产品的核心层，是消费者极为关心的问题，如几室几厅、开间大小、采光通风、有无智能化等这些都必须在最开始的设计图纸里体现。

③材质定位。不同功能、风格、户型的产品需要不同的材质，是选择进口材料还是国产材料，是豪华材料还是省钱材料，这些都要求房地产开发企业进行材质定位。材质定位准确，房地产开发企业可以节省成本且满足客户需求，这是多方共赢的事情。

(5)概念定位。

①主题概念定位。主题可以说是一个项目的“灵魂”，从中关村、东方曼哈顿的火爆可以看出当今时代消费者对产品主题的重视。在合适的环境下，根据实际确定房地产产品的主题会是一大卖点。产品主题要结合具体环境，因地制宜地进行精准的主题定位，一旦发生错位，便可能“差之毫厘，谬以千里”。

②特色定位。房地产产品的特色定位，就是根据该房地产开发企业的文化情况、小区环境、楼盘风格以及企业文化，整合出一个最具吸引力的点作为“诉求点”，以此去吸引相应的目标。若说主题是大方向，而特色就是大方向下的不同之处，同样的主题可以有不同的特色，但如今大方向好抓，真正有特色的楼盘并不多。

③科技定位。科技作为国民经济发展的第一生产力，国外房地产增长的主要杠杆之一便是“高科技”，而拉动国内房地产的主要是政策因素与金融杠杆，高科技因素所占不到一成。但随着时代的发展、互联网及智能化技术的升级，新材料、新工艺的不断出现与应用，房地产的科技含量也会日益增加，科技定位将彰显它的重要作用。

④文化定位。随着经济的不断发展，人们对文化要求也越来越高，且科技的发展与应用也离不开文化的发展，房地产产品的主题、特色、科技、风格等只有围绕“以人为本”“人性化”、融入更多的文化因素才能实现产品的增值，也才具有意义。

⑤生态定位。现今人们的经济条件越来越好，对于整天淹没于城市物欲潮流中的人们来说，回归自然是他们所渴求的。与此同时，人们对房地产产品的自然环境要求自然也就越来越高，所以绿化、森林、阳光、空气、水源等成为了诸多楼盘争相宣传的卖点。

除此之外，还有利润目标定位、创新定位、配套设施定位、社会因子定位、管理服务定位、价格定位、融资定位、营销方式定位、形象定位、广告策划定位、品牌定位等。

5.1.4 市场细分、目标市场选择及市场定位之间的关系

房地产开发企业选择目标市场及准确进行市场定位的前提与基础是有效的市场细分。市场细分是目标市场选择的前提,只有进行有效的市场细分,才能更科学地选择目标市场。市场细分的目的是目标市场的选择,目标市场的选择使市场细分有了实际意义。房地产开发企业要想确定目标市场就要对各类细分市场进行决策选择,这样才能做出正确的目标市场选择。市场细分是目标市场选择及市场准确定位的基础与前提。其主要体现在以下几方面。

(1)合适的市场细分。在当下由卖方市场转向买方市场时,房地产开发企业要有效地对各类细分市场的需求特点、满足状况和房地产竞争状况进行分析评价与决策,寻找竞争力较小的市场或发现新市场,提高本企业房地产产品的销售量。

(2)正确的市场细分。房地产开发企业可以对企业自身资源进行有效的协调与整合,提高资源利用率,对房地产产品与服务进行准确的定位,制定正确的市场营销策略组合,保证营销工作的顺利进行,提高企业竞争力。

(3)根据国家有关房地产的法律政策要求与可持续发展原则,开发符合房地产开发企业自身利益及对社会负责的房地产项目,可以更好地推动企业效益和社会效益的综合发展。

房地产开发企业在进行准确的市场细分和正确的目标市场选择后,其产品才能进行有效的目标市场定位,然而房地产开发企业要想准确地进行市场定位,前提是要根据消费者市场需求的变化进行恰当的市场细分,关键是准确把握目标市场客户的需求特点及满足状况,只有根据客户的需求来进行市场定位,才会在竞争中最终胜出。

5.2 房地产市场细分的步骤与方法

运用合适且有效的步骤与方法对房地产市场上变动的情况及不同客户的需求做合理的市场调查,是开展市场细分的必要环节。

5.2.1 房地产市场细分的步骤

5.2.1.1 根据需求选定产品的市场范围

房地产开发企业根据企业市场需求(含潜在需求)的特点与满足程度,结合企业自身情况,从而确定自己有能力涉足的房地产市场范围,明确自己在房地产行业中的产品市场范围(产品的市场范围应以市场的需求而不是产品特性来定,并且产品市场范围应尽可能的全面),并以此作为制定市场开拓战略的依据。

5.2.1.2 列举所有潜在客户的基本需求

在选定产品市场范围以后,房地产开发企业市场营销人员通过“头脑风暴法”,可从地理、人口、心理、消费行为等方面,大致估算一下潜在客户对房地产产品有哪些方面的需求(还包括刚开始出现或将要出现的消费需求),同时利用对客户信息的把握分析不同类型客户的购房偏好。

5.2.1.3 分析潜在客户的不同需求

在了解客户基本需求的基础上,房地产开发企业还应该对潜在客户进行深入的调查分析。

其步骤如下:对所列举的需求进行分析总结,按照不同变量对顾客进行分类,设计好相应的调查问卷,进行相应的市场调查,对有效问卷进行统计分析,分析总结潜在客户的不同需求。

5.2.1.4 排除潜在客户的共同需求

房地产开发企业应对不同的潜在客户进行抽样调查,并对所列出的需求变数进行评价分析,了解客户的共同需求。客户的共同需求只能作为房地产开发企业制定市场营销组合的参考,不能作为市场细分的基础,故房地产开发企业应该选择特征最为鲜明的需求作为房地产市场细分的标准,所以需要排除这些共同需求。

5.2.1.5 初步形成细分市场并命名

在前几项工作的基础上,房地产开发企业根据市场细分的标准,将市场划分为不同群体或子市场,结合各分市场的客户特点来给细分市场命名,以便在分析中形成一个简明的、容易识别和表述的概念。

5.2.1.6 深入认识各细分市场的特点

房地产开发企业要想进一步分析细分市场,就必须根据实际情况对细分市场进行合并或舍弃,为房地产开发企业选择正确的目标市场奠定基础。

(1)放弃较小或无利可图的细分市场,排除重复细分市场。排除重复细分市场只需要弄清非重复细分市场的属性即可。

(2)合并较小且与其他需求相似的细分市场。拆分内部需求差异较大的细分市场应注意以下几个问题:在能取得房地产经济效益的细分中,拥有客户数量的最低界限是什么?企业能够控制的细分市场数量是多少?这些限度主要由企业自身的综合实力强弱来决定。

5.2.1.7 评估各细分市场的规模大小

通过前六个步骤的分析,基本确定细分市场的类型,所以评估各细分市场客户的数量及购买力的大小是非常重要的,客户数量和购买力大小决定了房地产开发企业的获利多少,因此对客户数量和购买力的详尽分析对房地产开发企业来说是极其重要的。

5.2.1.8 选择目标市场并制定营销策略

在前面七个步骤分析的基础上,房地产开发企业应结合自身特点分析和评估细分市场,把最终确定可进入的细分市场作为目标市场,并制定相应的市场营销策略组合,以确保企业顺利进入该市场。

5.2.2 房地产市场细分的方法

房地产市场细分应运用不同的方法,充分分析其市场细分的各种主次因素,以便有效区分各细分市场。

5.2.2.1 单一变量法

所谓单一变量法,是指根据房地产市场营销调研结果,把选择影响消费者需求最主要的因素作为细分变量,从而达到市场细分的目的。这种细分法以企业的经营实践、行业经验和对消费客户的了解为基础,在宏观变量或微观变量间,找到一种能有效区分客户并使企业的营销组合产生有效对应的变量,进而对市场进行细分。如有的房地产开发企业非常重视性别这个市场细分主要变量,女人街市场或专业丽人大厦就是个很好的例子。

5.2.2.2 主导因素排列法

主导因素排列法是指一个细分市场的选择存在多因素时，可以从消费者的特征中寻找和确定主导因素，然后与其他因素有机结合确定细分的目标市场的方法，如按性别细分化妆品市场、按年龄细分服装市场等。在房地产公寓细分市场上，年龄与收入是影响购房者选择的主导因素，职业、婚姻、气候等因素则居于从属地位。无论是主导因素还是从属因素中任何一项因素的变动，房地产开发企业都可以从中找出新的分片市场进行开发。主导因素排列法简便易行，但难以反映复杂多变的顾客需求，容易在细分时出现混淆现象，因此要考虑主导因素的本质是什么。

5.2.2.3 综合因素细分法

用影响消费需求的两种或两种以上的因素进行综合细分，即综合因素细分法。例如，根据购房者的年龄、生活方式、收入水平三个因素可将房地产市场划分为刚需型、改善型、豪华型等不同的细分市场。

5.2.2.4 系列因素细分法

系列因素细分法是指房地产细分市场所涉及的因素是多项的，并且各因素是按一定的顺序逐步进行的，可由粗到细、由浅入深，逐步进行细分。

5.3 房地产目标市场选择的模式、策略及影响因素

房地产目标市场的选择应当做到目标集中化、产品专门化、市场专业化、选择专业化、市场全面化等方式。

5.3.1 房地产目标市场选择的模式

房地产通过对不同细分市场进行评估，就必须对进入哪些市场和为多少个细分市场服务做出决策。一般可采用下述五种模式。

5.3.1.1 目标集中化模式

这是一种典型的集中化模式，即房地产开发企业在众多细分市场中，只选择一个细分市场作为目标市场，无论是从产品角度来看还是从市场角度来看，企业的目标市场高度集中在一个市场面上，企业只生产这一种产品，供应一个客户群，以此开展市场营销活动。这种模式非常适用于资源有限的许多中小房地产开发企业。一些缺乏生产经营经验的新成立或新进入房地产行业的企业，会由于初次进入房地产市场也可能把一个细分市场作为继续发展、扩张的起始点。单一市场集中模式使企业的经营对象单一，企业可以集中力量在一个细分市场中获得较高的市场占有率。这种模式的优势在于房地产开发企业能充分发挥自身优势，节省开支，降低生产成本，提高企业产品的知名度。但是这种模式也有缺陷，由于目标市场范围较窄，因而企业的抗风险能力较低。

5.3.1.2 产品专门化模式

这种模式是指房地产开发企业向目标客户销售他们开发和经营的一种房地产产品。这种模式适合于快速成长期的企业，如合生创展初期进入房地产市场时，以经营住宅业务为主，而

且主要集中力量在广州、北京、天津、上海等大城市，并取得了不俗的经营业绩。这种模式的优点是可以充分利用企业产能，对房地产开发企业的资源要求较低，适当分散风险，可以大批量地购买同一类原材料，降低成本。从产品的角度来看，虽然有不同的业务，但都起到了传递信息的作用。其缺点是如果产品被一种全新的技术替代时，就会发生危机。

5.3.1.3 市场专业化模式

市场专业化模式即房地产开发企业专门为了满足某个或某组目标客户群体的各种主要需求而开发产品。房地产开发企业获得良好的声誉，生产和销售满足这个消费者群体所需要的各种产品。如万达广场，历经10多年发展，已从第一代单店、第二代组合店，发展到第三代城市综合体，是世界独创的商业地产模式，内容包括大型商业中心、商业步行街、五星级酒店、商务酒店、写字楼、高级公寓等，集购物、休闲、餐饮、文化、娱乐等多种功能于一体，形成了独立的大型商圈，万达广场就是城市商业中心。采用这种模式的优势是，有助于发展和利用与客户之间的关系，并在这一类客户中树立良好的形象，降低交易成本。其缺点是如果这类客户的购买力下降，企业的收益就会受很大影响。

5.3.1.4 选择专业化模式

选择专业化模式是指房地产开发企业在对市场详细细分的基础上，结合自身优势，经过仔细考虑，选择出若干个目标市场，并满足这些市场的不同要求。实际上，这是一种多角化的经营模式，可以较好地分散房地产开发企业的经营风险；但是采用这种模式应当谨慎，必须以几个细分市场有相当的吸引力的点为前提。这样的例子有很多，如万科地产，其经过三十多年的发展，成为国内最大的住宅开发企业，业务覆盖珠三角、长三角、环渤海三大城市经济圈以及中西部地区共计60多个大中城市，现在年均住宅销售规模在7万套以上。

5.3.1.5 市场全面化模式

市场全面化模式是指房地产开发商通过投资开发各类物业来满足各种目标市场的需求，为所有细分市场生产各种不同的产品以满足客户的不同需求并覆盖整个市场。这种模式只有具备足够经验的房地产开发企业才能采用，如碧桂园集团，它是一家以房地产为主营业务，涵盖建筑、装修、物业管理、酒店开发及管理、教育等行业的国内著名综合性企业集团，是中国房地产十强企业。2018年4月，它与苏宁达成约定，在全国范围内开展商业地产合作，约有600家苏宁小店、直营店等智慧零售业态店入驻碧桂园物业。此外，投资、金融、电商采购等也将顺势全面推进。

5.3.2 房地产目标市场选择的策略

5.3.2.1 无差异性目标市场策略

该策略是把整个房地产市场作为一个大目标开展营销，根据消费者的需求设计出相应的产品和营销方法。该方法集中考虑了消费者的需求共同点，忽视了他们的差异性。采用这一策略的房地产开发企业，一般都是实力强大、进行大规模开发、有广泛而可靠的分销渠道及统一的推广方式和内容的企业。

该策略的优点是：能集中资源，具有成本经济性，可发挥规模效益。

该策略的缺点是：不能满足消费者的不同需求。

5.3.2.2 差异性目标市场策略

该策略通常是把整体房地产市场划分为若干细分市场，以此作为其目标市场。针对不同目标市场的特点,分别制订不同的营销计划,按计划生产目标市场所需要的房地产,以差异性产品满足差异性市场的需求。

该策略的优点是:能更好地满足不同消费者的不同需求,有利于树立良好的市场形象。

该策略的缺点是:成本增加,可能造成企业资源过度分散,不利于企业形成核心竞争力,不利于集中优势资源。

5.3.2.3　集中性目标市场策略

该策略是选择一个或几个细分化的专门房地产市场作为营销目标,集中房地产开发企业的优势力量,对某细分市场采取攻势的营销战略,以取得市场上的优势地位。一般说来,实力有限的中小企业多采用集中性市场策略。

该策略的优点是:更好地贴合消费者的需求,树立特别的声誉,充分利用企业资源,建立牢固的市场地位。

该策略的缺点是:如果目标市场狭窄,消费者偏好转移,或者购买力下降,企业就会面临风险。

5.3.3　影响目标市场选择的因素

当企业对市场的选择趋于合理性时,结合自身充分分析产品优势,根据市场的需求变动深究企业内部的情况,充分把握影响其选择市场的因素,方可让房地产开发企业取得可观收益。

5.3.3.1　房地产开发企业规模和资源条件

具体说来,房地产开发企业规模和资源条件包括房地产开发企业资金、设备、技术力量、原材料供应以及销售渠道、销售方式、宣传能力。如果房地产开发企业的经济实力雄厚,就可以把握整体市场。或者房地产开发企业可以将几个细分市场作为自己的目标市场,针对较大的房地产市场范围开展市场营销活动,采用无差别的市场营销策略或有差别的市场营销策略。反之,如果企业经济实力簿弱,无法进行大范围的市场经营和多品种产品的生产和销售,则可针对一个或几个细分市场生产和销售单一产品,采用集中的市场营销策略。

5.3.3.2　产品特性

对于具有不同特性的产品,应采取不同的策略。对于同质性产品,虽然由于原材料和建设不同而使产品质量存在差别,但这些差别并不明显,只要价格适宜,购房者一般都会选择,因而可以采用无差别营销策略。

而异质性产品,如房地产,价格就会有显著的差别,购房者对产品的质量、价格、位置、环境、配套等常要反复评价比较,然后决定购买,这类产品就必须采用差别营销策略。

5.3.3.3　市场特性

当消费者对房地产产品的需求欲望、偏爱等较为接近,购买数量和使用频率大致相同,房地产开发企业对销售渠道或促销方式也无大的差异时,这就显示出市场的类似性,可以采用无差别营销策略。如果各购房者群体的需求、偏好相差甚远,则必须采用差别营销策略或集中营销策略,使不同购房者群体的需求得到更全面的满足。

5.3.3.4　产品生命周期

房地产产品所处的生命周期不同,采用的营销策略也是不同的。若产品处于介绍期和成长期，通常采用无差别营销策略来探测市场需求和潜在客户；当房地产产品进入成熟期或衰退期，无差别营销策略就完全无效，须采用差别营销策略，只有这样才能延长成熟期，开拓市场，维持和扩大销售量，或者也可以采用集中的营销策略来实现上述目的。

5.3.3.5 竞争企业的营销策略

企业处于市场竞争之中，竞争者采用的营销策略也影响到了房地产开发企业竞争策略的选择。如果竞争者采用了差别营销策略，如本企业采用无差别营销策略，就往往无法有效地参与竞争，很难获得有利的地位，除非企业本身有极强的实力和较大的市场占有率。

如果竞争者采用的是无差别营销策略，则无论本企业本身的实力大于或小于竞争者，采用差别营销策略，特别是采用集中营销策略，都是有利可图、有优势可占的。企业本身的内部环境，如研究开发能力、技术力量、设备能力、资金是在逐步变化的；影响企业的外部环境因素也是千变万化的。企业要不断通过市场调查和预测，掌握并分析这些变化趋势，与竞争者各项条件对比，扬长避短，把握时机，采用恰当的策略，去争取较大的利益。总之，选择适合于本企业的目标市场营销策略，是一项复杂的、随时间变化的、有高度艺术性的工作。

5.4 房地产市场定位分析

房地产市场的定位分析通常包括市场定位步骤、定位原则、定位方式、定位方法。

5.4.1 市场定位的步骤

市场定位的关键是房地产开发企业要设法在自己的产品上找出比竞争者更具有竞争优势的特性。竞争优势一般有两种基本类型：一是价格优势，就是在一定条件下企业产品的价格要低于竞争者产品价格。这就要求企业采取一切努力来降低单位成本。二是偏好优势，即能提供确定的特色来满足顾客的特定偏好。这就要求企业注重研究消费者的需求和偏好，推出迎合消费者偏好的产品。因此，企业市场定位的过程可以通过以下三个步骤来完成。

5.4.1.1 识别潜在竞争优势

这一步骤的中心任务是要回答以下三个问题：一是竞争对手产品定位如何？二是目标市场上客户欲望满足程度如何？其真实需求是什么？三是针对竞争者的市场定位和潜在客户的真正需要，要求房地产开发企业应该做什么？能够做什么？

要回答这三个问题，房地产开发企业市场营销人员必须通过各种调研手段，系统地收集、分析和研究上述问题并且对此进行总结。通过回答上述三个问题，房地产开发企业就可以从中把握和确定自己的潜在竞争优势在哪里，并从内部情况出发加之对外部条件的细致了解，充分利用自身优势以求发展。

5.4.1.2 核心竞争优势定位

竞争优势表示企业能够战胜竞争对手的能力。这种能力既可以是现有的，也可以是潜在的。选择竞争优势实际上就是一个房地产开发企业与竞争者各方面实力相比较的过程。比较的指标应当是一个完整的体系，只有这样，才能准确地选择相对竞争优势。通常的方法是通过分析和比较企业与竞争者之间的经营管理、技术开发、采购、生产、市场营销、财务和产品等方面的强项和弱项。借此选出最适合本企业的优势项目，以初步确定企业在目标市场上所处的位置。

5.4.1.3 战略制定

这一步骤的主要任务是房地产开发企业要通过一系列的促销活动，将其独特的竞争优势准确传播给潜在客户，并在客户心目中留下深刻印象。首先，应使目标客户了解、知道、熟悉、认同、喜欢和偏爱本企业的市场定位，在客户心目中建立与该定位相一致的形象。其次，房地产开发企业应整合其资源、规模和产品等方面的各项优势，强化目标客户形象，保持对目标客户的了解，稳定对目标客户的态度，加深与目标客户的感情，以此来巩固与市场相一致的形象。最后，房地产开发企业应注意目标客户对其市场定位理解出现的偏差或由于企业市场定位上的失误而造成的目标客户模糊、混乱和误会，及时纠正与市场定位不一致的形象。当企业的产品定位处于下列情况时，还应考虑重新定位：竞争者推出的新产品定位于本企业产品附近，侵占了本企业产品的部分市场，使本企业产品的市场占有率下降。消费者的需求或偏好发生了变化，使本企业产品销售量削减。

5.4.1.4 战略调整定位

战略调整定位是指房地产开发企业发现在某市场销售的产品出现销售瓶颈，需重新确定开发新产品来冲击市场，塑造某种新形象，通过改变消费者对其原有的认识来争取有利的市场地位的活动。例如，现在有很多房地产开发企业由于住宅竞争的白热化而开始出现市场占有率下降或销售量减少的现象，为了增加企业收入和扩张企业，许多企业开始重新定位，走上文旅地产、生态地产、绿色休闲地产的裂变之路，以吸引更多、更广泛的购买者。战略调整对于企业适应市场环境、调整市场营销战略是必不可少的，可以视为企业的战略转移。战略调整定位可能导致产品的名称、价格、品质和品牌的更改，也可能导致产品用途和功能上的变动，企业必须考虑定位转移的成本和新定位的收益问题。

5.4.2 市场定位的原则

各个企业经营的产品不同，面对的客户也不同，所处的竞争环境也不同，因而市场定位所依据的原则也不同。总的来讲，市场定位所依据的原则有以下四点。

5.4.2.1 根据具体的产品特点定位

构成产品内在特色的许多因素都可以作为市场定位所依据的原则，拥有实用又不失雅致的个性，避免产品趋于同质化也是房地产产品定位的重要原则，比如建筑风格、材料、质量、价格等。

5.4.2.2 根据特定的使用场合及用途定位

为老产品找到一种新用途，作为新亮点吸引客户，是为该房地产产品创造新的市场定位的好方法。

5.4.2.3 根据客户得到的利益定位

房地产产品提供给客户的利益是客户最能切身体验到的，也就是说侧重于房地产产品“升值潜力”和突出“高级享受”可以用作定位的依据。

5.4.2.4 根据使用者类型定位

房地产开发企业常常试图将其产品指向某一类特定的使用者，以便根据这些客户的看法塑造恰当的形象。

事实上,许多房地产开发企业进行市场定位的依据原则往往不止一个,而是多个原则同时使用。因为要体现企业及其产品的形象,达到其原有的市场目标。因此,市场定位必须是多维度的、多方面的。

5.4.3 市场定位的方式

房地产开发企业的投资通常非常大、风险高并且变化多端,因此房地产开发企业需要合理规避对自身不利的方面,避开对手长处,精确定位,对不同的需求提出相应的对策,充分发挥自身长处,抢占市场份额。

5.4.3.1 避强定位

避强定位策略是房地产开发企业避免与强有力的竞争对手发生直接竞争,将自己的产品定位于另一市场的区域内,使自己的产品在某些特征或属性方面与强势对手有明显的区别。这种策略可使自己迅速在市场上站稳脚跟,同时彰显与别的产品不同质的一面,并在消费者心中树立一定的形象。由于这种做法风险较小、成功率较高,常为多数房地产开发企业所采用。

5.4.3.2 迎头定位

迎头定位策略是房地产开发企业通过分析自身实力,为了提高市场地位,不惜与市场上占支配地位、实力最强或较强的竞争对手发生正面竞争,从而使自己的产品进入与对手相同的市场位置。由于竞争对手强大,这一竞争过程往往相当引人注目,企业及其产品能较快为消费者了解,达到树立市场形象的目的。这种策略可能引发激烈的市场竞争,对企业能力及其经济实力都有致命性的考验,风险也会被无形扩大。因此,房地产开发企业必须知己知彼,了解市场容量,正确判定凭自己的资源和能力是否能比竞争者做得更好,或者能否平分秋色。

5.4.3.2 重新定位

重新定位策略是房地产开发企业对销路少、市场反应差的产品进行二次定位。若企业对产品初次定位后,发现由于客户的需求偏好发生转移,市场对本企业产品的需求减少,或者由于新的竞争者进入市场,选择与本企业相近的市场位置,这时,房地产开发企业就需要对其产品进行重新定位。一般来说,重新定位是企业摆脱经营困境、寻求新的活力的有效途径。此外,企业如果发现新的产品市场范围,也可以进行重新定位。

5.4.4 市场定位的方法

5.4.4.1 区域定位

区域定位是指房地产开发企业在进行营销策略时,产品被确定进入的市场区域。即确定该产品是进入国际市场、全国市场还是某区域市场。只有找准了自己的市场,才会使企业的营销计划获得成功。

5.4.4.2 阶层定位

每个社会都包含有许多社会阶层,不同的阶层有不同的消费特点和消费需求,不同阶层人群对消费和需求的长远把握更是不同。因此,房地产开发企业的产品究竟面向什么阶层,是企业在选择目标市场时应考虑的问题。根据不同的标准,可以对社会上的人进行不同的阶层划分，如按知识划分，就有高知阶层、中知阶层和低知阶层。进行阶层定位，就是要牢牢把握住某一阶层的需求特点，从营销的各个层面上满足他们的需求，以此来扩大自己的消费者群，实现利益的最大化。

5.4.4.3　职业定位

职业定位是指房地产开发企业在制定营销策略时要考虑将产品或劳务销售给什么职业的人。如将饲料销售给农民及养殖户，将文具销售给学生，将高档公寓销售给金领，这些都是非常明显的定位，而真正能产生营销效益的往往是那些不明显的、不易被察觉的定位。在进行市场定位时要有一双善于发现的眼睛，及时发现竞争者的视觉盲点，这样可以在定位领域内获得巨大的收获。

5.4.4.4　个性定位

个性定位是房地产开发企业考虑把产品如何销售给那些具有特殊个性的人。这时，选择一部分具有相同个性的人作为自己的定位目标，针对他们的爱好实施营销策略，可以取得最佳的营销效果。

5.4.4.5　年龄定位

在制定营销策略时，房地产开发企业还要考虑销售对象的年龄问题。不同年龄段的人，有自己不同的需求特点，只有充分考虑到这些特点，满足不同消费者要求，企业才能够赢得消费者。

5.5　房地产产品定位技巧

房地产产品定位技巧相当重要，我们着重就其容积率配置技巧、公共设施定位技巧、楼层用途定位技巧、房地产持有定位技巧、经济环境变化时产品定位技巧、房地产产品定位原则展开讨论。

5.5.1　容积率配置技巧

假定在北京市有块面积60000平方米的住宅用地，分别由不同的人进行产品定位。有的人也许会尽量节约和控制一楼面积，采用开放型设计形式，塑造单栋高层建筑，以创造高层空间价值；有的人也许会将可建总建筑面积用于低矮楼层(例如一、二楼)，规划矮胖型建筑物，一方面强调临街店面商业价值，一方面又节省建设成本；有的人也许会规划数栋建筑，高矮参差，不仅能够丰富造型，又能视用途做弹性规划。而不管基于何种原因，产品定位的最终结果必然体现于每块土地上产生或高或低、或胖或瘦、或单栋或多栋的建筑物，因此我们所说的容积率利用，就是指如何将每块土地的总可建建筑面积(楼地面面积)利用到极致。

同样的一块土地，目的不同，容积率利用方式就可能不同。因此从一般而言，定位者要考虑的原则或目的大抵有以下角度。

5.5.1.1　空间价值与容积率利用的关系

例如具有商业气息的区域，一楼店面价值可能高于上层价值数倍，因此总可建筑面积应尽量分配于低楼层；反之，商业气息较弱的区域，则可以考虑向高楼层建筑靠近。

5.5.1.2 建筑成本与容积率利用方式的关系

越是高耸、造型特殊的建筑，建设成本越高，因此必须对建设的成本与创造的价值进行对比分析，选择出最佳容积率利用方式。

5.5.1.3 建筑工期与容积率利用方式的关系

例如两栋18层的建筑与单栋32层的建筑，前者的施工期要少于后者许多，而工期又直接影响投资回收的速度以及营业的风险。

5.5.1.4 市场接受性与容积率利用方式的关系

如果高楼层建筑接受意愿不高，在考虑高层建筑的规划时，就要审慎评估市场风险。因此，在确定容积率利用方式时要着重考虑市场的接受程度。

5.5.1.5 周围建筑物状况与容积率利用方式的关系

如果在一片低矮建筑物区域，则向高层建筑发展，成为此区域的标志性建筑物；也可向中层发展，在高度上暂领风骚；也可以规划低矮建筑，从众随俗。

5.5.2 公共设施定位技巧

在传统的购房者的观念中，大多数人都认为所购买的房子的公共设施所占的比例越低越好，因为公共设施常被认为是虚的，并无多大益处。事实上，越是先进的国家，越倾向于用是否包含私有面积和公共设施的整体规划来衡量建筑特有的品质及价值，因此我国在不断追求高居住品质的潮流下，必然要朝这种趋势发展。所以除了法定的必要设施需要运用规划来谋求经济实惠以外，还必须要明确地辨别下列几种公共设施的功能和效益，这样才能针对个案性质来合理定位。

5.5.2.1 具有保值效果的公共设施

如宽敞的门厅、走道及豪华的公共区域装修等，这些设施的积极功能就在于确保不动产的价值和未来的增值潜力。

5.5.2.2 具有实用性质的公共设施

如停车位、健身房、游泳池或公共视听室等，这些公共设施的效用就在于公共性，可供居民共同使用，产生公共效益。

5.5.2.3 具有收益机会和增值潜力的公共设施

如地下室的商业空间、停车位以及其他各种可供非该建筑住户付费使用的设施等。

5.5.2.4 对环境有改观作用的公共设施

如绿地、花园等，虽然需要增加投入，但这种投入可以从因环境改变而使物业升值中得到回报。

公共设施的规划在未来将会越来越受重视，产品定位者如果能掌握各种公共设施的功能，就可以使公共设施空间发挥“小兵立大功”的作用。

5.5.3 楼层用途定位技巧

不同的消费者对不同楼层的空间需求是不同的，也就是说各个楼层事实上是不同的市场选择，具有不同的供需情况、用途特性、交易性质及空间价值等，这些差异能给从事产品定位的人充分发挥创意的机会。

我们可以将一幢大楼的立体空间分成以下四个市场来分别考虑它们的定位特性。

5.5.3.1 顶楼市场

这种房地产产品不管是采光、通风、视野还是私密性等方面，都比其他楼层更加具有得天独厚的条件，又因为每栋楼只有一个顶楼楼层，这种相对稀有性就使顶楼市场常常供不应求。

5.5.3.2 商铺市场

商铺市场通常指建筑物的一楼至二楼。这种房地产产品的价值体现于它与外界环境的临近性(如临路的店面、办公室)，或者具有把外界环境内部化的机会(如拥有庭院的住宅)。这种有利条件不仅使门面市场的价值比其他楼层高，而且大都不愁销路。

5.5.3.3 地下室市场

这种房地产产品有时具备独立功能和用途(作为商场或停车位)，有时可能成为一种连带产品(作为一楼的私有地下室，或其他楼层的共有设施空间)，具有功能多样性。

5.5.3.4 中间层市场

中间层市场是指建筑物的二楼以上至顶楼以下的楼层。这个市场中各楼层间的差别不大，占有的空间比例又最大，主要用于居住，因此我们常说的不动产市场景气与否，大多是指中间层市场的供需状况。

5.5.4 房地产持有定位技巧

房地产产品可按照持有期限的不同分为长期持有和短期获利，两种方式对于利益的获取途径各有不同。

5.5.4.1 长期持有

任何具有投资性质的或者生产性质的财产，对于不同的人来说，可能具有不同的实现利益的时间期望及投资报酬意义。那么到底该如何对房地产产品进行定位，才能赚取不动产长期持有的利益呢？首先，辨别获得长期利益的几种主要途径。一是租赁，通过将房地产产品租赁给他人，从中赚取租金；二是经营或使用收入，也即不动产所有者自行利用空间赚取商业经营的利益；三是保值或增值利益，这种利益或许来自于通货膨胀效果，或许由于社会进步或环境改良，也可能因为其他土地的先行使用，导致后利用的价值土地升高。长期持有土地，必须赚取合理的时间报酬才有意义，因此房地产产品定位成败的关键就在于能否配合时间长度，规划阶段性的产品以及经营与财务计划，从而确保全部过程的利益最大化。

5.5.4.2 短期获利

大多投资性的产品都有短线与长线的获利操作方式，不动产投资也一样。它一般包括土地开发、投资兴建、房屋买卖、房屋出租、房屋经营等时间长度不同的获利途径。对于想要短期获利的不动产投资者来说，除了买进卖出、赚取时机价差的方式之外，要想在有限时间内创造不动产附加值，来增加投资利益，必须借助有效的产品定位并且十分注意收益实现的可能性与投入资金的效率。以下几个方案，将有助于提高不动产短期投资利益。

(1)改装房地产产品，以创造附加价值。这种方式常用于旧屋投资市场，即购买仍有更新价值的旧建筑物，保留基本结构，只作平面格局或外观等的改建，转而重新出售获利，由于这种做法投入的成本少，改造工期短，如果改建得当，能在很短时间内赚取理想的报酬。

(2)规划需求尚未饱和的房地产产品，在短期内创造高销售。这种方式的效果表现在先确定销售成绩再进行施工，可以降低财务风险，但同时要注意避免吸引太多的投资客户，以免造成销售率虽高，退户率或客户不履约付款的比率也高的窘境。

(3)规划短工期的传统房地产产品，以节省成本，提高投资报酬。通常而言，工期越长，资金风险就越高，投资回收的时间也就越久。因此出于投资报酬的考虑，工期短、需求稳定的房地产产品，通常能兼顾市场接受性与财务可行性，达到短期获利的目的。

(4)尝试领先市场的创新房地产产品，以吸收早期开创性的市场。如有不少个案通过将楼层挑高、规划夹层空间、指纹面部解锁入户等来增加卖点，强化短期销售的效果，这种边际产品只要能够占得先机，顺利过关，大多都能在短期内创造投资利益。

5.5.5 经济环境变化时产品定位

在通货膨胀压力大时，由于货币不断贬值，物价不断上涨，产品一旦售出，再想以原有的成本进行补货已不大实际。因此通货膨胀时持物价而沽，已成为一般产品所有者普遍共同具有的心态。

通货膨胀对于不动产市场的影响尤为明显，这主要因为不动产除了自住用的功能外，还具有保值、增值的特性，因此在通货膨胀时期，不动产常常成为投资人的首选。就房地产开发企业而言，如果在预售时房屋已售出，其可收入的金额固定，而营建成本却尚未发生，虽然外包给承建商，营建成本在理论上也已固定，但在营建合约中常有明确规定，当物价上涨一定成数以上时，营建成本要随之调整，这使得房地产开发企业的营建成本在通货膨胀时期极有可能大幅度上升。要想避免这种收入固定而成本持续上涨的不利局面，房地产开发企业在通货膨胀时期应慎选产品。在选择产品时，要注意下列几个事项：①产品的施工期不宜过长；②产品要考虑克服房屋销售压力因素；③根据投资人的保值心理设计产品；④市场不景气时的产品定位要精准。

不动产市场的交易虽受政治、经济、法规等因素影响，但对从事投资兴建的房地产开发企业和拥有土地使用权的地产商而言，影响最为深刻的仍是市场交易的热烈程度，除某些个案由于特殊的区域位置或由于成功的定位而创造销售佳绩之外，大多房地产开发企业都不免对这种不景气的交易市场大感头痛。事实上，没有任何一种产品是无往不利的市场灵丹妙药，而以下原则，却有助于避免不景气的房地产市场的冲击，甚至可能积极地通过产品定位创造市场佳绩。例如：①产品必须具有明确的竞争条件或特色，才能脱颖而出，从而能刺激客户的购买意愿；②必须充分结合销售、规划和财务等方面的作用以强化产品定位的竞争空间；③不要受制于销售和短期获利的目的；④产品要保留调整的弹性；⑤财务压力大时的产品定位。对于财务压力较大的房地产开发企业，在产品定位时，要注意下列事项：产品规划应以顺销产品为主；产品设计应以简单楼房为主；产品定位应能克服市场景气低迷及房屋销售的压力；对于需要长期开发的产品，须谨慎评估，不要贸然投资。

5.5.6 房地产产品定位原则

房地产产品的定位是房地产市场营销流程中的一个重要环节，良好的产品定位有利于适应目标顾客的需要或偏好，更好地体现自身竞争力。产品定位需要符合以下几个基本原则。

5.5.6.1　先外后内原则

(1)先决定空间的用途，再考虑楼栋配置；
(2)先确定整体容积率的分配；
(3)出入动线、各楼层或各单元空间的联系方式；
(4)完整地进行地块规划。

5.5.6.2　先弱后强原则

(1)尽可能创造产品边际利润的机会；
(2)建立整体价值意识，掌握个别空间价值以使产品整体价值最大；
(3)使用组合技巧，使边际价值发挥到极致。

5.5.6.3　先实后虚原则

(1)确定目标购买者或使用者；
(2)确定相对经济效益；
(3)预测市场接受＋投资报酬收益。

5.5.6.4　先分后合原则

(1)区别楼层市场；
(2)调整平面单元面积大小；
(3)控制造价合理。

5.5.6.5　先专后普原则

(1)考察分析基地所在地的条件；
(2)把握重点；
(3)进行详细的市场调查。

知识归纳

1.房地产市场细分能够为企业认识市场、研究消费者和竞争对手，为企业选择合适的目标市场、制定正确的营销策略提供依据。同时市场细分对企业的生产、营销起着极其重要的作用，所以在任何市场上，市场细分总是起着相当重要的作用。

2.房地产目标市场是指房地产开发企业在房地产市场细分的基础上，经过评估和筛选所确定的为企业经营目标而确定开拓的目标市场。目标市场选择就是，房地产开发企业根据企业自身条件，选择其中一个或几个作为经营目标的决策过程。

3.针对不同的消费者，房地产开发企业应根据市场的变化及自身的优势联系环境的变动，制订合理的方案进行准确定位。

4.房地产市场的定位分析通常包括市场定位步骤、定位原则、定位方式、定位方法。

5.房地产产品定位技巧包括容积率配置、公共设施、楼层用途、房地产持有、经济环境变化时产品、房地产产品定位原则等方面。

思考题

1. 什么是市场细分？市场细分包括哪些步骤？
2. 房地产市场细分方法如何在实际问题中展现？
3. 房地产目标市场的选择对于不同规模的企业有哪些需要区分对待的地方？
4. 你对房地产市场定位有哪些更能体现时代特色的见解？
5. 房地产产品定位技巧如何进行？

案例实训

最近消息传来，上海某天价楼盘终于“降价处理”了，坚持了280天的无售出“记录”之后，在无数的口水泡沫中终究扬起白旗，成为市场“失败”的一个典型例子。如果说该项目真的失败了，那么它失算在哪里呢？在这里我们还是要拿北京“星河湾”与其比较，因为这两者有着较多的相似之处。

其一，两者面临的区域比较接近，都是面临竞争结构较为单一的市场竞争格局。星河湾当初入市之时，其周边区域楼盘价格相近，项目的创新力较低，由于彼此之间产品相似，导致了区域竞争相当激烈，这种竞争格局非常典型，特点也很突出，就是市场竞争结构比较单一，竞争对手之间产品差不多，价位也差不多，客户的差异化选择空间十分狭小。同样，某天价楼盘面临的区域市场也是如此，同类同档次的竞争项目在区域内混战一片。

其二，两者的竞争策略比较相似。面临区域竞争结构单一的特点，星河湾和某天价楼盘选择同一种竞争策略，就是向上型的差异化竞争策略。星河湾开盘价格比区域均价高出了一倍，而上海某天价楼盘也高出了一倍，两者都不约而同地想方设法跳出目前区域市场竞争之外，力图成为新市场的领导者。当年星河湾开盘之时，也是备受争议的楼盘之一，上海某天价楼盘也不例外。

市场一致，策略一致，然而星河湾成功了，上海某天价楼盘却“倒下了”，为什么呢？显然，上海某天价楼盘对市场细分的研究并不充分，对自身优势存在一定的盲目高估。

市场细分有效性中的第一个前提是细分市场的容量要足够大。这一点星河湾显然做得更充分，对细分市场的研究更深入，而上海某天价楼盘的第一个失败在于其细分的客户市场显然没有足够的容量来支撑项目的销售，其细分市场客户的档次太高，导致容量不足，项目销售出现滞销。

市场细分有效性中的第二个前提是营销渠道可达性。由于上海某天价楼盘的客户细分定位过高，且可能超出了其自身资源的可达性，也是导致项目滞销的一个主要原因。上海某天价楼盘没有可以达到其定位客户的营销渠道，导致了其失败。

市场细分有效性的第三个前提是差异性要足够明显。这一点上海某天价楼盘也没有达到星河湾的层次，星河湾的细分策略能够非常成功，其产品差异化做得非常到位，但是上海某天价楼盘却忽略了。从市场反馈的情况看，市场并不认可上海某天价楼盘的产品差异化，并对产品有颇多诟病，可见在差异化营销上，上海某天价楼盘确实是一个十足的失败者。

问题：

市场定位在此案例中体现在哪里？

第6章　房地产产品策划

内容提要

本章主要内容是对房地产产品的整体介绍，包括产品生命周期策略、组合策略、差异化策略、品牌战略策划、创新战略策划、包装战略策划等；介绍了新产品的含义及其开发过程，如何运用产品整体概念解释产品营销中的实际问题。重点是产品的整体概念、分类及营销意义，产品生命周期策略、组合策略、产品差异化策略、品牌战略策划、创新战略策划的掌握与运用；难点是通过运用产品整体概念来解释产品营销中的实际问题。

能力要求

通过对本章的学习，了解房地产产品的整体概念及营销意义；掌握并运用房地产产品生命周期策略、组合策略、差异化策略、品牌战略策划、创新战略策划、包装战略策划来解释实际问题。了解并掌握房地产新产品的含义及开发步骤。

6.1　房地产产品概述

产品是指通过交换而满足人们某种需求和欲望的一切东西。产品包括提供给市场的、能够满足消费者某一需求和欲望的有形物品（包括实体及其质量、特色、类型、品牌等）和无形服务（包括服务、保障、企业形象、企业信誉等）。

6.1.1　房地产产品的概念

房地产产品是指提供给市场的且能够满足消费者某种需求和欲望的任何有形建筑物、构筑物、土地和各种无形服务或权益。

人们一般将房地产产品理解为一种有形的并具备特定用途的物业，如住宅、商业用房、写字楼等，而在现代市场营销理论中，房地产产品不仅局限于有形物品，还包括一系列的综合服务，是人们通过交换而获得需求上的满足，也是消费者所期望的实际利益。

因此，凡是能提供给市场的且能够满足消费者的某种需求和欲望的无形服务和任何有形建筑物、构筑物、土地以及它们附带的各项权益均为房地产产品，前者主要是可以给消费者带来附加利益、心理上的满足和信任的服务与物业等，后者则是以物业实体及其质量、特色、品牌为主。因此房地产产品中整体产品的三个层次的内容包括核心产品、有形产品和延伸产品。

6.1.1.1 核心产品

核心产品是房地产整体产品概念中最基本的层次，它能为消费者提供最基本的效用和利益，也是为了满足消费者需要的主要功能和效用的房地产产品。人们购买房地产，并不仅仅是为了房地产实物本身，更是通过对房屋的使用来满足特定的需要。因此，房地产核心产品才能真正满足客户的需求，也是房地产开发建设首要确定的方向。房地产的核心产品主要包括办公、商业、工业、居住等不同类型。

6.1.1.2 有形产品

有形产品即为产品的物质表现形式，是房地产核心产品的载体，也是客户可直接观察和感觉到的内容。它是目标市场消费者对某一需求的特定满足形式，消费者实际上是从有形产品上考虑房地产是否满足其对核心产品需求的满足程度。所以，有形产品是客户选购房地产的直接依据。房地产有形产品主要包括土地的区位，房屋的建筑结构和平面布局、楼层、朝向、质量、色调、品牌、建筑风格、配套设施等。房地产的基本效用都是通过有形产品形式得以体现。

6.1.1.3 延伸产品

延伸产品是指客户购买房地产产品过程中可以得到的各种附加服务或利益的总和。如今附加产品的竞争已经越发激烈，房地产开发企业只有向消费者提供更多切实可行的实际利益、更多能满足消费者需要的延伸产品，才能在日益激烈的竞争中占据有利地位。房地产的延伸产品主要包括房屋的售后服务和售前咨询。如销售过程中的信息咨询、房屋的说明书、按揭保证、装修、代为租赁以及物业管理等。其中物业管理已然成为房地产产品不可或缺的一部分，物业管理更能充分体现房地产产品的效用和性价比。

6.1.2 房地产产品的特征

6.1.2.1 各异性

由于土地的固定性、地形地貌的各异性以及周边环境的差异性，所以房地产市场上不可能存在两宗完全相同的房地产。即使是同一期建设的形状完全相同、内部设置一致的楼房，每宗房地产之间也必然存在差别，如楼层、内部设施、临街情况和销售价格等。

6.1.2.2 位置的固定性和不可移动性

土地是房地产的直接构成成分，任何一项房地产开发项目都必须在土地上进行开发，这就决定了它具备了固定性和不可移动性，同时也形成了房地产产品最基本的特点。从而也导致房地产市场是一个地域性极强的地区性市场，房地产产品不可以从一个地区转移到另一地区销售，价格各方面也受到地区经济的影响。

6.1.2.3 开发经营和使用周期长

房地产产品作为不动产与其他产品的开发相比，无论是在开发周期还是使用寿命上，均远远长于它们。因为房地产产品的所有者所拥有的权益通常高达40年以上，而且该权益的期限还可以依法延长；地上的建筑物及其附属物也具有较好的耐久性，同时还具备了经济寿命和自然寿命，自然寿命一般都要比经济寿命长，而经济寿命又与其使用性质密切相关。因此房地产产品一旦被生产出来，其物质属性是长久存在的，相对于其他产品而言，其寿命明显较长。

6.1.2.4　销售价格的不可比性

房地产产品基础价格取决于级差地租和房屋质量、档次等形成的建造成本。而房地产建设需要大量的人力、物力、财力，且各项成本往往也比较巨大，所以其建造成本也远高于其他项目。就算同一类型、档次、质量的房屋也会由于地处不同城市、同一城市的不同地段、同一地段的不同位置而价格相差甚远。这一种因所处地理位置不同而造成的价差甚大也是其他产品无法与之相比的。

6.1.2.5 具有居住和保值增值功能

作为房地产产品，首先需要满足的就是居住功能，这个特点永远是放在第一位的；其次才是投资功能，房地产本身并不能产生收益，也就是说房地产的收益是在该产品的使用过程中体现的，它是通过投资者将资金投入到房地产产业，以期待投入的资金得到升值，从而获得其中的差价。

6.1.2.6　房地产的相互影响性

这主要体现在它的价值上，众所周知，评价房地产价值的高低很大程度上要结合房地产所处的环境来评价。比如它周围的人文环境是否良好、它周边的配套设施是否齐全等，这些也是消费者在购房时要考虑的。同时，随着房地产项目的进行，它对周边的经济、人文环境也带来很大的影响。从以往的经验来看，房地产开发企业能否准确预测政府大型公共设施的投资建设并在其附近预先投资，是决定其能否领先该市场份额的关键。

6.1.2.7　投入资本高，风险高

由于房地产开发周期的长久性，土地购买以及开发过程中需要投入高额资金。巨额的投资加上开发周期长，以及未来市场的不可预估性，房地产开发企业相对于其他企业往往面临更大的风险。

6.1.3　房地产产品的分类

房地产产品包含了建筑物、构造物、土地和各种无形服务或权益中的任一个或不同组合。为了方便我们更深入地了解房地产产品，我们将从以下几个方面来对房地产产品进行分类。

6.1.3.1　按土地使用功能分类

(1)仓库用地。仓库用地是指专门用来储备、存放各种生活资料和生产资料的建筑用地，其中就包括地区中转仓库、国家储备仓库、市内生活供应服务仓库、危险品仓库等。

(2)商业服务用地。商业服务用地是指各种企业、商店、修理服务部、生产资料供应站、旅社、饭店、文印社、报刊门市部等用地。

(3)工业用地。工业用地是指独立设置的工厂、手工业作坊、车间、建筑安装的生产场地、排渣场地等用地。

(4)居住用地。居住用地是指居民住宅用地，用于建造居民居住用房所占用的土地。

(5)市政用地。市政用地是指用于建造各种公共基础设施的用地，包括城市供水排水、电力电信、供热供暖、道路桥梁、广场等基础设施用地。

(6)交通用地。交通用地是指除居民点以外的各种道路(包括护路林)及其附属设施和民用机场用地。交通用地中包含铁路、农村道路、公路、民用机场、港口码头五个地类。

(7)公共绿化用地。公共绿化用地是指城市区域内的公园、道路及街心的绿化带、森林公园等占用的用地。这类用地主要是为改善城市生态环境、美化环境和供居民休憩所用。

(8)科教事业用地。科教用地是指用于各类教育、独立科研、勘测、设计、科普等用地。

(9)特殊用地。特殊用地是指如军事设施、涉外、监教、宗教、墓地等其他有特殊用途的用地。

(10)储备用地。储备用地是指政府根据国家储备用地管理办法规定,依法完成了收购的土地再转化为国家储备用地。

6.1.3.2 按实际功能的应用分类

(1)住宅。住宅是指专供人们生活居住的建筑,包括普通住宅、公寓、别墅、职工家属宿舍和集体宿舍、职工宿舍和学生宿舍等。其中不包括不能住人的或住宅楼中作为人防用的地下室等,且不包括托儿所、疗养院、病房、旅馆等具有专门用途的房屋。这类产品主要的消费者大多都是满足自身的居住需求,少数是用来投资或出租使用。由于每个人都希望拥有自己的住房,而且随着人们生活水平的逐步提高和支付能力的不断增强,他们在这方面的需求也随之向着更高的层次发展,所以此类产品的市场最具潜力,投资风险也相对较小。

(2)工业房地产。工业房地产通常是指为人类的生产活动提供空间,大多为无隔墙、大跨度、层高较高的房屋,其主要作为车间使用。此类产品既有出售,也有出租。我们常见的大多为轻工业用房,除此之外还有重工业用房和高新技术产业用房、研究与发展用房等专用性较强的建筑物。

(3)商业房地产。商业房地产有时也称作收益性房地产或投资性房地产,它是产品经济发展的产物,也是随着产品经济的发展和扩大而发展和扩大的。商业地产是以全面融合地产业与商业为特色的地产形式,已悄然成为房地产市场的新秀。它的繁盛很大程度上要依赖当地的整体社会经济状况,而且还受到工商贸易、第三产业、旅游等行业的影响,主要包括酒店、写字楼、零售商业用房等,此类产品的消费者大多都以投资为目的,以进行物业出租经营的收入来回收投资并获得相关收益,当然也存在有些是为了满足自用、自营的需求。

(4)公共建筑。公共建筑包含办公建筑(写字楼、政府部门办公楼等)、商业建筑(商场、金融建筑等)、科教文卫建筑(文化、教育、科研、医疗、卫生、体育建筑等)、旅游建筑(酒店、娱乐场所等)、通信建筑(通信、邮电、广播电视建筑等)和交通运输类建筑(机场、高铁站、火车站、汽车站、冷藏库等)。此类产品更大程度上受到政府有关部门的管理,所以其市场交易性很小。

(5)配套。公共配套设施主要指住宅区内的市政公用设施和绿地。公用设施包括公共道路、环卫设施、公交站、各类公用管线(自来水、电力、燃气、电信、热力、有线电视、雨水、污水等)及相应的建筑物和构造物。公共设施中主要包括了教育、文化体育、医疗卫生、商业服务、行政管理、社区服务用地和绿地(包括小游园、公园、组团绿地及其他块状、带状绿地)等设施。此类产品更多是属于基础设施以及环境改善的公共配套设施,极少数为私人所有,交易性相对较小。

6.2 房地产产品生命周期策略

生命周期的概念应用很广泛,在心理学上主要是指人的生命周期和家庭的生命周期,即其出生、成长、衰老、生病和死亡的过程所需要的时间。同时,也可应用于产品品牌和产品形式,不过最有效的还是应用在界定一个市场中更一般化的产品概念上，如房地产产品。

6.2.1 房地产产品生命周期的概念

房地产产品生命周期是指房地产产品从投入市场被使用开始到被市场淘汰的全部过程所需要的时间，亦即产品的市场寿命周期或经济寿命周期。房地产产品的生命周期主要分为四个阶段：引入期、成长期、成熟期、衰退期。这是房地产产品所必须经历的过程，也是一般规律。而不同的阶段所展现的特点也各有不同。

6.2.1.1 引入期

引入期是指产品从设计投产到投入市场进入测试的这一阶段。新产品投入市场，便进入了引入期。此时产品品种少，数量少，消费者对产品还不了解，需求量较少。这时房地产开发企业的主要任务就是迅速提高该房地产产品的知晓程度，推动其销售量，从而使其进入成长阶段。该阶段由于新推产品的特点尚未被人们了解和认识，生产成本高，需通过广告、新闻发布会等来扩大影响，同时加强对市场的调查和预测。这一阶段房地产开发企业的销售额通常呈缓慢增长状态，甚至不能获利或者可能亏损，引入期销售的就是人气。

6.2.1.2 成长期

当房地产产品在引入期销售取得成功之后，便进入了成长期。成长期是指产品通过试销，市场反馈效果良好，购买者逐渐接受该产品，产品的需求量和销售额迅速上升，生产成本大幅度下降，利润迅速增长，在市场营销中处于上升阶段。与此同时，竞争者看到有利可图，同行之间竞争者将纷纷进入该市场参与竞争，使同类产品供给量增加，价格随之下降，产品市场竞争愈发激烈，房地产开发企业利润增长速度逐步减慢，最后达到生命周期利润的最高点。在这一时期，房地产开发企业可大幅度提高销售价格，并开辟新市场，扩大市场渗透，加强销售前、售中、售后服务。

6.2.1.3 成熟期

成熟期是指房地产产品大批量生产并稳定地在市场中销售。经过成长期之后，随着购买房地产产品的人数增多，市场需求趋于饱和。而此时，产品普及并日趋标准化，成本低而产量大。由于竞争的加剧，导致同行企业的同类产品不得不在产品质量、规格、设计、包装、服务等方面加大投入，在一定程度上增加了成本，销售增长速度缓慢直至转而下降。在这一时期，为了维护市场占有率，销售价格不能订得太高。

6.2.1.4 衰退期

衰退期是指房地产产品逐步退出市场的阶段。此时产品在市场上已经严重同质化，不能适应当下的市场需求；或者市场上已经有其他性能更好、价格更低的同类新产品，足以满足新消费者的需求。此时成本较高的企业就会因为无利可图而陆续停止生产，该类产品的生命周期也就陆续结束，直至最后完全撤出市场。

6.2.2 影响房地产产品生命周期的因素

(1)房地产产品本身的性质和用途。只要房屋的所属年限及使用功能还能够满足人们的长期需要，其生命周期就比较长。

(2)科学技术的发展。科技进步越快，其生命周期就越短。产品的生命周期由需求技术的生命周期决定，而需求技术的生命周期又由需求的生命周期决定。

(3)消费需求的变化。生活水平提高得快，消费者的偏好就会发生变化，从而加快需求的变化，其生命周期就短。

(4)市场竞争状况。市场竞争激烈，仿制品或替代品纷纷出现，就会使其生命周期缩短。

(5)国家的宏观政策及相关规定等因素。这些因素也会直接或间接地影响房地产产品生命周期的各个阶段。

6.2.3 房地产产品生命周期不同阶段的策略

随着房地产产品份额在市场占有量上的变化，房地产产品的生命周期阶段也在不断变化，房地产开发企业往往针对产品在不同阶段里所面临的不同挑战，来制定相应的策略，从而让产品得到更好的发展。

6.2.2.1 产品引入期阶段的策略

产品引入期一般是指新产品开发成功到进入市场试销的阶段。在产品引入期，一方面由于消费者对产品十分陌生，企业要提高产品在市场上知名度，必须通过大量的促销手段把产品引入市场；另一方面引入期的生产和销售成本也相对较高，房地产开发企业在新产品的定价上必须考虑这个因素。所以在引入期，房地产开发企业营销的重点主要集中在促销和价格方面。引入期一般有四种可供选择的市场战略。

(1)高价快速策略。高价高促销策略又称"高格调先声夺人"策略。实施高价格是为了在每一单位销售额中获取利润最大化，高促销费用就是为了引起目标市场的关注，加快市场渗透。

①目的。抢先占领市场，引起消费者和客户的注意，快速打开销路，取得较高的市场占有率，从而获得利润。

②具体形式。采取高价格的同时，可配合大量的宣传推销活动，将新产品快速推入市场。

③适合的市场环境。必须有很大的潜在市场需求量和求新心理的目标客户量；该产品的品质特别好，功效又比较特殊，很少有其他产品可以替代。消费者一旦了解这种产品，求新心切，往往愿意出高价购买；企业面临着潜在的竞争对手，想快速地建立良好的品牌形象。

(2)低价快速策略。

①具体形式。低价格和高促销相结合。意在先发制人，其特点是以低价格和高促销的方式使产品迅速进入市场，有效地限制竞争对手的出现，为房地产开发企业带来最快的市场渗透率和巨大的市场占有率。

②适合的市场环境。产品市场容量较大；潜在消费者对这种产品不太了解，对价格又十分敏感；潜在的竞争比较激烈；产品的单位制造成本可随生产规模和销售量的扩大迅速降低。

(3)渗透战略。

①目的。能够及时收回投资，获取利润；低促销的方法可以减少销售成本。

②具体形式。以高价格和低促销相结合的方式将产品推入市场中，以达到最大利润。

③适合的市场环境。产品的市场比较固定、明确，来自竞争对手的威胁不大；大部分潜在的消费者已经熟悉该产品，并愿意用高价换取产品；产品的生产和经营必须有相当的难度和要求，普通企业无法参加竞争，或潜在的竞争不迫切参与进来。

(4)缓慢渗透策略。

①具体方法。在新产品进入市场时采取低价格，同时又不做大的促销努力。低价格有助于市场快速地接受产品；低促销又能使企业减少费用开支，降低成本，从而实现更多的净利，以弥补低价格造成的低利润或者亏损。在实施这项策略时，企业坚信着该产品市场需求价格弹性较高，而促销弹性较小的市场前景下。

②适合的市场环境。产品的市场容量大；消费者对产品有所了解，同时对价格又十分敏感；存在某种程度的当前竞争。

6.2.2.2　产品成长期阶段的策略

产品进入成长期以后，越来越多的消费者开始接受并使用产品，企业的销售增加、利润上升。在此情况下，市场竞争也愈发激烈，市场地位受到挑战。因此，在成长期，房地产开发企业的营销策略的重点应该放在维持并且扩大自己的市场份额，加速销售力度。此时，营销策略的重心是尽可能延长产品生命周期的黄金时期，以延长获取最大利润的时间。这一阶段可以适用的具体策略有以下几种。

(1)提升产品的质量。根据市场及客户反馈的信息和有关需求，不断提高产品质量、增加产品的新特色，在商标、包装、设计、定价和规格方面做出改进。

(2)充分利用价格手段。虽然在此阶段市场需求量较大，但是企业可以在适当的时机，采取合理的降价策略，以激发那些对价格比较敏感的客户产生购买动机并采取购买行为。当然，一时的降价可能暂时减少企业的利润，但以长远目光来看，利润是会一直增加的。

(3)改变企业的促销重点。房地产开发企业将广告重心从产品介绍、建立产品的知名度转移到说服客户接受产品和实施购买上来，以促进销售的成长，从而树立产品形象，打开产品知名度，提高产品的优质名气。主要目的是建立品牌偏好，争取新的客户群体。

(4)开拓销售新渠道。企业应重新评价渠道决策，在巩固原有销售渠道的同时，增加新的销售渠道。同时做好渠道管理系统，使二者很好地结合起来，从而开拓更为广泛的市场。其主要目的在于提高销售量，并缓解原有渠道的压力。

企业采取上述部分或全部市场扩张策略时，会提高产品的竞争能力，但必定会相应地加大营销成本。因此，在成长期阶段企业面临着“高利润率”或“高市场占有率”的抉择。一般来说，选择市场扩张策略会减少当前的利润，但是加强了企业的市场地位和竞争能力，有利于维持和扩大企业的市场占有率。从长期利润观点来看，高市场占有率更有利于企业未来的发展。

6.2.2.3　产品成熟期阶段的策略

企业在此阶段应该继续保持并扩大其市场份额，并且对现阶段出现的问题进行分析，对各个方面进行改进与改良。有以下几个策略适宜本阶段。

(1)产品改良策略。房地产开发企业对房地产产品进行改造，改变或扩大原有产品的用途和使用功能，吸引新的客户。例如完善其物业管理，优化其房屋质量，美化其房屋外观。

(2)市场修正策略。即通过努力开发新的市场，来保持和扩大自己的产品市场份额。或进行又一次的市场细分，寻找新的细分市场，将产品引入新的目标市场，从而增加其目标顾客，扩大其目标群。

(3)营销组合调整策略。即企业通过调整营销组合中的某一因素或者多个因素来刺激销售，延长产品的市场成长和成熟期。如改变其营销组合或渠道来刺激销售，提高销售服务水平，降低销售价格以促进销售等。

6.2.2.4 产品衰退期阶段的策略

当产品进入衰退期时，企业不能武断地做出决定，应该根据市场变化决定是否继续经营还是抛弃其产品。有如下策略可供选择：

(1)维持策略。即企业在目标市场、价格、促销、销售渠道等方面维持现状的同时，大幅度降低销售费用。因为同类产品在市场上相继退出，所以有条件的企业是有可能继续保持其利润的。

(2)缩减策略。即企业仍然留在原来的目标上继续经营，但是根据行业退出障碍水平和市场变动的情况在规模上做出适当的收缩。即将房地产开发企业的资源集中到最有利的细分市场、最有效的销售渠道和最容易销售的产品上，以便获得更多的利润。

(3)榨取策略。即企业抛弃无希望的顾客群体，大幅度减少销售支出以增加盈利，这样虽然会导致产品在市场上的衰退速度加快，但可以从中得到更多的利润。

(4)放弃策略。即企业决定放弃经营某种产品以撤出该目标市场。企业应当机立断放弃该产品的经营，把企业资源逐渐转移到其他产品上。

6.3 房地产产品组合策划

在房产销售中，不同的客户对房产会有不同的要求，为了吸引更多的消费者，扩大产品的销售市场，房地产开发企业在推出产品之前会对所推出的产品进行组合搭配，这就是房地产组合策划。

6.3.1 房地产产品组合的含义

房地产产品组合是一个房地产开发企业所生产和销售的全部产品的结构或构成，也就是指房地产开发企业所生产和销售的全部产品线和产品项目的组合。它包括四个变数，即宽度、长度、跨度和关联度。

产品线是指具有类似的功能或用途，只是在规格、档次、设计、风格等方面有所不同的一组密切相关的产品项目。

产品项目是同一个产品线中特定户型、档次、设计风格上有所不同的单个物业。

6.3.2 产品组合的基本要素

产品组合的基本要素如下：

(1)宽度。宽度是指一个企业生产经营的产品系列的数量。

(2)长度。长度是指每条产品线所包含的不同规格的产品项目总数。用产品项目总数除以产品线数即可得到产品线的平均长度。

(3)跨度。跨度是指产品线或产品项目在地理空间上的分布。

(4)关联度。关联度也就是产品组合的密度，是指企业生产的各个产品系列之间在最终用途、生产条件、销售渠道等方面存在的相关程度。

6.3.3 房地产产品组合策略

房地产产品组合策略是房地产开发企业以市场需求为基础，结合自身资源、营销目标、竞争态势对销售的产品结构也就是产品组合的宽度、长度、跨度、关联度等方面进行有针对性调整的策略。其中包括了缩减产品组合策略和扩大产品组合策略。

6.3.3.1　缩减产品组合策略

缩减产品组合策略即从原有产品组合中剔除那些获利很小甚至不获利或者与企业长远发展战略相冲突的产品线或产品项目。将资源、技术集中使用，有利于提高产品质量，降低消耗，减少资金占用，加速资金周转；退出收益不高的市场，有利于使企业目标更集中，工作效率也会得到提高。但同时加大了企业的经营风险。

6.3.3.2　扩大产品组合策略

扩大产品组合策略即在原有产品组合的基础上，增加其产品组合的深度或跨度。可以在原有产品线内增加新的产品项目，增加房地产产品的规格及品种，如万科的"专业住宅供应商"身份，就是成功实施这一策略的典范。也可以在原有产品组合中增加新的产品线，扩大其经营范围，如从专注于住宅的开发经营扩展到商业物业、酒店礼堂、写字楼、工业厂房等多种产品线的开发经营。

扩大产品组合有利于房地产开发企业充分利用各种资源，发挥生产潜能，降低经营成本；有利于拓宽市场面，增加销售额；有利于开展多角化经营，降低经营风险。同时，增加了企业经营的复杂度，加大管理难度。

目前，国内具有较强实力的房地产开发企业多采用这一策略，如中海地产的主要产品线包括中高档住宅、建筑综合体等，大连万达的主要产品线包括住宅、商业地产（万达系列广场）和高端星级酒店等。

6.3.4　房地产产品的优化组合

房地产产品的优化组合就是对现行产品组合进行分析、评价和调整的过程。由于产品组合状况直接关系到房地产开发企业的销售额和利润水平，因此，房地产开发企业必须经常就现行产品组合对未来销售额、利润水平的发展和影响，如何应对来自竞争者的压力，合理调节自身产品的周期更替等做出系统的分析和评价，这些是决定房地产产品必须进行组合优化的原因。房地产开发企业通常采用产品的销售增长率、市场占有率和利润率来评价当前组合的优化状态。

优化房地产产品组合的程序如下：首先，分析评价在现有的产品线中，每个产品项目所产生的销售、利润额的水平。其次，将各个产品线的产品项目与竞争者的同类产品项目进行细致的比较，全面分析和衡量各产品项目与竞争者产品项目的市场地位。最后，在一个动态的市场环境中，房地产客户的需求和消费偏好都是在不断变化的，同行的竞争者也在相继地进入或退出市场，而且在不断地调整它们的产品线以及整个营销策略。所以，房地产开发企业无论采取何种产品组合，均要按照"调整→分析→评价→再调整→分析→评价"的思路进行动态管理，使自身企业的营销组合处于不断优化之中。

6.4　房地产产品差异化策略

近几年，我国房地产行业飞速发展，越来越多的企业进入了房地产市场，这在很大程度上促进了经济的繁荣，同时也加大了各个房地产开发企业之间的竞争，而房地产产品的差异就成了影响人们购买产品的重要因素。

6.4.1 房地产产品差异化策略概述

差异化策略，就是企业形成一些在本行业范围内凭借自身的技术优势和管理优势，生产出在质量上、性能上、服务上优于市场上现有水平的产品。又或者是在营销方面，通过独树一帜的推销手段和宣传活动，树立别具一格的良好形象，最理想的情况是公司使自己在几个方面都能独树一帜，使产品或服务不仅能满足用户的需要，而且在一定时期内，业内的其他竞争者是难以取代的。

房地产产品的差异化策略，就是以有差异的房地产产品来提高房地产产品的价值，形成竞争优势，从而获取更多的利润。只有实现对房屋的销售，房屋的价值才能得到体现，销售不出的房屋只是“钢筋混凝土”而不是“房地产产品”。因此，针对当前房地产的新形势，制定科学合理的营销策略是房地产开发企业必须考虑并做好的首要任务之一。

6.4.1.1 房地产产品差异化策略的作用

正确实行差异化策略，能够在行业中获得超过一般水平的利润，建立竞争优势。其主要作用表现在以下几个方面：

(1)顾客对本产品的忠诚度同样会给同行业竞争企业带来一定的阻碍，而想进入该行业的其他企业一样需要克服该种产品的独特性。

(2)顾客对好的产品或喜欢的产品有一种消费的忠诚性，当这类产品的价格发生一定的波动时，顾客的敏感度较低，生产该类产品的企业可以运用产品差异化策略，将其与同行业的竞争者化分出一个隔离区域，降低竞争者的侵害，与此同时，这也能够增加边际收益，增强企业对上游产品供应者讨价还价的能力，降低企业的成本。

(3)由于企业极具特色，又赢得了顾客的信任，便可在与代用品的较量中，比其他同类企业处于更有利的地位。

6.4.1.2 房地产产品差异化策略的必要性

(1)市场的转变。房地产市场已经发生了从卖方市场到买方市场的转变，导致了以生产者为中心的企业营销体制、营销观念也发生了根本性的变化。在我国房地产行业起步的初期，由于计划经济还占主导地位，住房呈现了一种供不应求的现象。直到20世纪80年代中后期，人们才开始注重住宅的居住功能，随着房地产行业的进一步发展，人们将更加注重心理方面的需要。然而客户对房地产产品的看法又各具差异，对房地产开发企业而言，如何让产品受到客户的欢迎，最主要的就是能否将自己的产品与竞争对手的产品区分开来，使其受到消费者的喜爱。

(2)同质化现象。同质化主要是体现在产品及目标市场的定位上。房地产产品的定位很大程度上是为了更好、更快地满足客户需求，以达到高周转获取利润为目的，但若只为了单纯地获取利润，则对房地产产品的概念定位和客户群定位将会毫无新意。

(3)房地产产业的特性。房地产产品作为一种特殊的产品，这就要求了房地产开发企业要对房地产产品制定差异化策略。世上没有完全相同的两个房地产产品，这造成了产品的差异性。

(4)各个区域市场各具特点。房地产产品具有固定性和不可移动性，所以它在每一宗土地上都是不可复制的。房地产开发商在进行房地产产品建设时,一方面要考虑该区域的经济水平、人文、习俗、生活习惯等对产品的喜好程度;另一方面要因地制宜,尽可能在不改变原有地形地貌的前提下,打造区域特色鲜明的产品。

(5)企业目标的差异。进行差异性市场营销策略是将整体市场划分为若干个细分市场。房地产开发企业在进行前期调查时就已经锁定了自己的目标市场,然后有针对性、有目标性地对该细分市场制订一套独立的营销方案,从而打造产品品牌,提高企业形象,提高该市场的占有率。

6.4.1.3 房地产产品差异化策略的内容

房地产差异化营销是指以有差别的房地产产品及服务差异化和品牌差异化等,来提高房地产产品的价值,形成良好的竞争优势。

(1)房地产产品差异化。实行产品差异化战略的条件主要有三个方面:一是企业在产品的研发上具有较强的创新能力;二是企业在生产技术上具有较高的适应能力和应变能力;三是企业在市场营销这个大环境中有明确的目标市场,并能采取有效的经营手段。具体来说,房地产产品差异化可以从特色、性能、风格和设计等方面入手。而风格、性能质量、特色的差异化都需要通过设计来实现。

(2)渠道差异化。渠道是将产品由生产者转移给消费者的途径,销售渠道就在一定程度上决定了销售速度、经济效益、费用支出的高低。而具体来说渠道差异化可从开发商直销、委托代理商间接销售、委托经纪人销售及第二营销渠道方面入手。第二营销是指由于物业以及物业包装而产生的市场信任度以及客户之间互相传递的营销模式,其在市场中起着至关重要的作用。

(3)形象差异化。形象差异化是指在市场中塑造不同的产品形象,其不同于行业竞争者,并获得差别优势。形象指社会公众对企业产品和企业的看法和感受,塑造形象可从标识、服务人员给予客户的感觉、企业名称和所处的环境等入手。在实施形象差异化时,企业需要具备创造性的思维并结合客户的心智而制定策略。

(4)房地产服务的差异化。由于一些房地产的限制,房地产产品本身的差别并不显著,同质化越来越严重,因此服务数量和质量的增加和提高是取得成功的关键,即服务的差异化。主要的办法是提供优惠和独特的服务,扩大服务范围,延长服务时间,形成差异化,从而获取成功。

(5)房地产开发品牌的差异化。在房地产产品和服务差别不大的情况之下,影响消费者对相似楼盘选择的因素是企业品牌。在买方市场条件下,企业品牌的树立越来越重要,良好的品牌形象,能够增加产品的知名度和顾客的忠诚度,在相同情况下,消费者更愿意购买品牌形象好的产品。

(6)价格差异化。价格差异化是通过使自己房地产产品的价格明显高于或低于其他产品价格的竞争策略。这种差异化建立在其他差异化的基础上或者是自身精确的成本控制和产品定位的基础上。

6.4.2 房地产产品差异化策略的实施

因为差异化策略的实施直接可以影响产品后期的销售与发展,所以企业对差异化策略实施的关注程度有了极大的提高。一个好的策略要得到好的实施才能发挥它的功效。

6.4.2.1 实施差异化的原则

(1)优越性。企业实施差异化要使消费者获得更多优越于从其他房地产开发企业那里获得的类似利益。

(2)实在性。企业实施差异化要确实能使相当多的顾客得到更多的实际利益。当然,实在的产品不排斥产品在商誉、品牌上给消费者带来的良好购买体验。

(3)不易模仿性。有效差异化策略的最基本要求就是竞争对手难以模仿。

6.4.2.2 实施差异化的措施

(1)进行精确的市场信息采集与分析。在信息时代,信息主导一切,房地产营销人员要利用产品差异化作为营销策略,对一定区域内的竞争对手进行划分,从成本、产品定位、销售、价格定位、物业管理等方面进行收集分析,从整体上把握竞争对手及其产品的特点,并对同区域内潜在的消费人群进行定位和细分,从而选出正确而适当的差异化竞争策略。

(2)根据实际情况选择差异化的营销策略。营销的策略是互不相同的,选择不同的营销方式,结果也就不同。因此,在制定营销策略时,企业应根据该产品的最大差异进行策略的定位,将这种差异用实质化的方法表现出来,让消费者看到该产品的独特功能。

(3)随时调整差异化的营销策略。在制定和实施差异化的营销策划、进行市场竞争的过程中,要根据不同阶段的具体情况实施不同的营销策略,将实现差异化的竞争手段发挥到极致。

6.5 房地产产品品牌战略策划

品牌战略就是公司将品牌作为核心竞争力,来获得差别利润与价值的企业经营战略。品牌战略是市场经济中竞争的产物,其本质是塑造出企业的核心专长。品牌战略包括品牌形象、产品定位、品牌核心价值、发掘差异化等多方面因素。

6.5.1 房地产产品品牌战略的概念及影响因素

6.5.1.1 房地产产品品牌战略的概念

房地产品牌就是某一特定的房地产产品区别于其他房地产产品的名称或标记,其质量及价值应被社会所认可和认知,并在客户心目中树立良好的品牌形象。房地产品牌战略即在保证产品质量的基础上,打造一个核心的产品品牌,通过长期的发展来提高产品的核心竞争力。

6.5.1.2 房地产品牌战略的影响因素

影响房地产品牌战略的因素主要包括房地产产品自身的质量、价格以及购买途中享受到的服务、接触到的广告、员工、物质设备等方面。

(1)产品质量。房地产产品质量的优劣程度决定着品牌的生命力,久负盛名的品牌就是优良质量的保证。尽管在其他因素上存在的瑕疵会对房地产开发企业的形象产生一定程度的不利影响,但产品质量的低劣会直接影响房地产开发企业的形象。

(2)产品价格。当房地产开发企业在与竞争对手销售相近的产品时,此时价格作为品牌和形象的有力传递者,尤其能传递出该房地产开发企业是生产优质产品还是劣质产品,或者生产居二者之间的产品等方面的信息。高价格意味着高质量,与其他产品相比较,价格变动对消费者和投资者而言尤其敏感。房地产开发企业已形成的品牌形象也有利于产品的价格决策。在产品及其相关服务的可靠性较高时,价格也相对高一些,消费者也会接受。

(3)广告辐射。房地产投放的产品广告对促进销售的作用相对明显;而形象广告也是直接影响房地产开发企业品牌形象的促销手段,其作用非常之大。房地产开发商在追求利润的同时,也应该注重对社会弱势群体的关注,多做一些传递正能量的广告,从而提升企业形象。

(4)物质设备。物质设备包括房地产开发企业的办公楼、设备、样板房、带有企业名称或标志的运输工具、企业标志和徽章以及企业在公开场所使用的有形物,大到建筑物,小到信封、纸张。房地产开发企业的办公地点、室内陈设、交通运输工具等都从侧面反映企业的资金实力和对员工的关心程度。物质设备因素能让已被认可的形象更上一层楼,如果产品或服务不能同时改进,反而会留下"做表面文章"形式主义的负面影响。

(5)物业管理。物业管理对于房地产而言更是重中之重,它能保障物业的保值、增值,优秀的物业管理不但能提高物业公司的知名度和美誉度,还能影响到房地产开发企业的信誉与形象。这些努力会使客户感到方便、满意,会增加员工对企业的信赖,优质的服务会扩大房地产开发企业的影响。

6.5.2 实施房地产品牌战略的意义

近几年来,随着企业内外部经营环境的变化,品牌战略越来越受到国内企业的重视。从企业的角度来看,实施品牌战略的意义主要表现在以下几个方面。

6.5.2.1 提高产品售价及附加价值

市场竞争愈发激烈,产品的功能性差异日益缩小,绝大多数企业的营销阻力加大,利润普遍较低。根据品牌经济学的观点,房地产开发企业很难提升自己的价值,但品牌能给产品提供附加的价值个性。

6.5.2.2 有利于消费市场的维护和拓展

消费者若是对品牌印象良好,会多次购买,从而形成品牌忠诚度,建立起稳固的忠诚消费群体,并且通过忠诚客户的口碑推荐和购买示范作用进一步吸引潜在消费者。

6.5.2.3 进一步拓展企业业务范围

新产品进入市场频繁,产品的平均寿命周期缩短,一个成功品牌的扩展比创建一个新的品牌更加容易。品牌想要具备价值,就需要主导一个具体的产品种类。根据经济学的相关观点,该品类就是企业所承诺的一个单一的利益点,越是承诺是单一的品牌利益点,其信用度就会越高,消费者在进行选择时,成本也会越低。房地产企业想要成功塑造品牌,就要明确自己的定位。同时,品牌的延伸能丰富产品线,扩大产品规模,增强实力,占领更大的市场份额。

6.5.2.4 更容易获得各方面的支持与合作

拥有品牌的企业更加容易获得各个方面的支持与合作,更能吸引投资,提高开拓市场和招揽人才的能力,往往会成为行业领跑者。

6.5.3 房地产品牌建设及作用

6.5.3.1 房地产品牌建设

(1)房地产品牌建设的前提。加强品牌意识,准确定位。房地产开发企业本身受区位、土地资源及政策等因素影响比较大，而来自市场的诱惑无处不在，企业要加强品牌意识，根据自身的资源优势、能力和条件进入新选定的目标市场，这是创建房地产品牌的前提。

(2)房地产品牌建设的核心。即优质的产品、专业的服务以及由此形成的知名度、美誉度、信誉度，这是品牌塑造的核心，这也可以说是一种服务策划。在消费者看来，房地产品牌就是他们对于房地产产品的各种感受的总和。首先，在实施品牌战略时要牢固树立服务意识，要认识到服务是品牌积累和升华的重要途径，是企业赢得市场和顾客的重要武器。其次，要把服务贯穿于整个经营过程，针对其产品的特点，将服务作为重点来抓。最后，要建立产品服务管理网络。注重对于员工的培训，加强企业内部各部门的协调和沟通，给予客户最大的方便，及时跟踪客户对产品的满意度，来获取其好感与信任，通过服务树立和巩固自己的品牌形象。

(3)房地产品牌建设的内容。首先，要把握品牌的内涵，准确地将品牌的内涵通过特殊的方法表达给消费者和大众。其次，要有合理的发布渠道，品牌的传达不应该仅仅是简单的报纸等广告形式，而应是多渠道的组合形式。最后，要建立良好的形象，当项目形象达到一定的高度时，要及时完成由项目品牌形象过渡到企业品牌的推广与宣传。

(4)房地产品牌的设计命名。房地产品牌是由企业标识和产品名称组成的。企业标识是通过造型简单、意义明确的统一标准的视觉符号，将经营理念、经营内容、企业规模、产品特性等要素传递给社会公众，使之识别和认同企业的图案和文字。企业的标识应该简洁易记、形象新颖、富有特色，并能体现企业文化，使人们易产生从标识到企业、从企业到产品的联想。企业的名称同样如此，这是市场竞争中非常重要的一步。同时，企业的名称和标识等应广泛用于产品、办公用品、往来函件、纪念物等一切可以使用的地方，以此达到企业品牌的全方位宣传的作用。

6.5.3.2 房地产品牌建设的作用

(1)认知作用。品牌是广告促销的武器，也是进行广告促销和控制市场的有力工具，良好的品牌可以提高客户忠实度，吸引他们主动向企业提供更多的信息。目前在房地产行业存在一个非常突出的现象，就是房地产开发企业过于强调包装及打造项目名称，却很少对企业品牌的长期定位进行具体规划，以至于有些人买了房子都不知道是哪个企业建设的。而品牌有助于建立客户群的需求偏好，有助于维护和吸引品牌的忠诚客户，使企业保持稳定的销售额。

(2)竞争作用。拥有自己的品牌，企业就可以与市场直接沟通，形成自己的市场形象，获得更高的市场份额及更有效的市场控制权。品牌对于开拓新市场、新产品也起着不可小觑的作用，起着不见其人先闻其声之效。在新产品进入市场时，知名的品牌与口碑有利于维护原有的忠诚客户，吸引潜在的市场客户，并因其示范效应而比较容易地进入新市场。

(3)增值作用。品牌对于房地产开发企业本身而言就是一种财富、资本，也是一种压力和动力。一个知名的品牌，有利于社会公众监督，有利于提高企业产品质量。相对于产品的生命周期而言，品牌的生命周期更为长久，所以长久性地去维持和经营好一个特定的品牌，更有利于提高产品的价值，树立企业良好的信誉。因此，“创名牌”“保名牌”成为企业不断提高其产品质量的促进剂，是促销新产品的催化剂，是企业发展的稳定剂。根据品牌经济学的观点，房地产开发企业很难提升自己的价值，但品牌能给产品提供附加的价值个性。

(4)维权作用。品牌注册商标后受法律保护，具有严格的排他性。对于企业而言，一经发现品牌受到侵权，企业可以依法追究、索赔，并不断强化品牌正向扩张力；对于客户而言，一个获得社会认可的公司品牌会将街上形形色色的广告形象凝结成实实在在的标志，便于售后各项问题的咨询和维权；有利于建立品牌管理系统、品牌评估系统，从而深化品牌内涵。

6.5.4 实施房地产品牌战略策划

6.5.4.1 质量策略

品牌的核心是产品质量，只有向市场提供优质的产品才能为品牌竞争奠定良好的基础，即要注重品牌与品质的统一。品牌营销策略中放在第一位的应当是品质优先策略，即要将楼盘的品质视为影响营销效果的第一因素。首先，在规划设计质量上要能体现以人为本和可持续发展的核心，要满足当前消费者的需求和企业未来发展的需要。其次，工程质量要高，这其中包括设计、结构、建筑、装修等。最后，需要有一个较好的环境质量和配套设施、物业管理(包括家庭服务、生活服务、智能服务、设施维修、房屋修缮、治安管理、绿化保养等)，进而提高房地产品牌的含金量。

6.5.4.2 品牌提升策略

品牌提升策略即注重企业品牌与产品品位、品级的统一。企业要以科学的小区规划、一流的设计装修、完美的管理配套等为基础，通过广告的巧妙诉求来拔高形象定位、提升品牌的规格与档次，以一种主动的姿态提升楼盘在顾客群中的形象，从而逐渐拉开心理价格与实际售价的差距，积累起销售势能。一个品牌的提升需要有序、持久的品牌传播管理，这是保证品牌形象一致性、使品牌形象得到提升、累计传播效应的关键。品牌的提升是一个循序渐进的过程，在各大营销战略中它的战略布局应更为长久，所以一个系统的、科学的战略安排就显得至关重要。品牌提升需要考虑以下几个方面。

(1)持续不断地深度挖掘品牌产品。按市场营销理论，当企业拥有多个产品品牌时，能够降低企业的经营风险。即使某一种类型的物业不受市场欢迎，其他种类的物业可以弥补这种损失。

(2)深化品牌内涵。其深化主要是体现在产品差异化、增加物业附加值，规划时对已有的和要塑造的品牌不能千篇一律。各个品牌要按各自不同的市场定位针对相对应的消费群体，在设计功能、性能质量和服务上大显差异，有针对性地占领市场。

(3)不断强化品牌的正向扩张力。企业可以通过扩大市场占有率、品牌认知度和美誉度，来提升品牌。制定营销战略规划时，要循序渐进地强化品牌的扩张力，每个阶段都要制定相对应的强化方法，并按实施效果和市场变化及时修改计划内容。

6.5.4.3 注重品牌的定位与维护工作

不同的品牌定位代表不同的产品特色，能满足不同消费群体的需求，能适应不同的细分市场，能使企业资源有效地与特定细分市场相结合，在营销战略上要注重准确的品牌定位，重视品牌维护工作。品牌维护工作能够加强消费者对该品牌的认识度和美誉度，使房地产开发企业保持或增加市场占有份额。品牌维护工作要考虑以下几个方面。

(1)建立品牌管理系统。要成立企业内部的品牌资产管理小组，其组员可以不限于企业内部成员，必要时还可从外部聘请管理专家、技术专家，由他们通过定期会议做出对企业整体品牌维护和对单个品牌的建立与维护工作。

(2)建立品牌评估系统。企业的品牌管理小组需定期通过专业的手段对现有品牌资产的各个要素进行检测。在品牌知名度、品牌美誉度、品牌忠诚度等方面，采用绩效评估体系中的

“平衡计分卡”。对各品牌要素打分，结合知名企业的标准衡量本企业，以明确需加强的工作。

(3)持续一致地投资品牌建设。品牌管理小组一定要从项目前期规划阶段开始就注意提醒企业要投入足够的资源。无论是在设计阶段、营销策划阶段还是物业管理阶段，都要全方位并持续一致地打造品牌。品牌战略作为一个长期战略，更需要财力、人力的大力支持，且不可半途而废。

6.5.4.4 服务营销策略，即品牌与品德的统一

打造一个令消费者满意的服务营销策略，不仅体现在售房时细致周到的服务，更体现在业主入户后感受到的热情、齐全的物业管理服务。企业在整个经营活动中要以顾客满意作为基本方针，站在顾客的角度，从顾客的立场来分析、考虑问题。从楼盘规划设计、交钥匙到业主手中，直到后期物业管理中的每一个细节，企业都要及时跟踪调查顾客对产品的满意程度，并以此设立改进目标，不断地提高顾客的满意度，从而保证企业在激烈的市场竞争中占据有利的地位。

6.6 房地产产品包装策划

包装，一般来说就是给产品进行外观上的修饰，如包裹、绑扎等。而在房地产行业中，不仅仅是将它作为一种工艺手段，更多是将它视为一种营销手段，并作为企业的一种品牌战略。

6.6.1 房地产产品包装的概念与作用

房地产产品包装是指通过塑造吸引眼球的产品设计、销售现场设计、企业形象设计来吸引客户的营销策略。传统意义上，它就具备打扮修饰的作用，而作为企业品牌营销手段，它的实施主要有以下几个作用。

6.6.1.1 吸引客户眼球

房地产产品包装是客户对产品的直接视觉体验，也是产品个性的直接展示和优化传递，更是企业形象地位的直接表现。好的房地产包装设计能无形中塑造一个房地产产品及企业的内在品质，从而创造出高于他人的利润。

6.6.1.2 建立企业品牌认知

房地产包装设计具有建立房地产品牌认知的行销作用，即利用包装设计呈现品牌信息，建立品牌识别，使客户知道该房地产产品的品牌名称及属性，进而建立品牌形象。在品牌知识的结构中，亦将产品的包装视为是品牌形象联想的来源之一。

6.6.1.3 了解企业形象

了解一个企业的品牌形象更多的是通过购买房地产产品，或者从购买产品中所感受到的企业形象中去发现的。而品牌形象主要由房地产商形象、使用者形象、产品本身的形象以及品牌本身的人格形象组成。所以以上四者要能在产品的包装视觉设计中传达给客户，从而给予客户最震撼的品牌信息。

在如今房地产产品极其丰富的今天，客户对每个产品的关注时间愈发短暂，所以房地产开发企业必须及时抓住客户目光扫过本企业广告的瞬间。只有在包装策划上相对于竞争者能引起更多关注，就有可能获得更大的市场份额。所以，包装应该综合利用颜色、造型、材料等元

素，同时表现出产品、品牌等企业的内涵及信息，突出产品与客户的利益共同点，并给他们带来震撼而直观的冲击，进而刺激他们消费。因此房地产包装策略具有影响着客户对产品和企业的印象，决定着后期销售力的高与低，承担着吸引客户的主要功能。

6.6.2　房地产产品包装的分类

房地产产品包装主要包括了产品本身的包装、销售交易场地的包装设计以及企业在社会公众中的形象包装。

6.6.2.1　产品包装

房地产产品包装又细分为产品本身的工程包装以及产品广告宣传包装。常言道“巧妇难为无米之炊”，再好的销售水平，也需要建立在产品包装之上。

6.6.2.2　场地包装

场地包装主要分为两个部分，一是售楼部各类物品以及功能区的摆放与分布；二是销售人员的外在形象包装。售楼部总体风格以及布局应与企业文化大致相同，同时也要顾及当地的文化风俗；售楼处是客户的体验中心，也是展现一个企业的整体开发实力、审美观以及产品品质的最直观表现的场所。而销售人员的外在形象就是企业形象最生动的代表，也是企业经营理念的传递者，他们应努力成为客户的朋友，以便更好地引导消费，并同时将客户的意见反馈给企业。所以作为一个销售人员应具备全面的专业知识，以给人平易近人之感，能给客户提供多角度、专业的分析方案，进而促进客户消费。

6.6.2.3　企业包装

房地产开发企业形象主要包括社会各界以及相关媒体对该企业的社会评价，以及消费者对企业产品的看法。一个房地产开发企业如果能获得社会各界的广泛好评，它将在未来获得不可小觑的发展。在企业形象效益日益明显的环境下，企业包装能覆盖企业其他方面的瑕疵。

6.6.3　房地产产品包装策略

产品包装策略定位应准确且符合消费者心理的产品包装设计，这样方能帮助房地产开发企业在众多竞争者品牌中脱颖而出。

6.6.3.1　类似包装策略

类似包装策略是指房地产开发企业所生产的各种房地产产品，在广告宣传包装上都采用相同的广告语、图案、色彩，体现出共同的特色以及企业文化，使客户能轻易认出这是来自同一企业的产品。这样做一方面能节省包装设计费用，另一方面可在无形中树立企业形象，推出新产品。

6.6.3.2　配套包装策略

配套包装策略是指房地产开发企业根据客户的购买和消费偏好，将多种使用上相互关联的产品纳入同一包装容器内。这种包装不仅可以方便客户的购买和使用，而且有利于带动多种产品销售，特别有利于滞销产品的推销。在房地产产品中，大多都以住宅、停车位、商业配套产品这三者与生活息息相关的产品进行组合宣传。

6.6.3.3　再使用包装策略

再使用包装策略也叫绿色包装策略，是指反复多次地利用包装物，扩大其用途，以避免因成本加大引起产品价格过高而影响产品的销售。随着人们环保意识的增强，绿色环保成为社会发展的主题，伴随着绿色产业、绿色消费而出现的绿色概念营销方式也成为企业经营的主流。因此，在涉及房地产有关业务中需包装设计时，应尽可能选择可重复利用或再生、易回收处理、对环境无污染的包装材料，这样容易赢得客户的好感和认可，也有利于环境保护和与国际包装技术接轨，从而为房地产开发企业的发展带来良好的前景。

6.6.3.4　附赠包装策略

附赠包装策略是指包装容器内除目标产物外另附有赠品，以吸引客户的购买。该策略对初入社会的上班族以及低收入者比较有效。采用该策略时，房地产市场中的产品的单价远远不同于其他产品，所以其附有的赠品更多的是一些贷款上的优惠政策以及开发商承诺的有关福利，当然平时促销时采用的一些附赠包装也是比较有效的。

6.6.3.5　更新包装策略

更新包装策略是指房地产开发企业采用新的包装技术、包装材料、包装设计等，对原有产品加以改进，以改变产品的原有形象，并赋予它新的市场生命力。包装的改进要更加便于客户的使用，对提高产品形象、扩大销售、提高经济效益有一定的促进作用。

6.6.3.6　等级包装策略

等级包装策略是指房地产开发企业为不同的消费群体划分等级，对生产出的品质上存在差异的房地产产品分别使用不同的包装。它可以适应不同的购买力水平和不同客户的购买心理，从而扩大产品销售。例如，高端的房地产消费群体对于价格变化往往不那么敏感，他们更加注重房地产产品给他们带来的心理上的满足感，所以高端、大气、上档次的包装更能得到他们的青睐。

6.7　房地产产品创新策划

创新是以新思维、新发明和新描述为特征的一种概念化过程。房地产产品创新是指在市场出现的产品只要功能或形态上得到改进，与原有产品产生差异，并给客户带来新的利益，即可视为新产品。

6.7.1　新产品的概念与分类

对新产品的定义可以从技术、企业和市场三个角度进行分析。从技术方面看，只要在产品的原理、结构、功能和形式上发生了任何一方面改变的产品都叫新产品；从企业的角度来看，第一次生产销售的产品都叫新产品；对市场来说，只有第一次出现在市场上的产品才叫新产品。从市场营销来看，固然结合了前面三者，但更加注重消费者的感受与认同，它是从产品整体性概念的角度来定义的。凡是产品整体性概念中有任何一部分的创新、改进和变革，并且能够给消费者带来某种新的感受、满足感和利益的相对新的或绝对新的产品，都叫新产品。对于新产品的分类，大致可以分为以下四类。

6.7.1.1　全新新产品

全新新产品是指运用新原理、新技术、新工艺和新材料所制造的在市场上前所未有的产品，通常应用于新的科技成果。全新新产品具有明显的新性能和新特征，一般是为了满足市场需求或科技进步应运而生。全新产品开发难度大，需投入大量的人力物力，消费者也需要一个适应接受和产品普及推广的过程。房地产产品的基本功能大致上不易改变，更多的是功能的扩展，加上房地产产品是由品种繁多的材料综合加工而来，建筑技术、建筑材料及工艺上不可能全部更新，因此房地产全新产品相对比较少见。

6.7.1.2　改良新产品

改良新产品是指在原有老产品的基础上进行改进，使房地产产品在结构、功能、品质、装修、户型上具有新的突破和新的特点。对于改进后的新产品，房地产开发企业给它注入了较多的新价值，其产品性能更加优质，结构更加合理，物业功能更加齐全，能更多地满足消费者不断变化的需要。

6.7.1.3　换代新产品

换代新产品是指在原有产品的基础上，部分采用新技术而开发和制造出来的、满足客户新需要、具有新用途的产品。它更多地将新功能与老产品进行重新组合，使之具备新的效用，因此又可称为部分新产品。房地产行业中的此类产品主要通过增加功能或采用新的技术、材料等去替代那些市场上已存在的却被客户反馈急需改进的产品。

6.7.1.4　模仿新产品

模仿新产品是指企业还没有但市场上已经存在而企业加以模仿制造的产品。房地产产品新技术不同于其他产业，其保密性较差，不存在技术垄断，新兴技术、工艺、材料共享性较大。因此，市面上存在很多模仿型产品。模仿新产品有利于企业寻找市场空间，能快速提高企业竞争实力，增加销售收入。

6.7.2　房地产产品创新原则

6.7.2.1　适销原则

房地产开发企业须以满足消费者需求为主要出发点来进行产品研发，提前进行周密细致的市场调查，充分了解消费者群体的消费观念与习惯，还有消费者的工作方式、生活、喜好、品位等，针对消费者对于产品的户型、物业管理、配套设施、环境景观等方面的要求，有的放矢地进行产品创新，这样才能为市场提供更有竞争力、更有活力的新产品。

6.7.2.2　求实原则

房地产开发企业在进行产品创新时，要从对企业自身的研发条件、资金实力、技术力量和其他外部协作因素进行充分的考虑，并且结合企业实际情况，量力而行。此外，新产品的设计开发一定要考虑项目所在地的自然地理条件以及地理文化传统等因素的影响。

6.7.2.3　特色原则

一个优秀的新产品必须要有新的产品概念、新的功能、新的形式、新的亮点，才能够给消费者带来新的体验，产生购买的欲望。当然，特色新颖并不等于一味追求新产品的功能超前，而是要做到适度、适中，以节约不必要的成本。

6.7.2.4　效益原则

效益原则是创新策略中最重要的原则。对于消费者而言，新产品不但要能给他们带来实用、舒适、方便、美观的体验，而且要让消费者获得产品创新带来的产品价值增值。对于企业而言,产品创新的最终目标是企业经济效益的提升。同时,新产品也要有社会效益,防止节约资源、环境污染,做到保持生态平衡,美化城市景观。

6.7.3 房地产产品创新策略

产品创新策略认为新进入者必先推出新产品,企业对新产品或新方法的研发具有很强的欲望,然而,产品创新并不容易。前期不但需要投入大量资金,还需培养科研人员研发新技术,同时在整个过程当中也需要管理者花时间打破原有的组织疆界,如当新产品开始流入市场时,销售费用也随之而来。

6.7.3.1 产品的建筑设计创新

房地产产品前期的建筑设计创新决定了产品未来的品质、效用的高低,所以产品的创新更应该在建筑设计创新上下功夫。产品建筑设计创新应该注意以下几点。

(1)以消费者需求为中心。房地产产品的创新要充分体现适销对路的原则。实际上,大多数的房地产是通过局部创新设计的新产品来取代原有的产品,并且通过详细的市场调查研究数据做出准确的产品市场发展定位,开发出满足特定消费群体需要的新产品。例如有的企业为满足现代购房者的需要而设计了创新的子母套房,产品组合新颖,吸引眼球。

(2)形成产品差异化。如今,房地产产品同质化现象严重,由此产生的正面市场竞争十分激烈,面对这样的情况,企业应该从产品的局部设计创新及产品使用创新等方面进行突破,将本产品的亮点凸显出来,形成同档次项目产品的差异,这种差异很可能就意味着强大的市场竞争力。因此,差异化产品策略已经成为企业进行产品创新、参与市场竞争的重要手段。企业只有在差异化竞争中不断突破,在每一个阶段都能开发出符合市场需要并优于其他竞争企业的新产品,实现比其他企业的产品价格高且收益好的目标,才能更长久地竞争于市场。

(3)注重品质与细节设计。随着经济水平的提高,人们对产品有了更高的要求,体现在房地产产品上就是产品品质、产品细节方面。产品细节更多体现在户型设计、景观设计、园林设计、项目配套等方面。房地产产品在结构、功能、材料上大同小异,所以应用一些局部的、细致的手法来进行产品制作,从细节上凸显项目产品的独特品质,提升其性能价格比。

6.7.3.2 提升产品的附加值

日本的产品设计家平岛廉久认为,产品提供给消费者的价值有两种:一种是软性产品价值,是指能满足消费者感性需求的某种文化。另一种是硬性产品价值,是指产品实际能提供给消费者的功能。商业、教育、医疗等配套设施就是房地产产品中的一种软性价值,是影响房地产产品市场竞争力的重要因素。随着城市化进程的加快,郊区项目成为房地产市场供应中所占比例最大的项目,而配套设施缺乏也成为比较严重的一个问题。因此,在房地产市场竞争日益激烈和消费者更加理性的情况下,商住一体及教育配套设施联合开发已成为房地产开发企业增强产品竞争力、提升产品附加值的重要手段。

6.7.3.3 产品的服务创新

服务作为房地产整体产品中最主要的延伸产品部分,包含了产品销售过程中的信息咨询、按揭保证以及使用过程中的使用咨询、产品保修和物业管理等内容。产品服务创新可以从售前、售中、售后三个阶段来展开工作。在预售阶段,一般通过产品的市场宣传及营销人员与客户交流等方式让客户充分了解该产品。在现房销售阶段,要做好样板房展示工作,让消费者能够更加客观、真实地了解产品。在售后阶段，要及时跟踪顾客对产品的满意度，对产品在使用过程中出现的使用不当等情况进行及时的帮助及指导，并对产品所出现的质量问题提供保修服务等工作。

房地产产品是最能体现房地产开发企业核心竞争力的重要因素，在日益激烈的市场竞争中，企业要对房地产整体产品进行全面细致的剖析，并进行多层次、全方位的创新，这是房地产开发企业赢得市场、提升企业品牌和形象的关键途径。

知识归纳

1. 房地产产品是指提供给市场的能够满足消费者某种需求和欲望的任何有形建筑物、土地和各种无形服务或权益。

2. 房地产产品的生命周期主要分为四个阶段，即引入期、成长期、成熟期以及衰退期。这是房地产产品所必须经历的过程，也是一般规律。

3. 房地产产品组合是指房地产开发企业所生产和销售的全部产品线和产品项目的组合，它包括四个变数，即宽度、长度、跨度和关联度。

4. 房地产产品差异化策略是指企业以有差异的房地产产品提高房地产产品的价值，形成竞争优势，从而获取更多的利润。

5. 房地产品牌战略策划即在保证产品质量的基础上，打造一个核心的产品品牌，通过长期的发展来提高产品的核心竞争力。

6. 房地产产品包装策划是指通过房地产产品包装策略来提升房地产产品的竞争优势。

7. 凡是产品整体性概念中有任何一部分的创新、改进和变革，并且能够给消费者带来某种新的感受、满足感和利益的相对新的或绝对新的产品，都叫新产品。

思考题

1. 如何运用房地产产品的生命周期策略展开对应的营销工作？

2. 开展房地产产品差异化策略时如何与开发成本控制相适合？

3. 进行房地产产品品牌战略策划、差异化策略应注意哪些事项？

4. 如何进行房地产产品创新战略策划？

案例实训

案例一：产品组合

某房地产开发企业通过对××市房地产市场的调查与分析，对即将开发的A地块的产品类型与户型进行了组合。2019年××市继续调整住房结构供应，加大中小户型普通商品房建设。最后该企业选择的方案是：排屋＋小高层＋高层，产品种类丰富，满足不同客户的需求。据数据显示，排屋是三层，116户；小高层是11层，660户；高层是32层，1280户。该方案数量充足，产品种类丰富，具有产品创新的空间。联排别墅类产品得到中高档客户认可；针对整个××市市场，随着中小户型的大量上市，联排类产品成了“稀缺品”，供不应求。低层产品利润高，周期短；小高层、高层产品所占有市场份额高，且市场影响大，所以中小户型仍然是高层公寓的主力户型；针对市场需求，排屋及花园洋房以180～220 m^2 为主力户型，配以300 m^2

舒适型独栋。此外，还有多样的户型：80～90 m^2，2房2厅1卫；90～100 m^2，2+1房2厅1卫；100～120 m^2，小3房2厅1卫；120～140 m^2，3房2厅2卫；140～160 m^2，4房2厅2卫。让购房者有更多的选择。

问题：

你认为该楼盘产品组合有没有存在不合理之处？

案例二：万科的品牌发展——上海万科海上传奇

自1984年成立至今，万科从“做加法”到“做减法”，经历了从多元化到专业化的转变，依靠专业的住宅开发，以及“为普通人造好房子”的理念，逐步成为房地产行业的领跑者，并积极发挥一系列领跑者角色，推动了中国城市化进程，形成了即售项目、商业项目、租赁项目、产业办公、教育项目等多条业务线齐头并进之势。万科里是继万科社区营地（社区教育培训）、万管家、万街市等后的自营服务品牌。

上海万科海上传奇——开盘即清盘，用价值演绎传奇，是万科发展的证明。一开始万科的定位是新海派国际都会实践社区，但渐渐地企业发现这个说法过于卖点，与当时的市场并不能很好地契合。于是，企业决定放弃以往定义式的传播方式，远离类似“海派”“国际”等说教性词汇，真正地从文化视角和生活情感的角度，加上现代的正向家庭价值观、生活观来与客户进行沟通，软化硬性卖点。从而有了新的定位：让我们更迷恋这都市——万科海上传奇。这一点更加充分证明了万科的专业实力，前期的准确定位再加上后期的宣传推广，让这个楼盘迎来了这个开盘即清盘的盛况，也更加让客户相信万科这个品牌，更加相信它的水平。

问题：

请谈谈万科品牌发展的成功之处？

第7章　房地产产品价格策划

内容提要

本章的主要内容为房地产营销价格的制订，包括房地产产品价格的概念及构成，房地产产品的定价目标、原则、方法及程序，房地产产品的定价策略，房地产价格的调整策略。重点为房地产产品的价格构成、房地产产品的定价目标及定价程序、组合定价策略、房地产价格调整策略；难点为房地产产品定价方法、定价策划、价格调整策略。

能力要求

通过本章学习，了解房地产产品价格的概念及构成要素，明确房地产产品的定价目标，掌握房地产产品的定价方法和定价策略，从而进一步掌握房地产价格的调整策略。

7.1　房地产产品价格概述

7.1.1　房地产产品价格的概念、构成

价格是房地产市场中最活跃、最敏感、最重要的因素之一，对市场而言，它是供给和需求力量对比变化的信号。而房地产价格是房地产经济运行和资源配置最重要的调节机制。

7.1.1.1　房地产产品价格的概念

房地产作为产品，同其他任何产品一样，是使用价值和价值的统一体。房地产价格根据马克思主义经济学的劳动价值理论和价格理论，从总体上看，价格的基础仍然是价值，是房地产价值的货币表现，但又有其特殊性。

房地产价格从经济学角度看，是指在房屋建造、建设用地开发及经营过程中，凝结在房地产产品中的物化劳动价值量的货币表现形式。而这部分价值表现出的房地产价格是由社会必要劳动时间(即在社会正常的生产条件下，在社会平均的劳动熟练程度和劳动强度下，建造某一房地产产品所需的时间)所决定的。房与地是不可分割的统一体，房地产价格就是这个统一物的价格，是房地产产品价值和地租资本化价格的综合性货币表现形式。

房地产价格从营销学角度看，是消费者对于房地产产品价值判断的货币表现。消费者对房地产产品的价值判断，主要是根据房地产产品所具有的成本价值、贵重价值和稀少价值来进行判断的。因此，从市场营销的角度看，房地产价格是活跃的，是随时可变的，但同时其价格的变化，也在一定程度上受到各种主客观因素的影响。

7.1.1.2 房地产产品价格的构成

房地产产品价格是营销的重要因素之一，但是它与一般产品的价格有许多不同。房地产价格受区位的影响很大，而且是在长期的市场作用下形成的。一般来说，在房地产市场正常运转的情况下，房地产作为一种产品，其销售价格一般由以下几个部分构成。

(1)土地取得成本。土地取得成本一般是由房地产开发企业购置土地的价款和在购置时应由房地产开发企业缴纳的税费构成。目前房地产开发用地使用权的取得方式主要有出让、划拨和转让。现在房地产开发企业一般都采用有偿方式取得土地使用权。在目前情况下土地取得成本的构成根据房地产开发用地取得的途径可分为下列三种。

①通过征用农地取得的。土地取得成本包括农地征用中发生的费用和土地使用权出让金等。

②通过在城市开发中进行房屋拆迁取得的。土地取得成本包括城市房屋拆迁中发生的费用和土地使用权出让金等。

③通过在市场上“购买”取得的。如购买政府出让或其他房地产开发企业转让的已完成征用或拆迁补偿安置的熟地，土地取得成本包括购买土地的价款和在购买时应由买方缴纳的税费(如交易手续费、契税)等。

(2)开发成本。开发成本是指在取得房地产开发用地后进行土地开发和房屋建设所需的直接费用、税金等。其主要包括以下几个方面。

①勘察设计和前期工程费用。该费用包括前期的规划、设计、可行性研究、水文地质勘察及“三通一平”等工程前期所发生的费用。

②基础设施建设费。该费用主要是指与开发产品相关的道路、供热设施、供水设施、供电设施、供气设施、通信设施、照明设施以及绿化(包括排污、排洪、环卫)等费用。

③房屋建筑安装费。该费用是指房地产开发企业以发包方式支付给承包商的建筑安装工程费和自营方式发生的建筑安装工程费，主要由分部分项费用、措施项目费用、其他项目费用、规费和税金组成。

建筑安装工程费按照费用的构成要素划分，由人工费、材料(包含工程设备，下同)费、施工机具使用费、企业管理费、利润、规费和税金组成。其中人工费、材料费、施工机具使用费、企业管理费和利润包含在分部分项工程费、措施项目费和其他项目费中。

④公共配套设施建设费。该费用包括所需的营利性公共配套设施和非营利性的公共配套设施的建设费用。

其中，营利性公共配套设施是指有偿转让的城市规划中规定的大型配套设施项目以及属于营利性的，或产权归企业所有的或者是无偿赠与地方政府、公用事业单位以外其他单位的公共配套设施，一般包括小区内的商店、银行、邮局等。

而非营利性公共配套设施是指在房屋开发过程中，根据相关法规，其产权及收益权不属于开发商，同时开发商也不能转作和自留固定资产的公共配套设施，一般包括小区内设置的文化活动中心、亲子中心、健身器械等。

⑤贷款利息。贷款利息是指房地产因开发周期长，需要投资数额大，企业在进行房地产项目开发时，需要借助银行的信贷资金，在开发经营过程中通过借贷筹集资金而应支付给金融机构的利息，即贷款利息，这也成为开发成本中一个重要的组成部分。然而，贷款利息的大小与所开发项目的大小以及融资额度的多少有关，因此其所占成本构成的比例也相对不稳定。

⑥开发建设过程中的税费，包括以下项目：

A. 土地增值税。这是对转让国有土地使用权、地上的建筑物及其附着物并取得收入的单位和个人征收的一种税。它采用四级超率累进税率，即

应纳土地增值税＝土地增值额×适用税率－扣除项目金额×速算扣除系数

其中

土地增值额＝转让房地产总收入－扣除项目金额

计算扣除的项目有：取得土地使用权所支付的金额；开发土地和新建房及配套设施的成本；开发土地和新建房及配套设施的费用；旧房及建筑物的评估价格；与转让房地产有关的税金；加计扣除。

B. 城市维护建设税和教育费附加。以营业税等流转税为计税依据，依所在地区分别适用7%、5%、1%征城市建设维护税，依3%计征教育费附加。

C. 房产税。这是在城市、县城、建制镇、工矿区范围内，对拥有房屋产权的内资单位和个人按照房产税原值或租金收入征收的一种税。它以房产原值(评估值)为计税依据，税率为1.2%。

年应纳税额＝房产原值(评估值)×(1－30%)×1.2%

D. 印花税。这是对在经济活动和经济交往中书立(是指以书面的形式产生的各种合同、字据、账簿等，是指签订合同、协议的行为)、领受印花税暂行条例所列举的各种凭证所征收的一种兼有行为性质的凭证税。印花税分为从价计税和从量税两种。

应纳税额＝计税金额×税率

应纳税额＝凭证数量×单位税额

土地使用权出让转让书立的凭证(合同)暂不征收印花税，但在土地开发建设，房产出售、出租活动中所书立的合同、书据等，应缴纳印花税。凡进行房屋买卖的，签订的购房合同应按产权转移书据所载金额的0.05%缴纳印花税。

E. 契税。契税是对在我国境内转移土地、房屋权属时向承受土地使用权、房屋所有权的单位征收的一种税。征收范围包括国有土地使用权出让、土地使用权转让(包括出售、赠与和交换)、房屋买卖、房屋赠与和房屋交换。计税依据主要是成交价格、核定价格、交换价格差额和“补缴的土地使用权出让费用或者土地收益”等。

应纳税额＝计税依据×税率

F. 个人所得税。这是对个人的劳务和非劳务所得征收的一种税。房地产产业所涉及最多的是“工资”“薪金”所得(适用5%～45%的超额累进税率)。

应纳税额＝应纳税所得额×适用税率－速算扣除数

(3)管理费用。管理费用是指在管理和组织房地产开发经营活动过程中所发生的一系列相关费用，包括房地产开发企业人员工资及福利费、办公费和差旅费等，可总结为土地取得成本与开发成本之和的一定比率。管理费用在整个成本构成所占比例很小，一般为2%～3%。

(4)投资利息。投资利息包括土地取得成本、开发成本和管理费用利息，并计算利息。房地产开发企业自有资金应该得的利息也要与其应获得的利润分开，不能算作利润。计算投资利息应把握以下三个方面。

①计息期。计息期也称计息周期数。在确定每项费用的计息期前，首先要估算整个房地产开发项目的建设周期。而计息周期一般指计算利息的单位时间(年、半年、季度、月等)。

②计息方式。计息方式分为单利计息和复利计息两种。单利计息是只有本金计算利息，而复利计息是由本利和计息构成。

③利率。利率是指单位时间内增加的利息与原金额之比，包括单利利率和复利利率、名义利率和实际利率、存款利率和贷款利率。

(5)销售费用。销售费用是指销售开发完成后的房地产产品所需的相关费用，包括销售前期费、广告宣传费、销售代理费等。

①销售前期费。销售前期费是指核算与销售相关的一些前期费用，包括售楼处的建造与装饰以及不能出售的样板房的装饰费用。

②广告宣传费用。广告宣传费用主要是指与房地产销售有关的各种媒体广告费、广告制作费、展板制作费、楼书印刷费、宣传费等相关费用。

③销售代理费。销售代理费是房地产开发企业委托代理公司进行销售而支付的佣金，一般房地产开发企业和所指定的代理公司签订相关代理协议，根据合同上的有关条款支付销售代理费。

(6)销售税费。销售税费包括增值税、城市维护建设税、教育费及附加和应当由卖方负担的交易手续费等。销售税费通常是由售价的一定比例，在确定价格时，常按销售价乘以这一比率来计算。其中：

①应纳增值税(一般纳税人征收管理)。

A. 房地产新项目，其计税方法(11%)为

销售额＝(全部价款和价外费用－当期允许扣除的土地价款)÷(1＋11%)

当期允许扣除的土地价款＝(当期销售房地产项目建筑面积÷房地产项目可供销售建筑面积)×支付土地价款

进项税：房地产开发企业中的一般纳税人自行开发的房地产项目，不执行进项税额分期抵扣政策，其进项税额可一次性抵扣(如购买设计服务、建筑服务等)。

预缴税款：一般纳税人采取预收款方式销售自行开发的房地产项目，应在收到预收款时按照3%的预征率预缴增值税。

应预缴税款＝预收款÷(1＋11%)×3%

B. 房地产老项目，其计税方法(5%)为

应预缴税款＝预收款÷(1＋5%)×3%

应纳税款＝预收款÷(1＋5%)×5%

销售额为取得的全部价款和价外费用，不得扣除对应的土地价款。

②城市维护建设税＝应纳增值税×7%(税率：市区7%，县镇5%，乡村1%)。

③教育费附加＝应纳增值税×3%(地方教育费附加为2%)。

(7)开发利润。开发利润是房地产开发企业在一定会计期间的经营成果，是房地产开发企业的收入减去有关的成本费用后的差额。在估算开发利润时，应掌握以下几点。

①开发利润是税前利润。

开发利润＝开发完成后的房地产价值－土地取得成本－开发成本－管理费用－投资利息－销售费用－销售税费

②开发利润是在正常条件下，房地产开发企业所能获得的平均利润，而不是个别房地产开发企业最终获得的实际利润，也不是个别房地产开发企业所期望获得的利润。

③开发利润是按一定基数乘以同一市场上类似房地产开发项目所要求的相应平均利率来计算的。

综上所述，构成房地产价格的费用主要有土地成本、开发成本、相关税费、开发利润以及其他成本(包括管理费用、销售费用)等，各部分费用构成在总体价格中所占比例如图 7－1 所示：

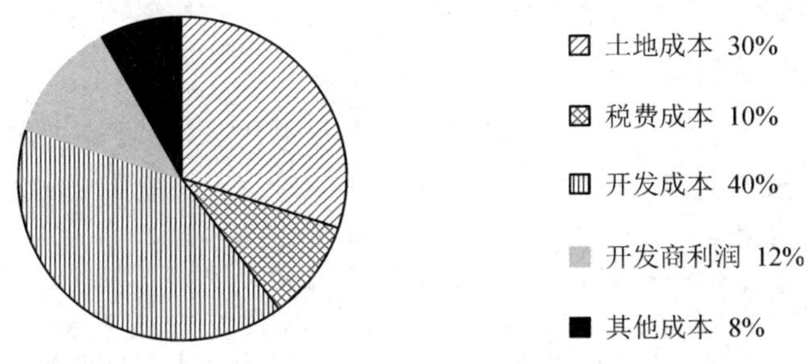

图 7－1　房地产总体价格构成

7.1.2　房地产产品价格的影响因素

房地产价格受各种因素的影响而发生变动，要想更好地掌握房地产价格的变动规律，必须弄清影响房地产价格的因素。房地产价格是多种因素相互作用的结果，众多影响因素相互关联、相互交织，共同决定了该房地产产品的价格。对于房地产产品价格的影响因素，我们将从以下几个方面进行分析。

7.1.2.1　产品因素

随着房地产行业的不断发展，市场细分不断细化，消费者需求不断变化，房地产产品也日益多样化，由此所造成的房地产产品开发的成本变化促使房地产产品价格也必须进行不断的调整，以适应不断变化着的市场情况。

7.1.2.2　消费者心理因素

通常房地产开发企业在定价时，都要充分考虑消费者的心理。

(1)考虑消费者对房地产价格的预期心理。当消费者预测商品房在未来会有涨价趋势的时候，消费者会争相购买，导致房地产价格上涨；反之亦然。

(2)考虑消费者对房地产的认知价值。消费者对于产品的价值认知包括消费者对产品的质量、用途、设计以及服务水平的评估。不同消费者对商品房的认识价值不同，而且消费者存在求实、求名、求廉、求新、求美等心理因素，因此消费者对产品价值的认识水平也是影响房地产产品价格的重要因素。

(3)考虑“炒房”现象。即现实中投资者存在的投机心理，投机者的投机活动会很容易影响房地产市场价格。消费者的从众心理也会影响房地产价格的变化。

7.1.2.3　行政与政治因素

影响房地产价格的行政因素包括土地利用规划及供应管制、房地产税、住房政策、政策法规、城市规划和公共建设；政治因素主要包括政治体制和政权、政治局势、政策及战争风险等。在我国，房地产的发展受政府行政政策的干预。而政府政策对房地产的干预影响了房地产投资、投机、购房心理等因素，间接地影响了房地产价格的变化。

7.1.2.4　经济因素

影响房地产价格的经济因素有经济发展水平、经济增长速度、产业结构、物价、工资、就业水平、居民收入水平、储蓄率、财政及金融状况、利率、外资投资意愿和地价等。由于不同城市经济发展水平不同，房地产价格也有着较为显著的差异；而在同一城市中的不同区域，由于经济发展水平不同，其房地产价格也有着很大差异。

7.1.2.5 区域环境因素

区域环境会影响不同地区的房地产价格水平。影响住宅区域价格水平的主要因素包括商品房离市中心的距离及交通便利程度，居住环境的好坏，商业、学校、医院等配置状况等。区域环境好则产品住宅的价格高，反之亦然。

7.1.2.6 成本因素

成本是影响房地产价格的重要因素，它包括土地成本和建筑成本两个方面。

(1)土地成本是影响房地产产品定价最直接的因素，在总的开发成本中占比达到30%～80%。如果进行房地产开发项目的土地成本升高，则表示房地产开发企业能够获利的空间就越小。而我国房地产开发的土地供应是由政府及相关部门绝对控制的，所以土地供应量也受到一定的限制。

(2)建筑成本包括材料成本、人工成本、设备成本等，成本的增加同样会导致产品价格的上升。其中，材料成本是建筑成本中所占比例最大的一项，而材料价格本身也是一个具有较大市场敏感性的因素，因此，材料成本在很大程度上决定了建筑成本的高低。

7.1.2.7 市场需求因素

市场需求因素是影响房地产产品价格最核心的因素，它包括以下几个方面：

(1)需求的意愿。它是指房地产产品可以作为一种投资品，房地产投资者便可以在房地产买卖中获取差价。随着市场上投资者的需求增多，房价便会随之发生变动。

(2)收入水平。由于房地产产品属于高额的消费品，消费者必须具备一定的支付能力。随着消费者收入水平的提高，房地产市场的需求量便会增加，从而造成房地产产品价格的上升，这也是我国出台“限购政策”“一房一价”等限制“炒房”的原因。消费者收入水平的增加，也促使消费者的消费结构发生质的改变，主要表现在恩格尔系数下降，即花费在食品方面的比重减少，而花费在“住”和“行”上的比重增加。

(3)人口因素。人口因素是决定住宅、商业的房地产需求量或者是市场规模大小的基础因素，人口密度、人口结构，特别是人口数量的增加都会对房地产价格造成影响。

7.2 房地产产品定价目标、原则、方法、程序

房地产定价是操作市场的强有力杠杆，是兑现房地产开发企业利润的关键环节。而房地产项目定价目标、原则、方法、程序操作的好坏直接关系到楼盘销售的成败，因此定价目标、原则、方法、程序也是我们必须要学习的一项重要内容。

7.2.1 定价目标

俗话说“没有卖不出去的物业，只有卖不出去价格”，定价是房地产营销策划的关键环节，所以在进行房地产定价时，首先要确定定价目标。

房地产定价目标通常可定义为房地产开发或销售代理企业在对其生产或经营的房地产产

品制订价格时,有意识地要求达到的目的和标准。一方面,它服务于企业经营战略和房地产项目营销目标;另一方面,它是企业定价方法和定价策略的重要依据。一般来讲,可供房地产开发企业选择的定价目标有以下几种。

7.2.1.1 利润最大化目标

利润最大化目标是指房地产开发企业在一定时期内,在销售上追求获得最大利润的一种定价目标。最大利润是指企业在一定时期内,可能并且准备实现的最大利润额,而不是单位产品的最高价格。实现利润最大化的途径主要通过追求高价和扩大房地产产品的销售量来实现。

当一个企业的产品在市场上处于某种绝对优势地位时,固然可以追求高价,以获取超额利润,但是高价位也必须要有市场的认同,不然价格过高也会无人购买,也不可能带来高利润。而对于扩大销售量而言,销售者根据市场状况制订一个合适的价格,通过促销激发目标客户的需求,同时增加供房量,也可以获得更多利润。因此,企业要综合考虑各种因素对房地产价格的影响,综合分析企业的内部环境和外部环境,并将相关因素和企业经营战略结合起来,使企业长期总利润达到最大化。

7.2.1.2 市场占有率目标

市场占有率是指在一定的时期内,房地产开发企业的房地产产品市场销售量占当地同类房地产产品市场销售总量的比例。市场占有率的大小,综合地反映了房地产开发企业的经营状况和产品的竞争力,它关系到企业在市场中的地位和发展前景。市场占有率高意味着企业的销售量大,竞争能力强;市场占有率低意味着企业的销售量小,竞争能力差。

房地产开发企业以提高市场占有率为定价目标,应具备以下条件:

(1)随着生产经验的积累和产量的扩大,能使房地产的生产成本和销售费用显著下降;

(2)低价能有效抑制潜在竞争,不至于演变成势均力敌的竞争者之间的价格混战;

(3)产品的需求价格弹性大,低价能扩大房地产销售量,达到以量换利,提高市场占有量,稳固市场地位。

(4)企业产品的销售业绩与房地产品牌知名度和品牌形象有极大的关系,消费者只有对品牌有认知,并产生好感和依赖,才能购买产品。

7.2.1.3 稳定价格目标

稳定价格目标是指房地产销售者在定价时以稳定的市场价格为目标,稳定的价格给人以产品信誉高、企业形象好的印象。激烈的价格竞争常使企业之间日两败俱伤,从短期看,价格竞争虽然会给消费者带来一些好处,但会使市场供求格局遭到破坏;从长远来看,低价格会影响企业的信誉以及企业形象。

因此,企业以稳定价格目标制订价格,可避免不必要的价格竞争,使市场价格不会有太大的波动,保持收益均衡,减少风险,又可以使一些小规模的房地产开发企业维护自身长远的利益。

7.2.1.4 应对或避免竞争目标

房地产开发企业对竞争者的行为十分敏感,尤其在价格的变动状况下更甚。为了更好地应对和避免竞争,房地产开发企业在定价前应注意收集同类产品的质量和价格资料,并与自己的产品进行比较,然后选择可以应对竞争的价格。

同时,企业也需要制定一些临时性定价目标以应对一些突发状况的发生。如,当市场行情急转直下时，企业就应以保本销售或尽快脱手为定价目标；当不得已应对竞争者挑战时，企业也可能以牺牲局部利益来遏制竞争对手，保全企业的长远发展战略。但是一旦出现转机，临时性定价目标就应让位于企业长远定价目标。

7.2.2 定价原则

(1)定价应从用户的角度精确衡量产品价值所在。为了满足客户的需求，从而精确衡量产品的价值，企业必须形成以客户为中心的管理文化，将满足客户需求作为企业发展的拉动源。

(2)合理的市场价格应该是一个范围，产品的价位应当处在客户愿意支付的价格与产品的成本之间。定价还要贯彻按质论价和分等论价的原则。根据消费者对产品的质量要求的不同，房地产企业应对产品进行不同等级的划分，以不同的价格来体现效用的高低。

(3)定价应根据消费者心理预期和消费能力来定，同时还要和同类品牌做比较，进行产品定位。不仅如此，为了找到消费者眼中的价格参照物，需要分析产品能够为消费者所带来的各种利益。

(4)广泛选择竞争项目或可比项目，坚持运用市场比较法，找到本项目的市场价格范围。将产品置于更加昂贵的竞争对手之流，如此便可以提高产品的价值，并让人们心甘情愿地支付更多的价格来购买产品。

(5)坚持详尽的价值分析，结合由始至终的策略性考虑。价格是以其价值为主要依据制订的。详细的价值分析，有利于房地产开发企业在充分考虑产品使用价值的情况下，兼顾其品质价值、品牌价值、附加价值等。

(6)定价既要相对灵活，又要相对稳定。定价应该根据供求关系的变化而采取灵活定价，如阶梯价、优惠价、折扣价、浮动价等。根据市场需求的变化有升有降，调节产品的采购价格，提高经济效益。

(7)定价要预计市场占有率，预计和推测产品上市后的市场占有程度。通过预计市场占有率来确定定价的基数，以便产品推向市场时心中有数，有的放矢，能在市场中立于不败之地。

7.2.3 定价方法

定价方法是企业为了在目标市场上实现定价目标，而给产品制订的一个基本价格或浮动范围的方法。如何确定最合适、最合理的价格，求取企业利润的最大化，是房地产投资者最为关心的问题。常见的关于房地产定价的方法有以下几种。

7.2.3.1 成本导向定价法

成本导向定价法是一种以成本为中心，按卖方意图定价的方法，是指房地产开发企业在定价决策中，主要按开发成本和人为订立的利润比来确定价格，不考虑或很少考虑市场需求和竞争等方面因素的一种定价方法。采用这种定价方式，一要准确核算成本，二要确定恰当的利润百分比(即加成率)。它一般包括以下几种以成本为中心的定价方法。

(1)成本加成定价法。成本加成定价法又叫完全成本定价法，是在单位产品成本的基础上，加上一定比例的预期利润作为产品的售价。成本是开发项目的全部成本，包括开发成本以及经营过程中的费用以及税收。利润是售价与成本之间的差额。利润率应当根据整个房地产市场的平均利润来综合评定，同时也应考虑房地产投资所带来的风险情况。这种方法的特点是先得出成本，规定一个较合理的预期盈利比率，两者相加就得到了售价。成本加成定价的公

式为

$$单位产品的价格=\frac{单位房地产产品总成本\times(1+成本加成率)}{1-税金率}$$

其中，加成率是预期利润占产品成本的百分比。一般而言，加成率的大小与产品的需求弹性、房地产开发企业的预期盈利有关，需求弹性大，加成率就低，薄利多销；需求弹性小，则加成率不宜过低。

例如，某一幢商品房总成本45万元，房地产开发企业预期利润为总成本的20%，各项税费约为10%，那么该幢商品房的总销售价为

$$45\times(1+20\%)\div(1-10\%)=60(万元)$$

这种定价方法的优点是计算方便，因为确定成本要比确定需求容易，所以定价时着眼于成本，房地产开发企业可以简化定价工作，也不必经常依据需求情况而做出调整。但是这种方法的缺点是只考虑成本，忽视了市场竞争和供求状况的影响，难以适应市场竞争的变化。

(2)盈亏平衡定价法。盈亏平衡定价法也叫保本定价法或收支平衡定价法，是在既定的固定成本、单位变动成本和价格条件下，企业的销售收入刚好与同期发生的费用额相等，在收支相抵、不盈不亏时的销售量，或在一定销售量前提下，使收支相抵的价格。

盈亏平衡原理如图7-2所示。

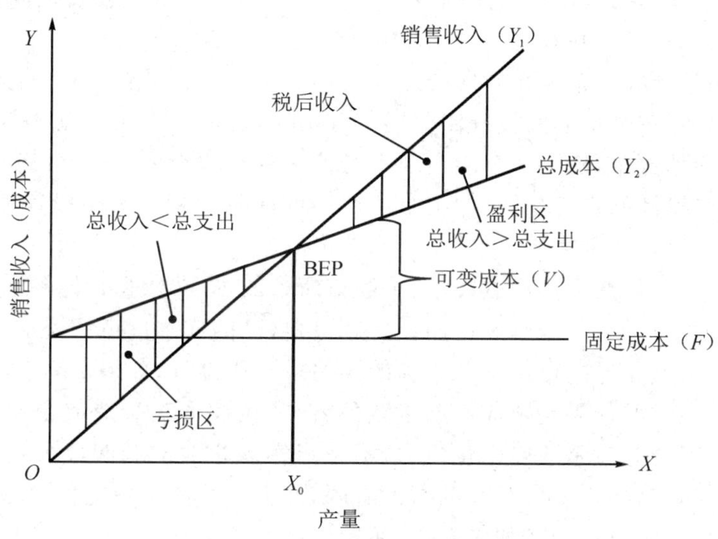

图7-2 盈亏平衡原理

设X轴为房地产产品产量，Y轴为销售收入，BEP为盈亏平衡点，P为房地产产品单价，Y_1为销售收入，Y_2为总成本，F为固定成本，V为可变成本，C为单位房地产产品可变成本，则有如下公式

$$Y_1=PX$$

$$Y_2=F+V=F+CX$$

当盈亏平衡时

$$Y_1=Y_2,X=X_0$$

则

$$PX_0 = F + CX_0$$

$$X_0 = \frac{F}{P - C}$$

在此种销售价格下实现的产(销)量使房地产开发企业正好保本,则该价格是保本价格,即

$$房地产产品售价 = \frac{固定成本总额}{盈亏平衡点产(销)量} + 单位变动成本$$

保本价格是房地产价格的最低界限。正常情况下,房地产定价要高于保本价格,这样企业才能获利,所以这种方法在市场不景气的情况下采用比较适合。但是这一方法的缺点就在于要先预测产品的销售量,销售量预测不准,成本不准,则价格就会不准确,且它是根据销售量倒过来推算价格的。

(3)变动成本定价法。变动成本定价法是指把单位变动成本与单位产品贡献额之和定为售价的定价法。其公式为

$$售价 = 单位变动成本 + 单位产品贡献额$$

贡献的意义在于,单位产品的销售收入在补偿变动成本后,先要用来补偿固定成本费用。在盈亏分界点之前,所有产品的累积贡献均体现为对固定成本费用的补偿,房地产开发企业没有盈利可言;达到盈亏分界点之后,产品销售收入中的累积贡献才是现实的盈利。在实际中,由于以变动成本为基础的低价有可能刺激房地产产品销售量的大幅度提高。因此,贡献额不仅可能弥补固定成本费用,并有可能带来盈利。

(4)投资回收定价法。企业在开发产品和增加服务项目时,要投入一笔数目较大的资金,且在投资决策时总有一个预期的投资回收期,为确保投资按期收回并赚取利润,企业要根据产品成本和预期的产品数量,确定一个能实现市场营销目标的价格,这个价格不仅包括在投资回收期内单位产品应摊销的投资额,也包括单位产品的成本费用。利用投资回收定价法必须注意产品销量和服务设施的利用率。

综上,成本导向定价法主要优点在于:①涵盖所有成本;②依据目标利润制订价格;③广泛使用的理性定价方法;④易于理解和使用;⑤企业对自己的成本比市场需求更了解。

其缺点在于:①成本导向定价是基于提前预估成本所制订,如果实际生产发生改变则会直接导致成本发生改变;②如果企业成本高于竞争者,使用此方法会造成企业竞争力不足;③它忽略需求价格弹性,会导致企业丧失竞争力,不一定实现企业的利润最大化;④它对于某些企业目标,如市场渗透、对抗竞争等行为的帮助有限,此方法可能会使定价策略丧失灵活性。

四种以成本导向定价法比较如表 7-1 所示。

表 7-1　成本导向定价法比较

定价方法	定价基准	收益水平	适合市场	适合产品
成本加成定价法	预期利润	固定不变	普通	所有产品
盈亏平衡定价法	收支平衡	维持运作	饱和衰退	成熟/衰退产品
变动成本定价法	变动成本	生产底线	竞争白热	退市产品
投资回收定价法	投资回收	确保利润	进入初期	新晋/强势产品

7.2.3.2　需求导向定价法

需求导向定价是指以消费者对房地产产品的认知价值、需求强度及对价格的承受能力为

依据，以市场占有率、品牌形象和最终利润为目标，真正按照有效需求来策划房地产价格。

对于需求差异定价法，同一产品的价格差异并不是因为产品成本的不同而引起的，而是由消费者需求的差异所决定的。其好处是可以使房地产开发企业的定价最大限度地符合房地产市场需求，从而促进产品销售，有利于房地产开发企业获取最佳的经济效益。采用这种方法来定价，一般以该产品的历史定价为基础，根据市场需求变化的具体情况，在一定幅度内变动价格。需求导向定价法具体有以下两种不同形式：

(1)理解价值定价法。理解价值定价法也称"觉察价值定价法"或"认识价值定价法"，是消费者对产品的一种价值观念。这种价值观念实际上是消费者对产品的质量、用途、款式以及服务质量的评估。房地产开发企业首先要通过市场研究，来确定该产品在客户心目中形成的价值，总结在营销组合中非价格因素变量在消费者心中建立起来的认识价值，然后根据消费者的可接受程度来制定产品的售价。其主要步骤是：①确认顾客的认识价值；②根据确定的认识价值，决定产品的初始价格；③预测产品的销售量；④预测目标成本；⑤做出决策。

理解价值定价法的关键在于准确地估计消费者对本企业产品的理解价值，如果房地产开发企业对自身产品的理解价值估计过高，那么订出的价格也会偏高；如果对自身产品的理解价值估计过低，订出的价格便也会偏低。消费者对产品价值的理解不同，会形成不同的价格限度。这个限度就是消费者宁愿付货款而不愿失去这次购买机会的价格。如果价格刚好订在这一限度内，那么消费者就会顺利购买。

然而，为了加深消费者对产品价值的理解程度，提高其愿意支付的价格限度，房地产开发企业在定价时，首先能够对其房地产产品进行准确的市场定位，进而拉开本企业产品与市场上同类产品的差异，突出企业自身产品的特征，并综合运用这种营销手段，加深消费者对该产品的印象。

(2)需求差别定价法。需求差别定价法是指某一产品价格差异不是因为产品成本的不同引起的，而是以不同需求强度、不同购买力、不同购买地点和不同购买时间等因素为定价的基本依据，针对各种需求差异决定在基础价格上是加价还是减价，从而对相同的产品采用不同价格的定价方法。

实行需求差别定价法需要具备的条件是：①市场能根据需求强度的不同进行细分；②细分后的市场在一定时期内可以相对独立、互不干扰，即低价市场和高价市场之间是相互独立的，不能进行交易；③高价市场中不能有低价竞争者；④价格差异适度，消费者在主观上或心理上认为该产品本身存在差异，不会引起消费者反感；⑤细分市场和控制市场的成本费用不得超过因实行价格歧视所得到的额外收入。

7.2.3.3 竞争导向定价法

竞争导向定价法是企业为了应付市场竞争的需要而采取的特殊的定价方法。它是以企业所处的行业地位和竞争地位而确定价格的一种方法，是通过研究竞争对手的生产条件、服务状况、价格水平等因素，依据自身的竞争实力，参考成本和供求状况来确定产品价格，并随着竞争状况的变化而不断调整价格的定价方法。对于房地产开发企业而言，当本企业所开发的项目在房地产市场中面临较多的竞争者时，企业为促进销售，会尽快回收资金，以此来减少风险，从而选择采取竞争导向法来参与竞争。竞争导向法主要有以下两种定价方法：

(1)随行就市定价法。随行就市定价法就是房地产开发企业按照行业的平均现行价格水平来制定本企业产品的价格。由此制定的价格并非固定价格，而是随着行业产品需求和成本的变化而变化的。此方法的原则是本企业产品的价格与市场上同类竞争产品的平均价格保持一致。

在以下情况下可以采取随行就市定价法：①成本难以估算，而随行就市定价与成本和市场供求情况大体符合，容易得到合理的利润；②企业打算与市场上的竞争者和平共处；③如另行计价，很难了解购买者和竞争者对本企业价格的反映。

一般来说，在基于产品成本预测比较困难、竞争对手不确定以及企业希望得到一种公平的报酬和不愿意打乱市场现有正常秩序的情况下，这种定价方法较为有效。而在垄断竞争和完全竞争的市场结构条件下，销售同类商品房的房地产开发企业在定价时，可以选择的余地并不大，只能按现行市场价格来订，即采用随行就市定价，将本企业产品价格保持在市场平均价格水平上，利用这样的价格从中获取平均报酬。与此同时，企业也就不必去全面了解消费者对不同价差的反应，从而避免价格战，扰乱市场秩序。

(2)主动竞争定价法。这种定价方法一般是实力雄厚或者产品有自己特色的房地产开发企业所采用的方法。与随行就市定价法相反，主动竞争定价法不是追随竞争对手的价格，而是以市场价格为主体，根据企业自身房地产产品的实际与竞争对手的差异来确定价格。

采取此方法的步骤为：①将房地产开发企业自身估算的价格与市场上竞争对手的价格进行比较，分为高于、低于、等于三个层次；②将本企业的产品质量、成本、建筑面积等，与竞争对手进行比较，分析产生价格差异的原因；③根据以上指标，确定企业产品特色、优势，明确企业在市场上的定位；在以上基础上，按照定价目标确定产品价格；④根据竞争产品的价格变化，及时分析原因，相应调整企业产品的价格。

7.2.4 定价程序

7.2.4.1 收集定价楼盘资料及相关市场信息

搜集开发楼盘的所在城市、区域，尤其是标的物附近同档次楼盘的资料，包括楼盘位置、区域与个别因素、房屋装修、均价、单元价等内容。同时，在企业内部整理楼盘开发过程中的各种费用数据。

7.2.4.2 估计成本和需求

在进行价格定位之前必须掌握楼盘的成本结构，准确估计楼盘的各项建造成本、销售费用、管理费用以及筹资费用。就房地产市场而言，期房的定价比现房定价更为复杂。因为相对于现房而言，期房在定价时有许多成本核算及费用尚未发生，必须依赖预测和判断。

估计项目的需求是指对项目在不同价格水平下，消费者可能产生的需求变动进行的预估。通过对消费者需求量变动的估计，可以大致确定楼盘的价格水平，确保楼盘得到最大限度的利润。

7.2.4.3 分析竞争对手

分析竞争对手有利于分析出企业自身与竞争者的产品存在的差异。通过分析不同产品的不同特征对价格的影响，进行初步量化分析后，找出本楼盘的产品优势，并根据竞争者的价格确定适合自己的价格水平。

根据产品的替代性，可以用以下三个竞争圈层来分析竞争对手：完全可替代产品圈，部分可替代产品圈，极个别可替代产品圈。

7.2.4.4 选择目标、方法

房地产开发企业要想制订出合适的价格，首先要确定定价目标，因为它在很大程度上决定着企业采用何种定价策略、定价方法。企业必须对楼盘的营销目标进行深入研究，考虑竞争环境，权衡房地产营销中的各种关系，依据楼盘的定位、房地产开发企业自身的经济实力，确定合理的定价目标。需要注意的是，房地产开发企业的定价目标要与企业的整体营销目标相一致，并服从目标市场的需要。

7.2.4.5 决定平均单价

房地产企业要算出各期面积以及其占总面积的比例，根据销售阶段价格策略的总体安排，找出项目在开盘期、旺销期、持续期、尾盘期等不同阶段最合适的均价。

房地产企业首先应决定楼盘的平均单价，即一个楼盘的整体价格水平。分析平均单价对整体楼盘销售金额及利润的影响，也是房地产开发企业和代理公司最为“计较”的一个环节。其次应决定各期、各栋的平均单价。一旦决定了平均单价，若为大规模楼盘且预计分期销售，则可就各期决定平均单价；若个案规划为数栋建筑，则可根据各栋差异的影响因素和影响程度，如楼栋之间的距离、楼层数、观景、采光等来决定各期或各栋的平均单价。

7.2.4.6 决定楼层垂直价差

垂直差价是指楼层高度不同所产生的价格上的差异，通常以每平方米的单价差额来表示。在制订垂直价差时，会先决定一个基准楼层，使基准楼层的单价等于该栋建筑的平均单价，然后再评估其他楼层与该基准楼层之间价格差异的程度，从而确定别的楼层的相对价格，并使各楼层相对价格的总和等于零。影响垂直差价的因素有以下几项：

(1)市场状况。当市场状况较好时，价格差幅度较大；当市场状况不好时，价格差幅度较小。

(2)均价水平。当房子单价水平较高时，价格差幅度较大；当单价水平较低时，价格差幅度较小。例如单价在30000元的房子，最大价格差幅度约3000元，而单价在5000元的房子，价格差的最大幅度为1000元。

(3)客户的购房习惯。若消费者的购房习惯比较保守，大多数消费者则无法接受差异大的价格，因此房价差的幅度不宜过大；反之，若消费者多来自本地区之外或者消费者的背景多元化，那么价差的幅度可以较大。

7.2.4.7 决定水平价差

水平差价是指在同一楼层不同户别的每平方米的价格差异。通常依据各楼层的平均垂直价格，评估同一楼层之间朝向、采光、私密性、格局等因素的优劣程度，写出同层平面中各户的单价，但同一楼层各户单价的平均值与原定平均单价相符。一般而言，影响水平差价的因素包括以下几项：

(1)朝向。朝向通常是指客厅的朝向，以客厅邻接主阳台所靠的方向为座向。调整原则为：大户型住宅调整幅度大，中小型户型调整幅度小；单价高时调整幅度较大，单价低时调整幅度小；朝向向南、日照适中时，调整幅度大，朝西或朝东日照过多、朝北日照明显不足时，其调整幅度较小；风向与朝向不同时，调整幅度大，风向与朝向相同时，调整幅度小。

(2)采光。采光通常是指房屋采光面的多寡或者所临界采光面积的大小。调整原则为：有暗房时，调整幅度大；与邻栋的间距大时，调整幅度大；面前道路宽敞时，调整幅度大；日照时数

适中时，调整幅度大，日照时数太长或太短时，调整幅度小；楼层位置较高者，调整幅度大，反之则小。至于应采用何种调整幅度，则视暗房、栋距、道路宽度、日照、楼层位置等不同而做上下调整。

(3)私密性。私密性可用栋距来进行评估，通常是指私有空间与公共空间或是私有空间与其他户私有空间的隔离程度。调整幅度可根据同一楼层户数多少、与邻房高低差、至大门入口的距离等因素的不同对价格进行上下调整。

(4)景观调整原则。靠近学校、公园或自然景观、永久绿地的，调整幅度大，反之则小；附近没有景观或景观较差、环境污染较重的设施，调整幅度大，反之则小；面对风水禁忌，则调整幅度大，成为负价差，反之则小。

(5)户型调整原则。格局方正、形状完整的，调整幅度大，反之则调整幅度小；产品单价高的，调整幅度大，产品单价低的，调整幅度小；功能配置理想的，调整幅度大，配置不符合使用原则的，则调整幅度小，或为负价差；室内空气流通的，调整幅度大，室内开窗位置不良、空气无法对流者，调整幅度小。

7.2.4.8 特别调整

住宅中可以针对顶层复式单元或者双拼单元供应量小而依据以上方法再另行上调价格。板楼与品字形、田字形楼调整幅度各异，南北通透的板楼调整幅度大，品字形次之，田字形再次之。

7.2.4.9 确定付款方式

随着房地产市场竞争的日益激烈，房地产开发企业开始越来越重视多种付款方式的应用，以方便客户。

(1)一次性付款。一次性付款是指购房者签约后，立刻将所有的购房款项一次性付给房地产开发企业。一次性付款都是有折扣的，主要取决于该楼盘距离交房期时间的长短。

(2)分期付款。分期付款是指整个购房款被分成若干比例，购房者依据房屋的施工进度逐一支付各期款项的付款方式，它的付款进度与工程进度直接挂钩。这种付款方式的优点在于购房者可以对房地产开发企业形成一种约束，使其通过付款来监督工程的进度，是一种相对稳定和公平的付款方法。

(3)银行按揭。银行按揭即是购房抵押贷款，是购房者以所购房屋之产权作为抵押，由银行先行支付房款给房地产开发企业，以后购房者按月向银行分期支付本息，并提供该房地产作为偿还的担保，银行按揭的成数通常有四成到九成不等，期限有 1 年到 30 年不等。若不能偿还贷款，则银行有权取得产权并予以出卖，以清偿欠款。

(4)公积金按揭。公积金按揭是指由各地住房公积金管理中心以职工所在单位所缴纳的住房公积金，委托商业银行向缴存住房公积金的在职职工和在职期间缴存住房公积金的离退休职工发放的房屋抵押贷款。一般申请条件为缴纳住房公积金满一年，每个地区都有规定贷款额度。公积金贷款的利率低于商业贷款，也就是相同的贷款，公积金贷款每月还款额低一些。

(5)延期付款。延期付款是指购房者在交纳一定比例的前期房款后，到交房入住或未交房入住时，在以后的若干年中按月或按季度分期付清剩余款项。有的房地产开发企业为了促销，习惯把延期付款包装为所谓的“开发商贷款”。事实上，延期付款和银行并没有关系，它仅是房地产开发企业为购房者提供的一种付款便利。

(6)按时间付款。按时间付款是介于一次性付款和分期付款中的又一种付款方式,是购房者签约后,按时间分期逐一缴纳房款。这种付款方式与分期付款相似,区别在于分期付款的进度与建筑施工进度直接挂钩,而按时间付款则与时间直接挂钩。

7.3　房地产产品定价策划

由于定价工作的复杂性以及市场销售环境的多变性,企业应在定价过程中制定一些定价策略。定价策略是指房地产开发企业为了在目标市场上实现自己的定价目标所规定的定价指导思想和定价原则。定价策略应该根据商品房本身的情况、市场情况、成本状况、消费构成、消费心理等多方面因素的不同来制定,如图 7-3 所示。

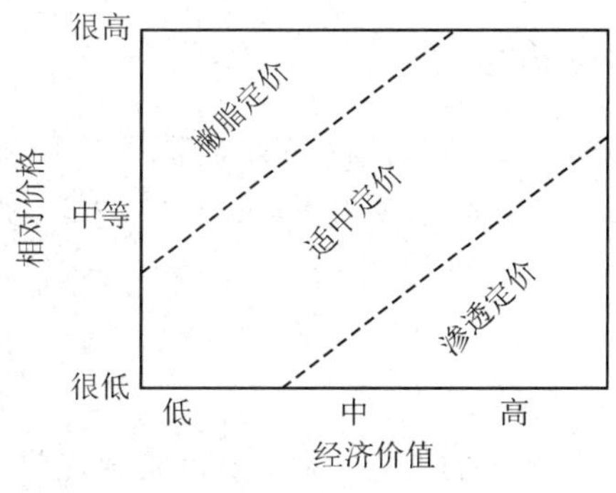

图 7-3　定价策略

7.3.1　低开高走渗透定价策略

低开高走渗透定价策略是一种低调入市策略,其目标是吸引市场视线、获得大的市场占有率,从而在短期内获取丰厚利润,以销量促进早期资金回流。其模式主要是随工程形象进度或根据销售进度情况,每到一个调价时点,按预先确定的幅度调高一次售价的策略,也就是价格有计划地定期提高的价格策略。这种定价策略多用于期房销售。

7.3.1.1　优缺点

(1)低价开盘的优点。

①吸引客户注意,快速聚集人气。追求较高的性价比是每一个消费者的愿望,项目以低于行情的价格开盘,有利于前期推广时吸引客户关注,尽快形成良好的市场氛围,抢占市场先机。

②便于日后价格控制。低价开盘时,其价格的主动权在房地产开发企业手里。当市场反应热烈时,企业可逐渐提高销售价格,形成热销的良好局面;当市场反应平平时,企业可维持低价优势,在保持一定成交量情况下,静观市场反应。

③给客户保值、增值信息。调价会给购房者造成房地产增值的印象,给前期购房者以信心,并通过其口碑传播营造出热烈的气氛,刺激潜在消费者的购买欲望,有利于资金的迅速回笼以及房地产开发企业口碑的形成和形象的树立。

(2)低价开盘的缺点。

①首期利润不高，投资回收期加长。以低于市场均价开盘入市，会使首期利润不高，甚至有可能没有利润。因此，房地产开发企业常常寄希望于后续调价。

②楼盘形象难以提升。低价开盘时，局部促销活动问题不大，若作为房地产开发企业的一项长久策略，必然会影响楼盘档次定位和实际运作。

7.3.1.2 适用范围

(1)项目的地点、规划、户型、服务等综合性能和其他产品相比，没有优势或者特色，其定价基础不稳固时，可以考虑根据其较低品质选择较低价位入市。

(2)楼盘开发量相对过大。房地产市场具有明显的区域性特征，而区域性客源是有限的。吸纳量相对过少，会造成销售时间拉长。若不经过精心策划，各种危机便会不断产生。

(3)附近地区类似产品市场竞争激烈，产品定价时必须以增强本项目产品竞争力为主，否则大量的广告等宣传投入只能是替他人做嫁衣。

7.3.2 高开低走撇脂定价策略

高开低走撇脂定价策略是指在房地产产品生命周期的最初阶段，将新产品的价格定得较高，以获取丰厚的利润空间，力求尽快将投资全部收回；然后随着时间的推移根据获利情况以让利、清盘等理由逐步降价，扩大目标客户群。

7.3.2.1 优缺点

(1)高价开盘的优点。

①高价位支撑容易造成先声夺人的气势，树立项目品牌优势。

②便于获取最大的利润。

③由于价格先高后低，后续消费者会感觉得到一定的实惠。

(2)高价开盘的缺点。

①由于开盘价位较高，日后市场状况或者项目本身发生变化时，价格缺少上调空间，直接调整余地少。

②价格高，难以聚集人气，难以形成“抢购风”，楼盘营销有一定风险。

③对前期客户非常不公平，对开发商的品牌有一定影响。且日后的价格直接调控余地较少。

7.3.2.2 适用范围

(1)具有创新性独特卖点的项目。

(2)产品综合性能上佳，功能折扣速率缓慢。

(3)市场竞争过度，或者项目销售期处于经济衰退阶段，房地产开发企业不得不降低售价，以推动市场。

(4)绝对单价过高，超出当地的主流购房价格。绝对单价过高会偏离主流市场，客户需求自然相对有限，在有效需求不足的情况下，产品没有特别的优势时，房地产开发企业的未来不容乐观。

7.3.3 稳定价格定价策略

稳定价格定价策略是指在房地产产品成本上附加一个合理的加价，寻求在产品特色、销售服务、环境条件以及其他方面的优势,而不是刻意寻求价格方面的优势。在整个营销期间,楼盘销售价格始终保持相对稳定,既不会大幅度降价,也不大会幅度提价。

7.3.3.1 优缺点

(1)稳定价格策略的优点。

①能给消费者稳定的市场信心。

②可以深入挖掘营销策略中已锁定的目标客户。

③可以更好地观察市场变化,采取随机应变的措施。

(2)稳定价格策略的缺点。

①比较保守,不能适应激烈竞争的市场环境。

②可能使企业失去更大的营销机会。

7.3.3.2 适用范围

这种策略一般适用于房地产市场状况稳定的区域内的楼盘销售,即在房地产开发项目销售量小或者项目销售期短时可以采用。

7.3.4 折扣和折让定价策略

折扣和折让定价策略是以销售价格为基础,再以各种折扣和折让来刺激中间商或者客户,以此来促进房地产产品的销售。

(1)现金折扣。现金折扣是指在赊销的情况下,为了鼓励客户提前付款,按原价给予一定的折扣。

(2)数量折扣。数量折扣是指视购房者购买数量不同而给予不同价格优惠的策略或批量销售折扣策略。

(3)职能折扣。根据各类中间商在营销中所担负的职能不同给予不同的折扣,称为职能折扣,也称为贸易折扣。

7.3.5 单一和差别定价策略

(1)单一定价策略是指不分楼层朝向,无论购买多少,也不管购买对象是谁,所有销售单元都采用同一价格。

(2)差别定价策略是指企业在销售产品时,根据产品的不同用途、不同交易对象采用不同价格的一种定价策略。差别定价策略可分为:①根据同一楼盘中不同单元的差异制订不同的价格;②对不同的消费群体制订不同的价格。

7.3.6 用户心理定价策略

用户心理定价策略是根据客户求廉、求吉等购房心理,对销售价格进行微调,以加快销售或取得更大的效益。用户心理定价策略可分为:

(1)尾数定价。即根据消费者求廉的购房心理,定价时尽可能取低一位数。

(2)整数定价。即对于一些高档项目或外销房,目标客群更多关注的是楼盘的品质,定价时取整数价格。

(3)习惯心态定价。即根据消费者的习惯心理制订楼盘的销售价格。

(4)首尾定价。将楼盘最早面市的一些单元和最后难以出售的“死角房”,以较低价格出售,形成开盘和收盘价格的首尾呼应。

(5)满意定价。取最高价和最低成本价两者中间的价格,使开发商和客户都满意。

7.3.7 房地产产品组合定价策略

企业通常不只生产一种产品或提供单一的服务,而是利用自身资源优势将产品线或产品种类向上、向下扩展。房地产产品组合定价策略一般由若干产品线组成,丰富的产品线可以增大企业生存的几率。

房地产开发企业需开发不同的房地产产品,以满足不同目标客户的需求,而这些产品存在着或多或少的联系,当某种产品成为产品组合的一部分时,企业要寻找一组在整个产品组合方面能获得最大利润的共同价格。但是,这存在一定的困难,因为各种各样的产品受需求和成本之间内在的相互关系以及不同程度竞争的影响,不同产品给企业带来的收益和风险差别很大,最优产品组合定价需根据市场的类型和各类产品的价格、成本、优势、适应市场的程度等来确定。

7.3.7.1 产品大类定价

产品大类是指一组相互关联的产品,产品大类中每个房地产产品都有不同的特色。确定这类商品房的价格差额,一般要分析各种商品房成本之间的差额、客户对商品房的评价、竞争者的价格等。如果产品大类中前后两个相关联商品房的价格差额较小,客户就会更多地购买性能较先进的产品。此时,若这两个商品房的成本差异小于价格差额,公司的利润就会增加。

7.3.7.2 任选品定价

任选品是指与主要产品密切关联的可任意选择的产品。例如,消费者去饭店吃饭,除了会点饭菜之外,还可能还会点烟、酒、饮料等。而在这里,饭菜是主要产品,烟、酒、饮料等就是任选品。房地产开发企业为任选品定价有两种策略可供选择:一种策略是高定价,主要靠高价来盈利;另一种策略是定低价,把它作为招徕潜在消费者的手段之一。

7.3.7.3 附带产品定价

附带产品是指必须与主要产品一同使用的产品,即经济学中的互补品。大多数公司采用这种策略时,主要产品定价较低,而附带产品定价较高,以高价的附带产品获取高利,补偿主要产品因低价造成的损失。例如,房地产开发企业在前期销售主要产品住宅时价格往往偏低,而在后期人气旺时推出附带产品底商或车库时价格往往偏高。

7.3.7.4 两端定价

两端定价是指服务性公司常常收取固定费用,另加一笔可变的使用费。例如,游乐园、公园、景区等先收门票(入场券)的费用,如果增加游玩项目,其他项目再进行额外收费。建议固定费用稍稍低一些,以吸引人气,然后通过可变费用来产生利润。房地产开发企业也可充分利用两端定价法,一边拿出几套位置较差的底价房吸引消费者眼球,一边对位置好、户型好的产品订个高价。

7.3.7.5 组合产品定价

组合产品是指厂商常常将一组产品组合在一起,成套销售,而组合产品的售价通常要比分别购买这些产品的价格低得多。组合产品定价法适用于各类产品，通常情况下护肤品、化妆品在进行销售时也常常成套出售，客户本来无意购买全部产品，而成套出售在价格上节约的金额又相当可观，于是便吸引了顾客购买成套产品。因此在进行房地产产品定价时也可将相关产品组合，全盘考虑，统筹安排，组合定价，捆绑出售，如买房送车库、买别墅送花园等。

7.4　房地产产品价格调整策略

房地产产品价格必须随着市场竞争环境的变化而进行相应的价格调整，房地产开发企业必须根据企业开发经营总目标的要求，围绕房地产产品价格开展价格调整策略。

7.4.1　价格调整的类型

7.4.1.1　降低价格

当房地产开发企业受国家宏观调控政策影响时，会导致房地产产品的滞销和资金周转变慢等问题，从而造成房地产开发企业资金周转不灵，使房地产开发企业留有大量库存。于是房地产开发企业采取带有“攻击性”的调价方法，降低价格，快速消化库存。另一方面，房地产开发企业为了占有市场，会主动降价，同时随着其产品市场占有率的增高，生产成本会因销售量的增长而下降。

7.4.1.2　提高价格

提高价格主要有两种原因：一是房地产开发成本的上升，导致房地产开发企业为了保证开发利润格和维持生存，不得不提高价格。开发成本的构成包括土地成本、建造成本以及各种税金、规费。二是整体市场繁荣，市场对房地产产品需求旺盛，企业借此提高价格，来获取更多的利润。

7.4.2　价格调整的方法

7.4.2.1　直接的价格调整

直接的价格调整体现在房地产产品在价格上的变动。

(1)调整基价。基价的调整就是对一栋房屋的计算价格的变动，因为基价是制订所有单元价格的计算基础，所以基价的调整就是所有单元价格统一的调整。

(2)差价系数的调整。差价系数的调整就是根据实际销售的情况，对原先所设定的差价体系进行修正。

7.4.2.2　调整付款方式

付款方式是房价在时间上的一种折让，它对价格的调整是比较隐蔽的。付款的三大要件主要是付款时段的确定和划分、每个付款时段款项比例的分配、各种期限的货款利息高低。同时，付款方式对价格的调整也是通过三大要件来实现的。

付款时段的调整是指总的付款期限的提前或延后，以及各个阶段付款时间的向前或者向后。付款时段比例的调整是指各个阶段的付款比例是前期或者后期的高低，还是付款比例在各个阶段均衡的调节。而贷款利息的调整需要根据政策的指向来确定。

知识归纳

1. 从营销学角度看，房地产价格是消费者对房地产产品价值判断的货币表现。房地产产品价格包括土地成本、开发成本、税费成本、开发商利润和其他成本；影响房地产产品价格的因素包括产品、消费者心理、行政与政治、经济、区域环境、房地产开发成本以及市场需求等因素。

2. 房地产的定价目标包括利润最大化目标、市场占有率目标、稳定价格目标、应对或避免竞争目标；房地产定价方法包括成本导向定价法、需求导向定价法以及竞争导向定价法。

3. 房地产产品在各阶段的定价策略包括低开高走的渗透策略、高开低走的撇脂策略以及稳定价格策略。

4. 房地产产品组合定价策略包括产品大类定价、任选品定价、附带产品定价、两端定价和组合产品定价。

5. 房地产价格的调整策略包括降低价格和提升价格；价格的调整方法则包括直接的价格调整和付款方式的调整。

思考题

1. 什么是房地产价格？房地产价格由哪几个方面构成？与一般产品相比，房地产价格的特殊性体现在哪里？

2. 影响房地产价格的因素体现在哪些方面？

3. 房地产的定价目标及其定价方法有哪些？它们的区别体现在哪些方面？

4. 房地产产品定价策略分别是什么？

5. 房地产项目的定价程序是什么？

6. 提高房地产价格的方式有哪些？

案例实训

案例一：在××项目中，在经过前期与商户的接触以及对商户心理承受的价格进行反复试探后，招商人员对销售价格有了一个初步的设想。在制定价格前，招商部门召开了一个专题会议，所有的招商人员都书面地写出心目中的销售价格，然后阐述制定该价格的理由。在这个专题会议上，由于每个人考虑的角度和观点都不一样，基本可以客观地将大部分影响价格的因素都讨论进去。然后，根据会议所提出的价格区间选定一个理想的价格作为基准价格，最终能得到一个较为理想的价格模型。

在××项目中，参与招商的人员写出的基本户型的价格集中于8000～10000元的区间，经过公司领导慎重考虑后，最后决定以5000元作为起价，大部分商铺的价格均集中于8000元区间段。这样的定价打破大部分招商人员的心理价格底线，同样也意味着打破了大部分商户的心理底线。后来的抢购现象也证明了这一定价的高明之处。

问题：

××项目是如何制定产品销售价格的？这种方式的高明之处体现在哪里？

案例二：南亚风情·××城是一个××市内过百万平方米“城中村改造”的大盘，且是××市内第一个“城中村”改造项目，不论是市政府，还要承接项目的××集团，都没有成熟的经验可以参考或者借鉴。

“城中村”留给××市民的印象首先就是低档与杂乱，消费者对于改造后的××城，也同样摆脱不了这样的联想，在“城中村改造”的背景下，企业希望走中低端的价格路线，辅以“南亚风情”地区特色作为卖点，期望以性价比和建筑特色促进购买。

但殊不知，这样正好中了消费者的“圈套”。消费者认为它是低档、杂乱的代名词，于是企业就顺着消费者的思路，自认只能做中低端的路线。而这样的价值取向只会带来一个后果：正好和消费者以往的认识一致，而消费者对××城也只会更加轻看。

同时，如果企业这样做，无疑也是危险的一招，非但落入消费者的“圈套”，更加落入同行的“埋伏”，因为如果以消费者观察作为出发点，那大家都只能看到“中低端”的消费者需求，到最后都落入拼价格的模式中。

问题：

中低端的定位是否真正有利于项目的销售？

案例三：以新鸿路城市博客VC时代项目为例，该项目从取得预售许可证以来，以均价6500元/平方米展开内部认购，其效果不太理想，项目开发商便委托成都某机构对该项目价格进行制定。

成都该机构在接受该开发商的委托后，对城市博客VC时代项目入市销售价格通过深入市场调研及运用科学方法推导出合理价格，既符合客户接受度又保证企业利润。

当时的成都房地产市场在经历大地震后大半年时间，市场成交量虽有所起色，但开发商仍不敢轻举妄动，新项目入市价格的确定更是谨慎。成都该机构在充分分析项目属性后，对其市场进行深入细致的研究，明确项目竞争优势与市场机会，再结合对未来市场走势进行科学合理的判断，从而制定出符合市场的“控总价、低开高走”的价格策略。

该项目整盘销售最终实现均价6078元/平方米，月均销售约29套。开发公司采取快销价格策略，控制总价，清水入市，低开高走，使得预期价格与销售速度较为吻合。

问题：

1. 成都该机构采取了什么样的价格策略？
2. 结合本材料，谈谈为什么成都该机构采用“控总价、低开高走”的价格策略。

第8章 房地产市场营销渠道策划

内容提要

本章主要内容为房地产市场营销渠道策划。重点为房地产市场营销渠道选择与策划；难点为如何选择正确合理市场营销渠道，以及如何去组合创新市场营销渠道。

能力要求

通过本章学习，了解房地产市场营销渠道的概念、类型、特征与结构组成；熟悉房地产市场营销渠道的组合策略；掌握影响房地产营销渠道选择的因素及房地产营销渠道选择的方法。

8.1 房地产市场营销渠道概述

一个房地产开发企业生产出来的产品，要想到达消费者的手里，必须经过各种营销渠道才可能实现。而房地产产品价值量大、交易价格及交易税费高等特征，也就要求房地产开发企业必须科学合理地选择和配置房地产市场营销渠道，用最有效的方式把自己生产的产品转移到消费者手中，最终获取最大的效益。

8.1.1 房地产市场营销渠道的概念与类型

8.1.1.1 房地产市场营销渠道的概念

市场营销渠道是促使产品或服务顺利被利用或消费的一整套相互依存的组织。房地产市场营销渠道是指房地产产品从生产者向消费者转移过程中所经过的通道，它所执行的功能是把房地产产品从生产者转移到消费者手中，它弥合了产品、服务和消费者间的缺口，主要包括时间、地点和持有权等缺口。正是由于房地产营销渠道所执行的功能，房地产产品的价值才得以实现，然而产品市场由卖方市场转变为买方市场的过程使产品价值的实现更加困难，这时也就更加依赖于营销渠道。

介于房地产营销渠道起点和终点之间会有经销商或者代理商，它们各自执行不同的功能。房地产经销商在销售过程中拥有产品所有权，需要承担经营风险；而房地产代理商不拥有产品所有权，只是接受房地产生产者或者经销商的委托，同客户进行谈判，从事房地产租售业务，并从中收取一定的佣金。除此之外，还有房地产辅助机构支持分销活动，它们既不取得产品所有权，也不需要参加同客户之间的谈判，只是在其中起到辅助作用。

选择科学合理的市场营销渠道有利于改善房地产开发企业的管理水平，有利于加速房地产开发企业的资金周转，有利于提高房地产开发企业的经济效益，最终在市场上占据有利地位。

8.1.1.2 房地产市场营销渠道的类型

房地产市场营销渠道主要有直接营销渠道、间接营销渠道和网络营销渠道三种。

(1)房地产直接营销渠道交易过程为房地产开发企业—消费者。直接营销渠道是指房地产开发企业直接把产品销售给消费者,而不通过任何中间环节的营销渠道。直接营销渠道也称零级渠道,是最短的营销渠道。当房地产项目产品有明确、固定的销售对象,房地产市场高速发展时,房地产开发企业会选择自己销售,所以一般大型房地产开发企业都有自己的营销队伍。直接营销有利于把房地产开发企业、楼盘、服务、消费者更紧密地联系起来。

①直接营销渠道的优点。首先,房地产开发企业控制了开发经营的全过程,可以避免某些素质不高的代理商介入造成的营销短期行为,如将好销楼盘单元销售出去,造成相对难销的楼盘单元积压;其次,供需双方直接见面,便于房地产开发企业直接了解顾客的需求、购买特点及变化趋势,由此可以较快地调整楼盘的各种功能,有利于提高成交率。

②直接营销渠道的缺点。首先,房地产营销是一项专业性非常强的工作。房地产开发企业直接营销难以汇集在营销方面确有专长的人才,难以形成营销专业优势,这样在相当程度上影响营销业绩的提升。其次,房地产开发企业直接销售会分散企业人力、物力、财力,分散企业决策层精力,搞不好会使企业顾此失彼,生产和销售两头都受影响。

(2)间接营销渠道的交易过程为房地产开发企业—中间商—消费者。间接营销渠道是指房地产开发企业把自己开发的房地产产品委托给中间商如房地产代理商销售。间接营销渠道越来越被房地产开发企业所重视并积极尝试。房地产开发企业一般会将收益与增值能力一般的房地产留给中间商经营。间接渠道包括经销商、代理商、批发商、零售商等。间接渠道是社会分工的结果,通过专业化分工使产品的销售工作简单化;中间商的介入,分担了生产者的经营风险;借助于中间环节,可增加产品销售的覆盖面,有利于扩大产品市场占有率。但中间环节太多,会增加产品的经营成本。

①间接营销渠道的优点。首先,有利于发挥营销专业特长。房地产中间商(如代理商)往往集中了市场调研、广告文案设计、现场销售接待等各方面的营销人才,便于从专业上保证房地产开发企业开发的房地产产品销售成功。其次,有利于房地产开发企业集中精力,缓解人力、物力、财力的不足,重点进行开发、工程方面的工作。

②间接营销渠道的缺点。我国目前的房地产中间商良莠不齐,专业素养和职业道德水准差异很大。如果一些房地产开发企业被一些专业素养和职业道德低下的中间商花言巧语所迷惑,放手让他们代理销售,往往会增加时间成本,减少项目开发利润;如果代理商销售业绩和房地产开发企业自己销售预计的业绩基本持平,在这种情况下房地产开发企业支付的销售费用会"得不偿失"。房地产开发企业支付给代理商销售费用如佣金的初衷,是希望代理商能在较短的时间内帮助房地产开发企业取得更高的销售利润,这样即使利润分流也理所当然。

(3)网络营销是网络经济时代的一种崭新的营销理念和营销模式,是指借助于互联网、通信技术和数字交互式媒体来实现房地产营销目标的一种营销方式。中国作为仅次于美国的第二大互联网市场,庞大的网民群体形成了巨大的网络消费群体和网络营销空间。网络营销渠道就是产品和服务从生产者向消费者转移过程的具体通道或路径,完善的网上销售渠道应该有订货、结算和配送三大功能。传统的营销渠道与网络营销渠道相比,在作用、结构和费用等方面有所不同,网络营销渠道的作用是多方面的。

随着网络信息技术的发展，网络营销渠道也随之发展起来，它是互联网络和传统营销渠道相结合的产物，是传统的营销理论在结合互联网信息技术下的突破与发展。在我国，网络营销渠道没有得到房地产开发企业和消费者的足够重视，网络的诚信度有待加强。而在美国，有将近70%的房地产交易是通过互联网直接或者间接交易的。相比于直接营销和间接营销，网络营销有着明显的优点和缺点。

①网络营销渠道的优点。网络营销一方面可以使房地产开发企业与消费者之间的信息传递更直接、互动，降低销售成本；另一方面还可以通过网络技术加速产品信息的传播，从而有利于企业产品的销售。

②网络营销渠道的缺点。由于房地产产品位置的固定性，消费者即使在网上了解到了产品的基本信息，最终还是得到现场考察观看，并没有给消费者节省时间和体力，所以对于网络营销的开展，还需进一步地研究与实践。

不管是直接营销渠道、间接营销渠道，还是新型的网络营销渠道，它们都各有各的优点与不足，房地产开发企业最终选择什么样的营销渠道，还是得根据自身的实际情况而定。

8.1.2 房地产市场营销渠道的功能、流程与特征

从经济系统观点来看，市场营销渠道基本功能在于把自然界提供的不同原料根据人类的需要转换为有意义的货物搭配。房地产产品及其所有权从开发建设领域进入消费领域，必须经过销售这一环节以完成房地产产品及其所有权的转移。房地产市场营销渠道对产品从生产者转移到消费者所必须完成的工作加以组织，其目的在于消除房地产产品（或服务）与使用者之间的差距。房地产市场营销渠道的主要功能、基本流程及特征如下。

8.1.2.1 房地产市场营销渠道的主要功能与基本流程

（1）研究。即收集和传播房地产市场营销环境中有关潜在与现行客户、竞争对手和其他参与者的营销调研信息。

（2）促销。即进行关于所供应的房地产产品的说服性沟通。

（3）接洽。即寻找潜在的房地产客户并与其进行沟通。

（4）配合。即使所供应的房地产产品要符合购买者需要，包括质量、户型、装饰、外观等。

（5）谈判。即尽力达成有关产品的价格和其他条件的最终协议，以实现所有权或者持有权的转移。

（6）融资。即收集和分散资金用以支付开展渠道工作所需的费用。

（7）风险承担。即承担与从事渠道工作有关的全部风险。

（8）付款与授信。即客户（买方）通过银行或其他金融机构向房地产销售方提供账款、授信或担保。

8.1.2.2 房地产市场营销渠道的基本特征

随着产品的不同、时间的不同、地点的不同，客户的需求也会经常发生变化，所以房地产市场营销渠道会随着客户需求的变化而发生变化。房地产市场营销渠道能够促使产品或服务顺利地从房地产开发企业转移给消费者或用户，它具有以下基本特征。

（1）房地产市场营销渠道反映其产品或服务价值实现的全过程。其起点是制造商，终点是最终消费者或用户。房地产本身不会随着渠道的转移而转移：由于房地产产品具有地理位置

的固定性，所以不管选用何种房地产市场营销渠道，房地产本身都是不会发生转移和变化的。房地产中间商一般不拥有房地产产品的所有权；房地产代理商只是接受房地产生产者或者经销商的委托，同客户进行谈判，从事房地产租售业务，并从中收取一定的佣金。

(2)房地产市场营销渠道是由一系列参加产品流通过程的、相互依存的、具有一定目标的各种类型的机构结合起来的网络体系。房地产产品类型是多样性的，主要表现在产品的质量、户型大小、装饰效果以及采光等。其组织成员包括房地产开发企业、销售商和消费者及广告公司等机构。这些组织机构在营销渠道中的地位以及发挥的作用各不相同，因为共同利益而合作，也会因为利益不平衡和其他原因产生矛盾和冲突，因而需要协调和管理。

(3)房地产市场营销渠道的长度相对较短。房地产产品在营销渠道中通过一次或多次购销活动转移所有权或使用权，流向消费者或用户。购销次数的多少，说明了市场营销渠道的层次和参与者的多少，表明了市场营销渠道的长短。而房地产在这个过程中购销次数并不多，说明了市场营销渠道的层次和参与者相对较少，所以房地产市场营销渠道相对较短。

(4)房地产市场营销渠道是一个多功能系统。它不仅要在适宜的地点以适宜的价格、质量、数量提供房地产产品和服务，满足目标市场需求，而且要通过营销渠道各个成员的共同努力，开拓新的房地产市场，刺激需求，同时还要面对同行业以及同行业之外的竞争，自我调节与创新。简单地说，房地产市场营销渠道就是产品和服务从房地产开发企业向消费者转移过程的具体通道或路径。

8.1.3 房地产市场营销渠道结构与成员

8.1.3.1 房地产市场营销渠道结构

房地产市场营销渠道结构是指营销渠道中所有渠道成员所组成的体系，其中主要包括长度结构、宽度系统和系统结构。

(1)长度结构。房地产市场营销渠道按其包含的中间商购销环节即渠道层级的多少，可以分为零级渠道、一级渠道、二级渠道和三级渠道。

①零级营销渠道又称直接营销渠道，意指没有中间商参与，房地产产品由生产者直接售给消费者的渠道类型，即开发商自行营销。直接营销渠道是房地产产品分销渠道的主要类型，一般大型房地产开发企业有自己的营销队伍，房地产开发企业都会采用直接营销渠道销售。在房地产消费品市场，直接营销渠道也有扩大趋势。随着新技术在流通领域中的广泛应用，也使电话、电视销售和网络销售方式逐步展开，这些促进了房地产产品直销方式的发展。

②一级营销渠道包括一级中间商。在房地产产品市场，这个中间商通常是经销商和代理商，除此之外还有一些银行或者广告代理商支持分销活动。

③二级渠道包括两级中间商。消费品二级渠道的典型模式是经由批发和零售两级转手分销。在商业地产市场，这两级中间商多是由代理商及经销商组成的。

④三级渠道是包含三级中间商的渠道类型。一些消费面宽的日用品需要大量零售机构分销，其中许多小型零售商通常不是大型批发商的服务对象。对此，有必要在批发商和零售商之间增加一级专业性经销商，为小型零售商服务。而房地产产品的销售也是可以借鉴这种模式的。

根据房地产市场营销渠道的层级结构，长度结构还可以分为直接营销渠道、间接营销渠道、短营销渠道和长营销渠道。渠道越长，越难协调和控制。

(2)宽度结构。根据房地产市场营销渠道每一层级使用同类型中间商的多少,可以划分渠道的宽度结构。当房地产开发企业选择较多的同类中间商经销其产品时,则这种产品的分销渠道称为宽渠道;反之,则称为窄渠道。

分销渠道的宽窄是相对而言的。受房地产产品性质、市场特征和企业分销战略等因素的影响,房地产市场分销渠道的宽度结构大致有下列三种类型。

①密集型分销渠道。密集型分销渠道是房地产开发企业通过尽可能多的经销商和代理商销售其产品所形成的渠道。密集型渠道通常能扩大房地产市场覆盖面,或使某产品快速进入新市场,使众多消费者和用户随时随地买到这些产品,它适用于大众化的房地产。

②选择性分销渠道。选择性分销渠道介于密集型分销和独家分销两种渠道之间,是房地产开发企业按一定条件选择若干个(一个以上)同类中间商经销产品形成的渠道。选择性分销渠道通常由实力较强的中间商组成,能较有效地维护房地产制造产品牌信誉,在房地产市场建立稳定的竞争优势,它适用于各类房地产。

③独家分销渠道。独家分销渠道是房地产开发企业在某一地区市场仅选择一家代理商或经销商销售其产品所形成的渠道,独家分销渠道是窄渠道,独家代理(或经销)有利于控制该地区的房地产市场,从而使企业在该市场上建立良好的企业形象,形成自己独特的竞争优势,它适用于写字楼、别墅等。

(3)系统结构。根据渠道成员之间相互联系的紧密程度,可以划分渠道的系统结构。房地产市场营销系统渠道可分为传统营销渠道系统和整合营销渠道系统两大类型。

①传统营销渠道系统。传统营销渠道系统是指由独立的房地产生产商、销售商和消费者组成的分销渠道。传统渠道系统成员之间的系统结构是松散的。由于这种渠道的每一个成员均是独立的,它们往往各自为政、各行其是,都为追求其自身利益的最大化而激烈竞争,甚至不惜牺牲整个渠道系统的利益。传统渠道系统正面临着严峻的挑战。

②整合营销渠道系统。整合营销渠道系统是指在传统渠道系统中,渠道成员通过不同程度的一体化整合形成的分销渠道。房地产整合营销渠道系统主要包括:

A. 垂直渠道系统。这是由房地产生产者、经销商和代理商纵向整合组成的统一系统。该渠道成员或属于同一家企业,或将专卖特许权授予其合作成员,或有足够的能力使其他成员合作,因而能管理控制渠道成员行为,更好地管理冲突并尽可能消除这些冲突。

B. 水平渠道系统。这是由两家或两家以上的房地产开发企业横向联合、共同开拓新的市场营销机会的分销渠道系统。这些房地产开发企业因资本、生产技术、营销资源不足,无力单独开发新的市场机会,加之惧怕承担风险,而与其他企业联合可实现最佳协同效益,因而组成联合合作的渠道系统。这种联合,可以是暂时的,也可以组成一家新的房地产开发企业,最后做强做大。

C. 多渠道营销系统。对于同一或不同的细分市场,可以采用多条渠道的分销体系。房地产市场多渠道营销系统大致有两种形式:一种是房地产开发企业通过两条以上的竞争性分销渠道销售同一楼盘的产品,另一种是房地产开发企业通过多条分销渠道销售不同楼盘的差异性产品。此外,鉴于同一房地产产品在销售过程中的服务内容与方式的差异性,一些房地产开发企业会形成多条渠道以满足不同客户的需求。多渠道系统为房地产开发企业提供了三方面利益:扩大产品在房地产市场上的覆盖面、降低渠道成本和更好地适应顾客要求。有利也有弊,采用房地产多渠道营销系统容易造成渠道之间的冲突,给渠道控制和管理工作带来不便。

要形成理想的销售渠道,需切实分析用户及房地产特性,规定渠道成员相互间的权利和责任,规定交房及结算方法,协商并确定促销及代培技术、信息及统计等具体事宜。

8.1.3.2 房地产市场营销渠道成员

渠道成员是独立并且追求个体利益最大化的经济组织。房地产开发企业、供应商、中间商、消费者和其他对成功的分销起重要作用的专业企业的合作而形成的渠道可以看作是一个关系系统。

房地产开发企业是指创造房地产产品的企业,作为品牌产品的创造者,房地产开发企业在市场上被广为人知并被认可是整个营销渠道的源头和中心。

供应商是指向房地产开发企业提供土地、建筑材料、机械设备和服务等资源的组织或者个人。作为主要营销渠道成员之一,供应商对房地产开发企业的营销活动产生了重要影响,主要表现在资源供应的可靠性、资源供应的价格和供应资源的质量水平这三个方面,所以房地产开发企业在寻找和选择供应商时,都会特别注意与其协调配合。

中间商是指协助房地产开发企业将产品销售给消费者,包括营销中介和协助商。营销中介主要有经销商和代理商,它在营销渠道中参与交易活动,协助交易完成,并从中获得一定的佣金。协助商不直接经营房地产产品,但对房地产产品的经营销售起到促进和服务的作用,它有效刺激了房地产开发企业开展市场营销活动。

消费者是整个营销渠道的终点。房地产开发企业与中间商都是为了满足客户的需要来实现产品的销售获得盈利。因此消费者的类型、购买行为、购买特征都是它们关注的重点。

在这个关系系统中,根据各个企业在整个分销过程中的作用,可以把渠道成员分为两组——基本渠道成员和特殊渠道成员。

基本渠道成员是指拥有房地产产品的所有风险的企业以及作为分销终点的消费者。在房地产市场营销渠道中,基本渠道成员包括房地产开发企业、中间商、消费者。

特殊渠道成员也称专业渠道成员,是指为整个营销过程提供重要服务但不承担房地产产品所有者风险的企业。在房地产市场营销渠道中,它可以分成两种类型:①功能型的特殊渠道成员:包括运输业、装饰企业和提供促销支持的企业;②支持型的特殊渠道成员:包括金融业、信息业、广告业、保险业、咨询与调研业等。

在整个房地产市场营销渠道中,基本渠道成员对整体产品销售所起的作用更为关键,因此成为渠道管理的主要关注对象。

8.1.4 房地产市场营销渠道冲突、管理与合作

在房地产市场营销渠道中,渠道成员之间总会因为利益而产生冲突与合作,所以分析和研究渠道冲突、管理与合作这项工作就显得尤为重要。

8.1.4.1 房地产市场营销渠道冲突

渠道冲突是指某一渠道成员从事的活动阻碍或者不利于本组织实现自身的目标,进而发生的种种矛盾和纠纷。营销渠道的设计是渠道成员在不同角度、不同利益等多因素的影响下完成的,因此渠道冲突是不可避免的。渠道冲突的类型主要有以下几种:

(1)根据渠道成员的关系可将冲突分为四类:同质性冲突、水平性冲突、垂直性冲突、多渠道冲突。

①同质性冲突。同质性冲突是广义上的渠道间冲突,是指一家房地产开发企业的分销渠道与另一家房地产开发企业的分销渠道在同一水平线上的冲突。

②水平性冲突。水平性冲突是指处于同一水平的不同中间商之间的竞争。这种冲突可能出现在同类中间商之间,也可能出现在同一渠道层次的不同类型的中间商之间。

③垂直性冲突。垂直性冲突是指不同层次的成员之间的冲突。

④多渠道冲突。多渠道冲突是指当某个房地产开发企业拥有两条或两条以上的分销渠道,向同一市场出售其产品或服务时,发生于这些渠道之间的冲突。

(2)按渠道冲突产生的原因,可把冲突划分为竞争性冲突和非竞争性冲突。竞争性冲突是指两个或多个渠道成员在同类或类似的市场上竞争时发生的冲突。非竞争性冲突是指渠道成员在目标、角色、政策及利润分配等方面存在不一致引发的冲突。

(3)按渠道冲突的显现程度,可把渠道冲突分为潜在冲突和现实冲突。潜在冲突是指渠道成员由于在目标、角色、意识和资源分配方面存在着利益上的差异和矛盾,而这种差异和矛盾是还没有导致彼此行为上的对抗的一种冲突状态。现实冲突是指渠道成员彼此之间出现的相互低毁、报复等对抗行为的冲突状态。

(4)按渠道冲突的性质,可把冲突分为功能性冲突和病态性冲突。功能性冲突是指渠道成员把对抗行为作为消除渠道成员之间潜在的、有害的紧张气氛和病态动机的一种方法时的冲突状态。病态性冲突是指渠道成员之间敌对情绪和对抗行为超过了一定限度,并因此对渠道关系和绩效产生破坏性影响时的冲突状态。

8.1.4.2 房地产市场营销渠道冲突管理

中介代理公司承接委托后,自然会尽职尽责地履行委托合同,完成承接项目的市场推广和营销任务。但是,在具体实施市场推广和营销活动过程中,中介公司和委托者的目标并非绝对一致。尤其是一些较大规模的中介公司,往往同时代理多家开发商的项目,它们关注的是公司整体的经营目标,不可能把公司的营销资源全部投入一两个项目。而开发商只关心自己投资的项目,希望本企业的产品受到更多的关注。两者营销目标的差异,将在促销措施、资源配置、营销策略等具体问题上产生分歧和意见,矛盾将在所难免。因而,营销渠道冲突的管理问题在渠道管理中占有相当重要的地位。在营销渠道策划时,应当确定冲突管理原则和冲突管理程序。

渠道冲突管理是指分析和研究渠道冲突关系。有些渠道冲突能成为适应环境变化的动力,但是更多的冲突是失调的而且具有破坏性。冲突管理的问题不在于是否应该消除这种冲突,而在于如何更好地管理冲突。

(1)营销渠道冲突管理的原则。

①双赢或多赢的原则。开发商与代理商是项目投资经营中两大环节的核心,与项目的成功与否关系极大。只有遵循双赢的原则,才能齐心协力,遇到矛盾时才能迎刃而解。

②有备无患的原则。凡事预则立,只要在营销渠道策划时将各种可能出现的问题研究透彻,通过渠道成员的选择及代理合同的签订避免或防范,便可做好各种应急准备,避免渠道冲突的发生。

③有效控制的原则。开发商必须对营销渠道实施有效控制,以便即时发现问题,即时解决矛盾、解决冲突。

(2)营销渠道冲突管理程序。

营销渠道冲突管理应执行如下程序,实施有效管理。图 8-1 是营销渠道冲突管理程序图。

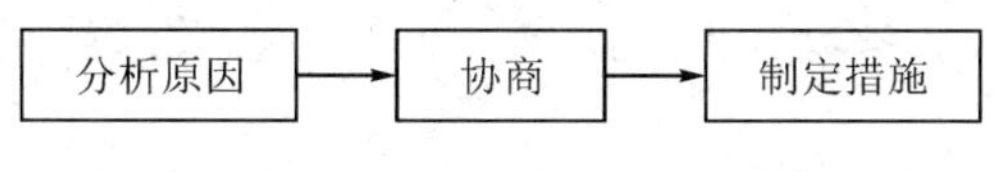

图 8-1　营销渠道冲突管理程序图

显然,分析原因是第一位的,只有实事求是、客观公正、科学地分析原因,才能正确地认识冲突。冲突双方必须抛弃片面性和主观性,才能有客观、公正的认识。协商是冲突双方在冲突原因得到正确认识后唯一可取的正确态度。应当在互利互惠的原则指导下按照委托代理协议(合同)中所规定的有关事项,针对冲突发生的具体问题,制定措施,既能解决当前的问题,又能预防未来出现同样的问题。以下为避免房地产市场营销渠道冲突需遵循的原则。

①慎重选择经销商。严把这一关,并且经常对经销商给予培训,加强交流,共谋发展策略。

②制定完善的营销政策。制定完善的营销政策是有效管理冲突的保证。良好的经销商、代理商的形成需要一套完善的政策来进行激励和制约,同时房地产开发企业也要保护经销商和代理商的正当利益。

③扩大整体市场。经销商和代理商始终是以利益为中心的。房地产开发企业首先要保证经销商和代理商有利可图,然后就要让他们的利润可观,只有这样才能吸引和留住他们,而他们也会高效地完成销售任务。这也就要求房地产开发企业在扩大整体市场上下功夫,努力提高销售量,扩大市场占有率,形成自己的竞争优势。

8.1.4.3　房地产市场营销渠道合作

渠道合作即渠道成员之间的合作,也指渠道成员为了共同及各自的目标而采取的共同且互利性的行动和意愿。房地产市场营销渠道合作有多种形式,主要的有联合促销、联合生产、独家代理、信息共享、联合培训和地区保护等。作为市场营销渠道合作的重点形式是渠道纵向营销合作,主要存在五种合作关系。

(1)松散型。松散型渠道关系是指整个渠道由各个相互独立的成员组成,没有哪一个成员拥有足以支配其他成员的能力,每一个成员都在追求自身的最大利益。这种合作关系多见于中小房地产开发企业之间。

(2)共生型。共生型渠道关系是指两家或两家以上房地产开发企业通过联合开发新的市场机会而形成的渠道关系。相比于前一种,共生型渠道成员的合作基础更牢靠一些。

(3)管理型。管理型渠道关系是指由一个或少数几个实力强大、具有良好品牌声望的房地产大企业依靠自身影响,通过强力的管理而将众多经销商和代理商聚集在一起而形成的渠道关系。

(4)公司型。公司型渠道关系是指通过建立自己的销售分公司和通过实施产供销一体化战略而形成的渠道合作关系。在房地产市场营销渠道合作中,这是合作关系中最为紧密的一种。

(5)契约型。契约型渠道关系是指在营销渠道中,参与产品销售的渠道成员通过不同形式的契约来确定彼此的分工协作与权利义务关系而形成的一种渠道合作关系。特许经营是一种典型的契约型渠道合作形式。

8.2 房地产市场营销渠道选择与构建

房地产市场营销渠道的选择与构建的基本目标是选择和构建合适的渠道结构，并将渠道任务适当地分配给渠道成员，以提高渠道效率。善于经营的房地产开发企业不仅要努力开发适合市场需求的房地产产品，更要制定具有市场竞争力的价格并选择合理的销售渠道。

8.2.1 房地产市场营销渠道选择

科学合理地选择房地产市场营销渠道，不仅可以更好地研究和分析市场营销渠道，还可以使企业获取最大效益。

8.2.1.1 影响房地产市场营销渠道选择的因素

房地产产品本身的因素对企业营销渠道战略的实施有着至关重要的影响。而影响企业营销渠道选择的因素有很多，主要可以从外因和内因两个方面来分析。

(1)外因分析。

①市场营销环境分析。市场营销环境属于一种宏观的影响因素，是房地产开发企业自身难以控制的，在很大程度上会影响到企业营销渠道战略类型的选择及实施。市场营销环境可以划分为宏观市场环境和微观市场环境。宏观市场环境包括自然环境、人口环境、政治法律环境、经济环境、技术环境、社会文化环境等因素。微观环境则由企业、供应商、渠道成员、客户、竞争者和公众组成，它直接影响着企业为客户服务的能力。市场营销环境的变化会直接影响到企业的营销渠道选择，所以企业将更加重视直接营销渠道的建设。

②竞争对手分析。竞争对手是介于可控和不可控之间的一种因素，与房地产开发企业本身是一种共生关系。因此，在某种程度上，企业的营销渠道战略与其竞争对手和渠道中间商存在一种“搏弈”关系。

③渠道成员变量分析。渠道成员变量主要有渠道成员的可获得性、使用渠道成员的成本、渠道成员提供的服务等。房地产开发企业提供的服务愈多愈完善，可提高中间商参与的兴趣；当房地产开发企业决定进军一个全新的区域市场时，可以借助中间代理商的力量打开局面。

(2)内因分析。

①企业实力分析。房地产开发企业实力是企业自身的一种内在的因素，是可以通过努力来改善或改进的可控因素，企业在营销渠道战略上的选择、实施和调整都会受到房地产开发企业实力的影响。企业的管理经验、企业的财务实力等影响着营销渠道战略的选择和实施。企业规模大、资金雄厚、声誉卓越的房地产开发企业，通常都有属于自己的营销队伍，往往选择自己进行营销，自己建立销售网，不用依赖中间商的服务。这种做法易于对渠道进行掌控，并保持企业文化的一致性；相反，对于一些管理经验不足、财力有限的房地产小型企业，就必须依靠外部渠道进行销售。

②产品特性分析。产品特性一般情况下是左右企业营销渠道战略的关键因素。因为房地

产产品是高价值性的产品，企业一般选择直接销售的渠道战略，渠道长度相对较短。房地产产品的高投资性与高价值性，也决定了营销渠道的难以选择性。

8.2.1.2　房地产营销渠道选择的原则

(1)成本领先原则。房地产开发企业前期投入一定的成本构建渠道，后期渠道发挥作用，获得的既得收益增加，从而在长期经营环境下获得总成本领先的优势。从成本领先战略的角度，前期投入构建成本，中后期获得渠道增益，通过销售更多的产品，使房地产开发企业获得更多的利益。整个成本支出主要分为三期，前期资金主要用于渠道固定资产投入，中期资金主要用于规划品牌运营，后期资金主要用于获得渠道增值收益。

(2)竞争性原则。渠道策略以竞争为导向，在目标市场铺设营销渠道，阻击竞争对手，以营销链的系统协同效率为基础，对目标市场客户进行争夺，逐步扩大市场份额，从而获得区域目标市场的主导地位。

(3)目标市场原则。房地产营销代理公司进行营销渠道建设，首要目标就是要把代理的全线产品分类别输入进各区域目标客户群，让那些需要产品的客户能就近、方便购买，所以与房地产零级营销渠道所不同的是，代理公司不以开发商的某一产品性质为考虑的唯一因素，而是以客户为前提，分析目标客户市场以及他们的购买习惯，以方便他们的购买为目的，使产品可以以最快的速度，在最方便的场合，满足这些消费者的需要。

(4)效率原则。不论企业选择哪种市场营销渠道，都可能存在一定的风险，所以在提高营销渠道运行效率和高效管理方面必须下功夫。房地产市场竞争激烈，如果营销渠道运行效率低、成本上升，必然会使渠道的利益得不到满足而丧失推广激情，会对产品的快速流通和销售产生极大阻力。

8.2.2　房地产市场营销渠道构建

8.2.2.1　房地产营销渠道构建的流程

(1)确定渠道战略目标。房地产开发企业渠道战略目标必须与企业战略目标保持一致，要突出重点，并且在企业现有的实力条件下具有可行性。

(2)明确企业战略营销任务。确定房地产开发企业服务的目标市场，并进行细分；确定市场需求类型，了解客户的需要；企业的物业类型以及服务要以满足客户的需求为前提。每个战略业务单位要明确自己的任务，相互协作，促成制定的战略目标的实现。

(3)分析企业内外部环境。分析房地产开发企业的外部环境，包括市场营销环境分析、竞争对手分析、渠道成员变量分析；分析企业内部环境，包括企业实力与现状分析、开发的房地产产品特性分析、产品生命周期分析。

(4)制订战略实施计划。房地产开发企业制订营销渠道的战略实施计划是重中之重，它是企业实现怎样选择营销渠道的方案，主要有编写计划的实施概要、整合市场营销渠道战略、制订行动方案、编制计划预算方案、最终确立营销渠道方案。而这每一个步骤之间又是相互联系、互相制约的。

(5)渠道战略实施。房地产开发企业实施渠道战略是为把营销渠道计划转化为营销渠道行动的方案。市场营销系统中各个层次的人必须通力合作，才能保证实施市场营销渠道战略。

(6)渠道选择与优化。通过对渠道绩效进行评价分析,选出最适合企业发展的营销渠道,并且不断优化,使效果达到最好。

总体来说,房地产营销渠道构建的根本出发点还应归于顾客,这是需求导向型经济的客观要求。所以并没有哪一种渠道是绝对优于另外一种渠道,因此房地产开发企业在营销过程中应不拘泥于一种渠道,可以通过选择多种营销渠道进行组合的方法,充分发挥各个渠道的促销作用。

营销渠道组合的运用在一般消费产品的销售中已经十分广泛,但由于房地产产品自身的特殊性,房地产产业大规模采用营销渠道组合尚未开展起来。随着宏观调控下房地产市场竞争的加剧,采用多种营销渠道相组合的方法,可以使房地产开发企业更好地明确目标客户群体并满足顾客的需求,最终取得最佳的经营效果。

8.2.2.2 房地产市场营销渠道构建的步骤

斯特恩等学者总结出了“用户导向渠道系统”设计模型。结合房地产产业,可以将其渠道构建设计过程分为以下五个阶段,共 14 个步骤。

(1)对当前房地产市场环境分析。

步骤 1:审视企业渠道现状;

步骤 2:子解目前的市场营销渠道系统;

步骤 3:搜集房地产市场营销渠道信息;

步骤 4:分析市场上竞争者的渠道。

(2)制定房地产开发企业短期的渠道对策。

步骤 5:评估渠道的近期机会;

步骤 6:制订近期进攻计划。

(3)对房地产营销渠道系统进行优化设计。

步骤 7:对市场上最终用户需求进行定性分析;

步骤 8:对市场上最终用户需求进行定量分析;

步骤 9:房地产行业模拟分析;

步骤 10:设计“理想”的渠道系统。

(4)限制条件与差距分析。

步骤 11:设计管理限制;

步骤 12:差距分析。

(5)渠道战略方案决策。

步骤 13:制订企业战略性选择方案;

步骤 14:最佳渠道系统的决策。

营销渠道是企业最重要的资产之一,同时也是变数最大的资产。企业需要通过渠道走货,消费者需要通过渠道的流通功能得到各种各样所需要的产品。渠道是完成房地产交易的场所和环节,所以绝大部分企业、消费者都不可能离开渠道而发生交易。房地产开发企业离不开渠道,房地产销售更离不开渠道。而渠道构建步骤是最基础的工作。

8.3　房地产市场营销渠道测试与改进

房地产市场营销渠道的测试与改进都属于房地产营销渠道治理机制，房地产营销渠道治理机制包括多个维度，其中既包括对交易关系的建立、维持与结束过程中关系组织与协调要素的考虑，也包括交易关系中对渠道的测试与改进机制。

8.3.1　房地产市场营销渠道测试

无论一个房地产市场营销渠道是全新的还是正在演化，在进入实施前做渠道测试不失为一个好主意。房地产开发企业测试营销渠道，能更好地明确该渠道在结构服务和运作系统等方面的赢利能力和竞争能力。渠道测试时必须注意以下一些基本问题：

(1)核心队伍。必须有一支核心队伍来全面负责房地产营销渠道测试、跟踪观察及信息收集等工作。

(2)确定资源。房地产营销渠道测试需要人力和资金的支持，每个渠道测试需要的支持程度各不相同，必须要清楚说明。同时，所有的渠道测试费用必须由潜在利润来平衡。

(3)联系。整个过程都应联系简洁、用语清晰，整个过程应是一个讨论和反馈的过程，在核心队伍和被调查者之间应展开持续的讨论，当然也要注重取得有意义的进展。

(4)确定程序。必须清楚地说明房地产营销渠道测试的程序，并同参与者充分沟通。

通常渠道测试的第一步要造成起步快、势头好的效果，重点应放在与所有房地产营销渠道测试人员建立直接联系，并明确他们的角色，调动他们的积极性。

8.3.2　房地产市场营销渠道改进

房地产开发企业在设计了一个良好的渠道系统后，不能放任其自由运行而不采取任何纠正措施。为了适应市场需要的变化，整个渠道系统或部分分销推广渠道系统必须随时加以修正和改进。房地产开发企业市场营销渠道的修正与改进可从三个层次上来研究。从经营层次上看，其修正与改进可能涉及增加或剔除某些渠道成员；从特定市场的规划层次上看，其改变可能涉及增加或剔除某特定的市场渠道；在房地产开发企业系统计划阶段，上述改变可能涉及在所有市场上进行经营的新方法。

8.3.2.1　增加或减少某些渠道成员

在考虑渠道改进时，通常会涉及增加或减少某些中间商的问题。这种决策通常需要进行直接增量分析，通过分析，要弄清这样一个问题，即增加或减少某渠道成员后，房地产开发企业利润将如何变化。

8.3.2.2　增加或减少某些市场营销渠道

房地产开发企业也常常会考虑这样一个问题，即它所使用的所有市场营销渠道是否仍能有效地将房地产信息送达某地区或某类顾客。这是因为，房地产开发企业市场营销渠道静止不变时，购买类型、市场形势往往正处于迅速变化中。房地产开发企业可针对这种情况，借助投资收益率分析，确定增加或减少某些市场营销渠道。

8.3.2.3 改进和修正整个市场营销系统

对房地产开发企业来讲,最困难的渠道变化决策是改进和修正整个市场营销系统。这些决策通常由房地产开发企业最高管理当局制定。这些决策不仅会改变渠道系统,而且还将迫使房地产开发企业改变其市场营销组合和市场营销政策。

8.3.2.4 解决渠道均衡问题

在分析一个提议中的渠道改进措施时,要解决的问题是该渠道是否处于均衡状态。所谓一个渠道处于均衡状态是指无论如何改变结构或者功能,包括增加或者取消渠道中某一级的中间商,也不可能导致利润增加的状态、结构变动。当渠道处于不均衡状态时,变动的时机就成熟了。

开辟新的潜在市场,也需要对房地产市场营销渠道进行重新评价。房地产市场本身也会变化,从而迫使分销工作做出反应。

8.4 房地产市场营销渠道组合策略

房地产市场营销渠道组合策略是指企业根据目标市场的需要,综合运用各种可控的营销因素,将市场营销的4P策略——产品策略、价格策略、营销渠道策略、促销策略与房地产市场和产品的特点和需求相结合,从而很好地实现企业的渠道营销目标。因此,房地产市场营销渠道组合策略成为房地产开发企业面临的重要决策之一。

8.4.1 房地产市场营销产品渠道策略

房地产开发企业选择渠道、制定渠道策略时,首先要考虑的是本企业的房地产产品。知己才能知彼,房地产开发企业的渠道管理人员首先必须细致地分析现有房地产产品,了解房地产产品的行业特点、内在和外在特性等,这样才能制定出合理的、符合产品流通需要的渠道策略。

房地产营销渠道的产品策略是企业为了在激烈的市场竞争中获得优势,在生产和销售产品时所运用的一系列措施和手段,包括产品定位、产品组合策略、产品差异化策略、新产品开发策略、品牌策略以及产品的生命周期运用策略。房地产产品与其他产品一样,具有生命周期。这个周期是指一种新型的商品房从开始进入市场到被市场淘汰为止的全过程。一般分为四个阶段:进入期、成长期、成熟期和衰退期。相应的房地产产品营销也采取四种不同的渠道策略。

8.4.1.1 房地产市场营销进入期渠道策略

企业在这个时期,一般要重视改进商品房,提高质量,强化促销工作,大力宣传商品房的性能、优越性,采用销试、试用等办法来缩短这一阶段的周期。相对企业的业绩增长而言,这时的主目标是薄利多销,加强顾客的认知、接纳。同时,由于面临的竞争压力和市场风险较大,企业必须做好市场调查、预测的前期工作,做好产品渠道分析。

8.4.1.2 房地产市场营销成长期渠道策略

这个时期,企业已经具有了开发、经营的基础实力。着眼点开始放在如何进一步改进商品房的式样,如何提高原有的开发质量,并不断开辟潜在市场,通过产品的纵向、横向延伸以及新型房产的开发来提高市场占有率。在对外宣传渠道上注重对房地产产品和房地产开发企业的全方位宣传，逐步达到被消费者熟知。

8.4.1.3 房地产市场营销成熟期渠道策略

房地产产品进入成熟期后，标准设计被广大消费者认可，各商家竞相开发，建筑面积成倍增加，消费者选择能力增强，房地产产品的价格开始下降。这时企业为保住市场和保持盈利，应进一步改善产品质量，改进产品结构，拓宽渠道结构，更要强化渠道配套服务，突出满足消费者购房的综合收益。同时，开展积极的市场调研，分析、预测新的市场需求，为开发建设新式住宅做好渠道准备。

8.4.1.4 房地产市场营销衰退期渠道策略

随着房地产和建筑业的发展，原有的商品房日益老化，产品进入衰退期，销路越来越差，最后被市场所淘汰。这时企业一方面需要通过价格折扣和完善服务等来保证现有商品房的销售和适当延长该产品寿命；另一方面需要通过对房地产产业、建筑业、国家施工政策以及顾客需求的最新动态进行调研、分析，开发新型房地产产品，取代老产品。同时，根据以上情况适时缩减渠道长宽度。

8.4.2 房地产市场营销价格渠道策略

在市场经济中，任何房地产产品的销售都不是孤立的，房地产产品市场的多样性、复杂性和变动性造成了房地产产品在市场推广过程中的激烈竞争。房地产开发企业的任何市场行为不仅会引起竞争对手的强烈反应，而且竞争对手的一举一动也牵动着企业的整体市场策略。因此，在房地产营销渠道中，产品的价格渠道也就成为营销经理们深入分析的关键部分。

房地产营销渠道价格策略是房地产市场营销组合中最活跃、最有影响力的营销手段，同时又是最难以确定的因素。这是因为企业的定价既需要保证自己的盈利水平，又要保证其对市场的占领，同时还要具有竞争性。因此，房地产价格渠道策略上是在全方位核算产品的成本、充分分析市场环境的基础上进行的。

8.4.2.1 直降促销，获取市场

从需求层面看，面对市场可能到来的降价风潮，小折扣或者简单的特价房已经不能吸引那些继续观望的购房者，而采用直降促销渠道则更具诱惑力。从供给层面看，直降促销是消化库存、回流资金的不错渠道途径。

8.4.2.2 低开高走，吸引眼球

低开高走是指在房地产预售时，房地产开发企业为了聚集人气，首先将楼盘以较低价格开售，吸引消费者的目光，形成热销局面，再根据施工进度和销售情况逐步提高价格以达到预期销售目的。低开高走价格渠道策略有利于新产品快速抢占市场，优先在市场上取得领先的地位，并且在面对竞争对手时有利于试探市场的反响。

8.4.2.3 高开低走，短期获利

高开低走是指在房地产预售时，房地产开发企业为了在短期内获取丰厚利润，尽快收回投资，将产品价格定得较高，当竞争产品进入市场后，随即降低价格。高开低走价格渠道策略有利于开发商在短时间内实现利润最大化，有利于树立楼盘的品质和品牌，创造企业的无形资

产。但不利于后期的价格渠道调整,而且可能延长销售周期,开发商日后对价格的直接调控余地也较少。

8.4.2.4 提高品质,维持原价

房屋销售必须抓住消费群体的需求特点来定价,价格必须要以房屋价值为基础,并适时地加以优化和调整,以掌握市场的主动权。良好的企业形象可以更好地吸引潜在客户前来选择并购买房屋,提高品质维持原价,进行售后服务创新,提高服务质量,是企业树立自身形象与品牌形象的重要价格渠道方法,有利于企业获得品牌效益。

8.4.2.5 捂盘冬眠,伺机而动

有时开发商采用优惠促销并不能提高房屋销量,因为购房者在进行决策时更多的考虑是未来房价的走势,优惠促销不但不能吸引购房者,反而增加他们对未来房价下跌的预期,从而加剧了消费者的观望。在楼市调整期内,许多房地产开发企业选择捂盘冬眠,伺机而动。一方面在没有明确的回暖信号前,企业都在考虑如何占据价格优势;另一方面,部分企业需要参考其他竞争者的定价,然后再确定自己的竞争策略,不愿盲目推盘。捂盘冬眠价格渠道策略可以让企业等待好的销售时机,判断未来局势,等待市场回暖。

8.4.3 房地产市场营销渠道选择策略

房地产开发企业选择符合自己的营销渠道事关产品销售的好坏,因此企业都会精心策划,科学合理地选择营销渠道。房地产营销渠道选择策略主要有垂直渠道、水平渠道、多元渠道和网络营销渠道。

8.4.3.1 垂直渠道

垂直渠道系统是在传统渠道的基础上发展起来的,为了实现节约成本、提高效益的目的,渠道的各个成员以所有权、特许权或其他力量联合起来,互相协助。以所有权来联系的渠道系统称为所有权式垂直渠道系统,这种渠道系统的渠道成员之间的联系最紧密。

通过某一渠道成员的规模和力量所产生的影响力,来协调产销的各个阶段,称为管理式垂直渠道系统,而房地产知名品牌产品的企业较容易以自己为中心形成管理系统。

8.4.3.2 水平渠道

水平渠道是指同一层次上两家或两家以上的渠道成员联合,共同开拓新的市场机会,密切合作,从而可以实现自家经营时所达不到的销售成绩,做到双赢。房地产开发企业通过水平渠道能有效增加营销面的宽度和深度,使有效受众和有效客户更多,能更快地实现销售。

8.4.3.3 多元渠道

房地产开发企业将产品通过两个或两个以上的分销渠道系统与同一细分市场接触,就形成了多元渠道系统。因为其中每个不同的渠道面对的是同一市场,且都能从中获得收益,所以多元渠道容易引发利益冲突问题,但在纷争的市场中也不失为一种有效的策略。

8.4.3.4 网络营销渠道

网络营销渠道是通过信息互联网展开营销的一种渠道形式,这种形式是目前的一种新型营销渠道。通过这个渠道,客户可以在任何时候从网上查看商品房信息,可以使房地产开发企

业与客户之间的信息传递更直接、更互动,有利于产品的销售。

网络营销是现代营销最火热的一种营销渠道,成本费用低,因此,越来越多的房地产开发企业建立了网页,还充分利用微信、微博平台介绍自己的房屋产品,在网上直接接受客户的订单,从而形成了企业的电子商务系统。同时企业还可以在网上建立论坛和公告系统,使企业的信息及时传送到市场上,让广大客户及时了解到房屋产品的最新信息,大大促进了产品的销售。

企业还可以在网上进行广告宣传,也可以通过电子邮件的方式收集客户的意见和建议,作为及时调整战略的依据。如图 8-2 展现的是各种网络营销渠道的形式。

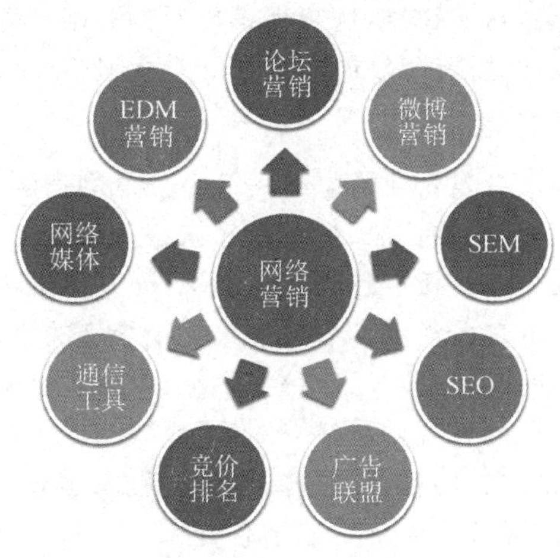

图 8-2　各种网络营销渠道的形式

8.4.4 房地产市场营销促销渠道策略

渠道促销是房地产开发企业惯常使用的提高销售量的方法之一,但在不同的促销目的之下,采用的渠道促销策略也不相同。因此,房地产渠道促销不能简单理解为对房地产分销商开展的一次促销活动或促销竞赛。只有明确促销目的,制定相应的渠道促销策略,才能实现房地产产品在市场推广中的促销目标。

为了实现房地产的促销目标,可以采用各种各样的促销方式。一般来说,常见的房地产促销渠道策略主要有广告促销、人员推销、营业推广和公共关系等促销。

8.4.4.1 广告渠道促销

广告渠道的内容应包括项目的设计、房屋类型、房屋面积、地理位置、出租或出售之类的信息。在广告渠道设计方面要根据消费者的喜好去创造,要给人一种眼前一亮的感觉。房地产渠道广告要激发有购房能力和意愿的潜在顾客的购买欲望,就要强调房地产产品个性化的设计、全新的结构布局、完善的物业管理服务,强调物业的特色和优势,从情感上打动人。同时房地产开发企业在选择广告渠道媒体及方式时,要进行广告效果及成本的分析。

8.4.4.2 人员推销

人员推销渠道是最古老的一种渠道促销方式,房地产的推销人员直接通过与消费者进行接触和洽谈，向消费者宣传介绍房地产产品，达到使消费者采取购买行为的渠道促销方式。通过与客户直接接触，推销人员可根据客户的心理动机、需求的迫切程度及对产品的兴趣点进行针对性的宣传，了解消费者对竞争对手产品的态度、褒贬程度，完成信息的双向传递。在产品经济高度发达的现代社会，人员推销渠道这种古老的渠道形式更焕发了青春，成为现代社会最重要的一种渠道促销形式。

8.4.4.3 营业推广渠道

营业推广渠道也称销售促进渠道，是一种短期刺激方法，是企业为鼓励购买、销售产品和劳务而采取的除广告、公关和人员推销之外的所有企业营销活动的总称。营业推广的渠道有很多，比如房地产产品交易会、有奖销售、优惠促销以及购房赠礼等。因此，房地产开发企业为在短期内能吸引消费者对其房地产产品的注意，扩大销售量，常常采用这种渠道促销方式。

8.4.4.4 公共关系促销渠道

公共关系促销是指房地产开发企业为了获得社会公众的信赖，促进公众对组织的认识、理解和支持，达到树立企业或房地产的形象、促进产品销售的目的的一系列公共活动。公共关系促销渠道不是由房地产开发企业直接进行的宣传活动，而是借助于公共传播媒体渠道，由有关新闻单位或者社会团体进行的宣传活动。公共关系促销渠道的特点不是以直接的短期促销为目标，而是通过公共关系活动使潜在购买者对企业及其产品产生好感和信任。这种促销渠道方式日益引起房地产开发企业的重视，成为一种不可或缺的促销渠道方式。

所有这些，都是通过营销组合的各种渠道向房地产购买者传递信息。整个市场营销渠道组合，都必须为取得最大的沟通效果而有机地结合起来。各种促销渠道工具、方式、方法均有其特殊的潜力和复杂性，因此营销人员要结合市场实际选择不同的促销渠道。

8.5 房地产市场营销渠道创新与拓展

我国房地产市场的营销渠道建设起步较晚，从我国房地产市场的特点及发展轨迹来看，我国传统的房地产营销渠道经过发展和裂变，主要有网络营销、品牌营销、体验营销、文化营销和绿色营销渠道等模式。但近几年随着我国房地产产业的高速发展，房地产营销渠道发生了新的创新模式。

8.5.1 房地产市场营销渠道创新

伴随着房地产行业的发展，市场竞争达到白热化的程度，房地产营销渠道发展趋向多元化，多种利益体同时介入地产，在保持既有的模式下，一些新的渠道开始出现，我国的房地产营销渠道也呈现出全方位、多样化的局面。

8.5.1.1 房地产连锁营销渠道

连锁式营销渠道是近年来出现在深圳、上海等地的新的房地产营销模式。这种模式实际是实力雄厚的代理商提供专业化系统服务的新形式。目前，一个省会级城市房地产市场每年接纳的楼盘量是 200 个左右，而且大多数开发商采用直销渠道，掌握了 70％以上的市场份额，剩下约 30％的份额由区域内的三四百家代理商竞争，竞争的结果一般是由少数几个发展相对成熟的代理机构占有。因此，几年无盘可做的小代理商的生存空间会越来越狭小，面临的只能是被无情地踢出市场。

房地产代理市场的发展趋势是规模化、专业化，因此有实力的代理商在兼并小机构的同时，也引进了连锁经营方式，以其规模化经营、低成本运作、专业化服务改进经营模式，拓展服务范围，形成强大的市场竞争力，成为市场的一支生力军。而连锁经营专业系统的服务给客户带来的安全感和便捷感，也是其他房地产营销渠道无法比拟的。

8.5.1.2　房地产“全程代理”式营销渠道

“全程代理”是指代理商介入房地产项目开发经营的全过程，即从项目可行性研究开始，提供市场调查、项目定位、建筑规划及设计要求、物业管理及经营规划、销售策划、推广执行策划、全面推广销售等一条龙服务。由于有精于市场营销的代理机构参与房地产项目的每一个环节中，使各项定位落到实处，准确地瞄准市场变化的节奏，带有较大超前性，不仅能提高开发商的开发水平，而且能帮助开发商降低营销风险，提高获利水平。而且，“全程代理”有助于使项目的开发更贴近目标市场，这对长期以来房地产市场一直存在的盲目开发、恶性竞争的状况的扭转将会起到一定的积极作用。

8.5.1.3　房地产内地异地营销推广

由于销售压力增大，不少地区的房地产开发商开始突破地域局限，实施异地营销推广。这说明外地潜在的巨大购买力逐渐得到房地产开发商的重视，而开发商通过拓宽异地销售渠道，又可以缩短项目销售时间，实现利润最大化。目前在实施异地营销过程中房地产开发商多是与当地公司合作进行推广，这样一方面可以缩减销售成本，实现快速销售的目的，另一方面异地营销也成为房地产公司进行品牌扩张的又一种方式。

通过房产的外地销售，可以获得该地区消费者的认可，既可以抓住最新的市场机遇，实现销售的目的，又可以借助优质的产品扩大企业品牌效应，寻求在当地的合作机会。尤其对于有销售压力的项目来说，到外地营销无疑是一种理想的选择。

8.5.1.4　房地产境外营销渠道的拓展

由于目前国家对房地产行业宏观调控力度加大，面对疲软的国内市场，北京和上海等地的房地产开发商把目光投向国外，选择了项目境外营销且获得了不错的市场反响。

8.5.1.5　房地产关系营销渠道

关系营销渠道是以消费者为导向，强调通过企业与消费者的双向沟通，建立长久的、稳定的对应关系，在市场上树立企业和品牌的竞争优势。事实上，任何营销方式的目的都是为了更好、更大限度地争取消费者。服务是制胜的法宝，从某一角度而言，消费者买的不是产品，而是服务。不少楼盘在一期工程时营造了良好的居住氛围，并提供优质的服务，使业主在入住后感受到小区物业管理带来的优质服务，在二期及后续楼盘的销售中就在很大程度上获益于业主推介或口碑相传。

8.5.1.6　房地产隐性营销

隐性营销是营销理论的创新。所谓隐性营销是指企业通过采用树立企业形象、进行公关宣传和质量认证、传递与产品相关的科普知识、实施品牌战略等手段，扩大企业和产品的知名度、信誉度和美誉度，让顾客信任企业和产品，促进服务产品的交换的一种营销策略。隐性营销从提升产品的知名度、信誉度、美誉度入手，注重产品的品牌管理，旨在建立顾客导向型文化，树立良好的企业形象。随着市场经济发育日渐成熟，产品的品牌形象已成为消费者认知的第一要素，房地产产品也不例外。

8.5.1.7 房地产与超市等消费品渠道的融合

此渠道是指房地产开发商在超市等大卖场设立展柜，设置专门的售楼员与消费者沟通并销售楼盘。这种销售渠道最大的优点在于可以利用大超市和卖场的客流量，达到很好的宣传和推广作用。现阶段我国的许多大超市和大卖场都已经逐步走向了规模化、专业化，消费者几乎可以在里面买到任何自己需要的日用产品。同时，随着生活节奏的加快，消费者大多也更愿意在同一家超市或卖场采购自己所需的所有东西，了解自己想了解的产品信息，而不愿再多奔波。虽然这种渠道对房地产开发商来说目标群体的针对性不强，但一方面可以广泛传播房产信息，另一方面也可通过在超市门前配套的免费现场看房车来刺激潜在客户的购房欲望，为有针对性的促销锁定客户群体。对于大部分房地产开发商来说，将房地产营销与日用消费品为主的超市和卖场渠道相互融合不失为一个有潜力的营销渠道。

8.5.2 房地产市场营销渠道拓展

房地产市场竞争激烈，为了在市场上获得一席之地，房地产开发企业越来越重视拓展新的市场营销渠道，通过拓展营销渠道不仅可以使企业的销售量上升，也进一步提升了企业在市场上的地位。

8.5.2.1 房地产十大常规营销渠道与推广

在激烈的房地产市场上，不同的房地产公司都会有不同的营销渠道，品牌营销、体验营销、文化营销和绿色营销都是不错的营销模式。除此之外，还有坐销模式、渠道销售模式、案场-门店-项目中心模式、自产自销模式、委托代理模式、网络营销模式、内部认购模式、先租后售模式、发放信托基金和微营销模式。每个营销渠道模式都有自己的长处，房地产开发企业如果可以整合资源优势，形成自己一套独立的营销渠道模式，对开发新市场、拓展新客户、提升销售量、提高企业在市场上的地位都会有一定的优势。因此房地产开发企业在选择营销渠道的同时，也间接对其选择的渠道在市场上进行了推广，在市场上成为一种共享资源。

8.5.2.2 大客户渠道开发与建设

对于大客户渠道开发与建设，首先需要营销人员了解什么是大客户、什么是一般客户。一般来说，大客户应该是规模大的客户，同时也是企业不能失去的客户，因为他们可以为企业带来不错的收益，甚至可以协助企业朝其想要的方向发展，给企业带来不错的未来。既然是大客户，所以不管对于企业还是营销人员，都必须做好服务工作，要让客户觉得营销人员特别重视自己，这些客户可能会提出比普通客户更多的要求，所以也就需要付出额外的努力，但同时这些客户也会带来额外的回报。

大客户的销售与一般客户也是有差别的，主要表现在销售周期长、购买过程受广告手段影响较小、购买过程相对理性、交易的金额比较大、营销的成本比较高。所以对于这类大客户的开发与建设应与一般客户有不一样的销售模式和不一样的管理模式，这就需要营销人员提升自己的销售能力与应变能力，整合渠道资源，确定优势。

知识归纳

1. 房地产市场营销渠道是指房地产产品从生产者向消费者转移的过程中所经过的通道，它所执行的功能是把房地产产品从生产者转移到消费者手中，它弥合了产品、服务和消费者间的缺口，主要包括时间、地点和持有权等缺口。

2. 房地产市场营销渠道主要有直接营销渠道和间接营销渠道两种。直接营销渠道交易过程为房地产开发企业—消费者。直接营销有利于把房地产开发企业、楼盘、服务、消费者更紧密地联系起来。间接营销渠道的交易过程为房地产开发企业—中间商—消费者。房地产开发企业一般会将收益与增值能力一般的物业留给中间商经营。

3. 根据渠道成员的关系，可将冲突分为四类：同质性冲突、水平性冲突、垂直性冲突、多渠道冲突；按渠道冲突产生的原因，可把冲突划分为竞争性冲突和非竞争性冲突；按渠道冲突的显现程度，可把渠道冲突分为潜在冲突和现实冲突。

4. 房地产市场营销渠道组合策略是指企业根据目标市场的需要，综合运用各种可控的营销因素，将市场营销的4P策略——产品策略、价格策略、营销渠道策略、促销策略与房地产市场的特点和需求相结合，从而很好地实现企业的营销目标。

5. 房地产营销渠道策略主要有垂直渠道、水平渠道、多元渠道和网络营销渠道。

6. 房地产市场营销渠道创新包括房地产连锁营销渠道、房地产“全程代理”式营销渠道、房地产内地异地营销推广、房地产境外营销渠道的拓展、房地产关系营销渠道、房地产隐性营销、房地产与超市等消费品渠道的融合。

思考题

1. 房地产营销渠道的概念是什么？其类型有哪些？
2. 房地产直接、间接、网络营销渠道各有什么优缺点？
3. 房地产营销渠道选择需注意什么原则？怎样构建房地产营销渠道流程？
4. 房地产营销渠道冲突有哪些类型？应如何管理？
5. 影响房地产市场营销渠道选择的因素有哪些？
6. 房地产营销渠道的改进应遵循什么原则？
7. 如何进行房地产营销渠道创新与拓展？

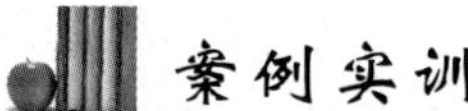

案例实训

案例一：××地产学区房

(1)自身环境。优势是地理位置靠近市中心，周边配套较齐全，学区特别，目标客户群区隔清晰。机会是衡阳地产市场看好，发展潜力较大，客户资源众多，目前配套暂不成熟。劣势是相对竞争对手没有规模优势，部分户型近马路，有噪音，户型设计不合理。威胁是遭受同期大量销售楼盘的分流威胁，与城市主开发方向有背离，地理位置相对同期楼盘居下位，风水布置不合理。

(2)周边环境。该地产处在衡阳房地产市场成交率最低的片区(非热点片区)；版块主要是以教育、教研、工业、居住为主的综合型区域；区域配套设施还算完善，交通也算便利；本区域属于刚性需求急需释放的片区(陪读);随着政府对基础设施的高投入和民营资本的逐步介入,本区域未来有一定的升值潜力;生活配套在质量上与其他片区有一定的差距;政府东扩西移战略的制定并实施对本区域的发展存在一定的负面变量。

(3)营销渠道。

第一个阶段:导入期。以新闻发布会为主,目的是与媒体面对面交流,同时发布项目信息。

第二个阶段:强销期。以快速反应的报纸媒体为主,配以电视、销售资料等,展开高密度强攻势。

第三个阶段:持续期。开展元旦团购、业主答谢会和项目进度熟知会。

第四个阶段:盘尾期。进行客户公关(老带新),将已成交业主做一个大梳理,对于有能力、有资源的外地及本地客户重点培养,可采取赠送精美礼品、赠送物业费、赠送优惠点位卡等多种形式进行客户公关。在此期间可夹杂其他渠道活动,如持在校证明(师生、其他教职员工)买房送面积:制作面积赠送卡(每张 2 平方米),凭此卡购房赠送 2 平方米面积,每套限用卡一张。或采取“团购”营销法:学校组织看房团,或者组织教师、家长团购(3 户以上即可进行团购)。

问题:

请用 SWOT 分析法分析××地产现在所处的环境,以及企业用的营销渠道方案对企业有什么好处?

案例二:××海岸名都

(1)宏观市场。有××市限价令的政策。××市此次限价旨在确保完成年内楼价调控目标的同时,又能保证经济发展。限价令使得购房者对房价下降有所期望,成交量下滑,对开发商资金形成压力。相对于整体市场来说,2018 年××市商品房总网签 70359 套,同比 2017 年 66705 套上升 5.48%。2018 年第四季度××市商品房出现连续性的高位网签,拉升全年的总网签量。各区域市场的供给与发展变化对本项目产生了绝对不可忽视的影响。项目未来面临的竞争环境更为激烈。

(2)项目自身情况。

项目价值——大盘开发、××市唯一低密度别墅住区、地标建筑。

区位价值——未来××市北大门商业综合体门户、半小时珠三角生活圈。

产品价值——比肩星河湾标准品质打造、丰富产品形态。

景观价值——1.1 公里江景资源、经典地中海风情园林、灵动活水水系环绕。

建筑价值——西班牙风情建筑,用材高档、考究,彰显尊贵品质。

配套价值——世邦魏理仕物管、优势教育资源、双泳池、风情商业街。

荣誉价值——尊崇双会所,匹配身份、2017 年度最畅销项目、2018 年度最具影响力地标奖、××市十大和美小区之一。

(3)营销渠道。

第一阶段:老客户攻势。有针对性地通过线下渠道释放项目信息,吸引老业主与来访来电客户对项目的关注,了解项目,减小其他项目对这部分核心客户的冲击。渠道是“短信+电话营销+活动”,配合老带新政策。

第二阶段:产品攻势。二期亮相,信息集中释放,综合多种媒体渠道发布项目信息,形成广泛的市场关注度,吸引大量新客户上门。利用项目样板房升级体验的节点,梳理客户意向,并且开始认筹。渠道是论坛、项目网站、首页广告、看房团、巡展、派单、陌拜。针对周边地区,在

××城商圈进行有针对性地拓展核心客户的来源。

第三阶段:开盘攻势。集中释放开盘信息,围挡、广播、户外、网络、短信等所有渠道开始集中释放开盘信息。

第四阶段:热销攻势。以线下为主,线上减小强度。

问题:

请结合材料,分析××海岸名都的营销渠道,分析此营销渠道的利弊并提出自己的见解。

第9章　房地产市场营销促销策划

内容提要

本章主要内容为房地产促销方式，包括房地产促销概念、意义、方式。重点为房地产主要促销策略的种类，广告、营业推广、人员推销和公共关系之间的联系和各自的优缺点。难点为利用这几种促销策略的项目推广组合方式。理解促销的作用，各种促销方式的特点以及各种促销策略的实施程序。理解新媒体方式在促销中的具体运用。

能力要求

通过本章学习，熟悉房地产营销策略基本概念，掌握四种主要的促销策略方法以及它们各自的优缺点，掌握营销策略的新方式和新想法。掌握广告设计技巧，房地产营业推广与人员推销的程序与策略。掌握新媒体方式在促销中的运用，主要包括绿色营销、“互联网＋”营销、“米＋”时代、房地产泛营销、房地产云促销方法的运用等。

9.1　房地产促销概述

促销是房地产开发企业通过促销活动，宣传本企业产品的特点，努力提高产品和企业的知名度，增强用户的信任感，以提高企业和产品的竞争力。

9.1.1　房地产促销的概念、意义、方式

9.1.1.1　房地产促销的概念

房地产促销是指房地产开发企业为了扩大其房地产产品销售所进行的向目标客户传递房地产信息、激发潜在客户购买欲望、促成潜在客户购买行为的全部活动的总称，是房地产市场营销管理中最复杂、最富技巧和最具风险的一个环节，促销策划主要围绕促销的基本方式来进行。

为了更好地了解促销的概念，我们可以从以下几个方面入手：

(1)竞争性。促销是一种销售行为，其目标是对客户的消费行为进行有效激励，同时也是一种有力的竞争手段。

(2)目标性。促销的对象包括目标客户以及直接影响目标客户购买的群体。

(3)宣传性。促销是为了扩大其房地产产品销售所进行的向目标客户传递房地产信息，实现开发商或者中间方与客户群体或者潜在客户群体的信息共享。

(4)手段多样性。促销说到底就是促进营销，是房地产开发企业营销的一种战术活动，企

业为了实现促销的目标会通过各种手段进行宣传与说服，激发客户的购买欲望。

9.1.1.2　房地产促销的意义

(1)提供产品信息，丰富消费目录。为了房地产产品在进入市场之前能够被企业选择的目标市场的消费者、使用者和中间商所充分了解，房地产开发企业必须运用各种有效的资源，将产品信息及时、准确、清晰地传达给消费者，从而为产品入市奠定良好的市场基础，同时为那些潜在的顾客指明购买方向，增加其购买欲望，达到在市场交易的双赢目的。与此同时，房地产开发企业要了解目标客户群的内在需求，包括房屋的建筑形态、装修标准、平面格局、建筑风格、房屋保值增值空间等方面，知己知彼才能百战不殆，同时改善产品设计，适销对路，从而拓宽市场。房地产促销能在无形之中使房地产开发企业成为房地产信息传递和反馈过程中的重要角色。

(2)突出产品特色，提高企业竞争力。现在房地产市场上到处有“标准化”“模式化”的固定式建筑产品，同质化现象严重，使得消费者在选择购买时，对于房屋建筑的施工要求，不求创新元素，而多为追求“经济型”“舒适型”“升值型”等消费元素。房地产开发企业可以抓住消费者的需求，大力宣传企业产品相对应的特色，例如产品的舒适环保设计、保值增值空间、所处地区优势等，与社会的“绿色生活”相对应，提高企业的形象和知名度，增加消费者的信任感，更重要的是增加产品的辨识度，让消费者能够对企业印象深刻，从而使消费者在同类产品中选择本企业产品的可能性增大。

(3)明确企业形象，巩固市场地位。企业在房地产促销过程中，应该在大力宣传产品优势的同时树立企业在消费者心中良好的形象，树立企业品牌的商业信誉，培养和提高消费者的“品牌忠诚度”，从而增强企业市场竞争力，扩大目标市场份额。在竞争激烈的市场环境中，通过房地产促销可以锁定市场细分后的目标客户群体，稳定产品销售。在无形之中也为企业节省一些不必要的“尝试性”宣传支出，节约生产成本。

(4)诱导消费，满足和创造需求。房地产促销具有很强的针对性，通过促销活动可以告诉消费者，什么样的产品更加适合他们，什么样的产品能更加满足他们的需要，从而减少不合理的消费行为，使消费者的消费需求更加理性化。如果房地产开发企业只是一味地跟着消费者和市场需求去寻求发展，那么房地产开发企业只会处于中小企业的模式中。诱导和刺激消费者需求，让消费者的需求向着企业需要的方向发展，才是大中企业的发展目标和手段。通过土木施工技术和建筑设计的改革创新、信息技术和网络的广泛使用，越来越多的未知领域正一步一步明朗开来，房地产开发企业要时刻关注目标市场动态，采取更加跟进时代的营销手段。

(5)快速实现销售，提高资金利用率。房地产促销是房地产开发企业自主形成的具有明确目的性的经济活动。相较于传统的“酒香不怕巷子深”的被动，促销活动体现出企业主动出击的果敢，也反映出企业越来越主动地适应瞬息变化的市场。房地产开发企业可通过科学合理的经济学分析，有效地实现销售目标，减少不必要的经济开支，提高资金的利用率，获得更高的利润回报。

9.1.1.3　房地产促销的方式

房地产促销是通过房地产营销者将房地产产品及其服务的有关信息传递给目标顾客，促进交易，而房地产促销方式就是连接房地产产品和销售的重要形式和方法。促销方式主要有以下四种。

(1)广告。广告就是广而告之,即向社会广大公众告知某件事物,它能对销售产生重要影响。消费者一般更加容易接受广告宣传的品牌。广告是可以让更多消费者知道品牌的最有效途径之一,电视广告形式可能需要庞大的预算,而其他形式的广告如报纸广告所需预算则较小。广告可激发销售以取得立竿见影的效果,可为房地产开发企业和产品树立长期、良好的形象。一个深入人心的广告可以带着企业无限的潜在发展力,给消费者留下深刻的印象,从而给企业带来大批的忠实消费者。

(2)营业推广。营业推广是鼓励消费者购买房地产产品和其他服务的短期刺激方法。营业推广有多种形式,如赠券、竞赛、奖金、赠品、抽奖等。房地产开发企业为了在短时间内吸引消费者的目光,让消费者了解本企业的产品,以扩大销售量,常采取这种促销方式。对于开发量比较少的房地产,这种方式十分有效,常能在短短几天内造成轰动效应,使房地产产品一售而空。

营业推广有引起消费者的注意并提供信息把消费者引向产品、刺激销售的效果。其采取折价、抽奖或赠物的方法给消费者优惠,刺激其购买欲望;同时,营业推广具有明显的诱导性,能促进消费者与企业立即交易,完成原定的销售任务。

(3)人员推销。人员推销是最古老的一种促销方式,也是四种促销方式中唯一直接依靠销售人员的促销方式。人员推销是房地产开发企业的销售人员通过与消费者进行直接接触和洽谈,向消费者宣传介绍本企业房地产产品,达到促进房地产产品租售的活动。在销售人员直接推销过程中,销售人员可以向消费者传递房地产开发企业的有关信息;通过与消费者面对面沟通,可以了解消费者的真实需求,便于企业能够选择方案进一步满足消费者的需求;通过与消费者的接触,还可以与消费者建立良好的社会关系,使得消费者也发挥推荐和介绍房地产的作用,即"老带新"。另外,人员推销还具有推销与促销的双重功能。

(4)公共关系。公共关系是指房地产开发企业为了获得人们的信任,树立房地产开发企业形象,用非直接付款的方式通过各种公关工具所进行的宣传活动。公共关系促销与前三种促销方式区别较大,公关促销不是由企业直接进行的宣传活动,而是借助于公共传播媒体,即由有关新闻单位、社会团体或企业的社会人脉关系进行的宣传活动。公关促销以新闻媒体等形式出现,而不是以直接的促销宣传形式出现。

9.1.2 房地产促销的具体手段

促销手段各式各样,在社会生活中许多地方都有,还有许多创新创意方法和方式在不断涌现。现将市场上惯用的促销手段列举如下。

(1)买二赠一促销等。这类手段包括买二送一、买一送一、买大送小等,购房地产赠送小轿车、家电、物业费、附近教育中心读书的名额等。

(2)会员促销。通过培养会员,使忠诚度高的会员消费者充分利用关系发展下线会员,即"老带新",可以给老会员购买福利或其他福利,以此来带动他们利用自己的人脉关系发展更多新会员。

(3)电视促销。这是提升房地产开发企业形象与强化品牌风格及影响力的有效办法,通过电视推广和宣传,可以扩大房地产开发企业的知名度,吸引消费者来消费。

(4)电话促销。电话促销也叫"电拓",通过收集名单或关系客户回访来给意向客户打电话促销,或者进行消费者的售后服务。

(5)报纸促销。可做硬性广告、软性推荐、分类广告、栏花广告等,剪下为证作为活动券或优惠券。

(6)灯箱路牌促销。在城市的繁华位置做自己房地产产品的形象广告,以长期的灯箱图案、文字来反复加深消费者的印象。

(7)房交会促销。参加本区域的各种房地产交易博览会,借行业盛会来扩大影响、提升企业知名度,打造自己的品牌特色。

(8)标语促销。企业通过悬挂标语、口号的方式促销,醒目而有渲染力,能够使企业形象深入人心。

(9)派单促销。印制好精美的DM等宣传单、宣传册,让营销人员在商圈内定点派发或派送到商住区信箱内,常称"扫楼""扫街""扫市场"模式等。

(10)广场大型活动促销。需要与其他单位合作,如代理商、厂家,全程推介活动,通过多次活动做专业讲解,为企业做形象广告,现在较多的是进行路演活动来促销。

(11)文化促销。宣传房地产开发企业文化,以文化感染人,从而触动消费者心底感情线,产生共鸣,在客户心中树立良好的形象,提高知名度,引导消费。

(12)活动联谊促销。有这样一句话,有运动怕运动,没运动想运动,充分利用人们爱热闹、需要情感宣泄的心理,把活动搞热闹、有气氛,让消费者感受大众心理,可从消费者喜欢听的、看的、想的生活课题出发,加入笑话、小品、故事以活跃现场气氛,增进交流或结交新朋友。活动促销中将活动人员名单详细资料收集整理入库,还可附上合影照片。

(13)名人促销。利用名人、明星效应的促销很有效果,既可提升企业知名度又可提升销量。企业可请社会名流、名人做企业代言人,并制成视频和照片来宣传,定期请他们来交流心得体会,用代言人的宣传带动消费者的消费积极性,从而提高购买率。

(14)展示促销。展示促销主要是从吸引消费者的角度出发,如橱窗的变换、售楼部空间的调整、展示架的精心布置以及展示颜色、格调随季节的更换等,经常给人耳目一心之感,使展示艺术性高、美感强、有新颖。

(15)网络促销。随着科技的发展与普及,网络营销已经成为一种新时尚,网上预订将是一种发展趋势。现在很多开发商采用微信订房购房方式,往往地理位置好的房产,就会在几秒钟的时间被一抢而空。网上销售的方式更加快捷,也是跟进时代社会发展的一种方式。

(16)最佳客户、最佳效果、最满意感觉客户促销。这主要是通过客户的嘴来作为传播工具,此法效果好、影响大,客户口耳相传的方式是最快捷的,通过客户满意程度调查表,再结合对客户的实际服务改善情况来评选最佳,并给予奖励。

(17)定期回访贴身服务促销。定期回访贴身服务是针对金牌会员和重要客户,通过电话或面谈的形式对稳定客户进行服务,并合理制订拜访时间和方式。

(18)展览和联合展销式促销。在促销之时,商家可以邀请多家同类产品厂家,在所属区域内共同举办小型房地产展销会,形成一定声势和规模,让消费者有更多的选择机会;也可以组织房地产产品展销,比如多种节日套餐销售等。在这种活动中,通过各企业之间的相互竞争,促进产品的销售。

(19)折扣促销。折扣是商家常见的促销方法,这对百分之八十五的消费者很受用。折扣促销又称为打折促销,是企业根据产品原价进行减价销售的一种方式,同时也是现代市场上最常用的一种促销手段。折扣促销能够有力地争取更多的客户,增强房企的市场竞争力,但是很可能造成未来市场的提前饱和，因此在运用折扣促销的方式时必须掌握一个合适的“度”。

促销方法数不胜数，只要我们稍加留意和变通，促销方案无处不在。需要强调的一点是，要多站在客户的立场去想、去看、去做，真正贴心服务，这就是一种很好的促销和留住客户的手段。

9.1.3 房地产促销组合策略

房地产促销组合是为了更好地销售产品，主要是通过研究房地产促销组合的模式，来确定更适合房地产开发企业的营销方式。

9.1.3.1 房地产促销组合的概念

房地产促销组合是指为实现房地产开发企业促销目标而将不同的促销方式进行组合所形成的有机整体，即如何确定促销预算及其在各种促销方式之间的分配。企业应该根据促销组合的特点和影响促销组合的因素，对四类促销方式进行有效的组合，使企业能够以最少的促销费用达到所确定的促销目标。

9.1.3.2 房地产促销组合的特点

(1)促销组合是一个有机整体组合。房地产开发企业促销活动，不可能只使用一种促销方式，而是将不同的促销方式作为一个整体使用，使其共同发挥作用，就是“1＋1＞2”的效果，即把单个促销方式的优势整合起来，而不是简单地相加，从而发挥整合作用和优势。特别需要注意的是，促销组合要先以产品组合为前提。随着经济的发展和客户消费理念的转变，促销的策略也应该变化，如果企业的决策者只把眼光局限在某个单一产品上，企业会陷入不利的局面，每一种促销方式、促销手段都是相互制约、相互影响的，它们一起形成一个有机整体。

(2)构成促销组合的各种促销方式既具有可替代性又具有独立性。促销是有多种方式的，随着现代市场的飞速发展，会涌现出越来越多的促销新手段、新方式，这些方式方法的目标都是相同的——说服更多的客户购买产品，因此这些促销方式是可以相互替代的，并不是一成不变的。但是每一种促销方式又有着自己的优点和缺点，在促销组合中起着独特的作用，因此我们又说促销方式具有独立性。

(3)促销组合不同的促销方式具有相互促进作用。每种促销方式都有各自的优缺点，只有不同的促销方式相互配合，才能够弥补这些缺点，扩大各自的优点，产生最佳效果。如果促销方式只能单一地发挥作用，那么这个作用一定会有单一的局限性，只有促销手段的多种组合，才可使促销作用最大化。

(4)促销组合是一种动态组合。市场总会变幻莫测，阴晴不定，因此在促销过程中很可能会出现计划赶不上变化的情况，为了避免在市场变动中可能引起被动局面，企业决策者必须随机应变，使促销手段符合现实要求，随时准备调整促销策略，否则，即使一个再优秀的促销方法，如果决策者不能根据企业面临的内外环境变化而调整促销方式，这个优秀的促销方法也无法起到预期的作用。

(5)促销组合是一种多层次组合。营销是一门科学，不是随随便便就可以选择一种促销组合和方式，若想使营销效果最大化，必须选择先进的营销理念。而市场营销理念经历了4P—4C—4R三个阶段，每一个阶段的理念都是一种促销组合，而促销组合就是各种组合形成的一个多层次组合。

(6)促销组合是多种资源整合的组合。促销需要将与企业进行市场营销有关的一切传播

活动统一。其中心思想是以通过企业与顾客的沟通满足顾客需要的价值为取向,确定企业统一的促销策略,协调使用各种不同的传播手段,发挥不同传播工具的优势,从而使企业实现促销宣传的低成本化,以高强冲击力形成促销高潮。

9.1.3.3 影响房地产促销组合的因素

(1)房地产类型。房地产从不同角度可分为不同的类型,从用途上可以分为住宅、商铺、写字楼、停车场等;从建筑形式可分为高层、小高层、多层等;从建筑材料可分为砖混、钢结构等。不同房地产类型所适用的促销策略是不同的,因而也自然会影响其促销组合。

(2)推动策略与拉引策略。

①推动策略即房地产开发企业利用人员推销,以中间商为主要促销对象,把产品推入分销渠道,最终推向市场。这种推销策略要求销售人员针对不同顾客、不同产品采用相应的推销方法。

②拉引策略是指房地产开发企业利用广告、公共关系和营业推广等促销方式,以最终消费者为主要促销对象,设法激发客户对产品的兴趣和需求,促使客户向中间商、中间商向开发商企业购买该产品。拉引策略的目的在于引起客户的消费欲望,激发购买动机,从而增加分销渠道的压力,进而使客户需求和购买指向一层一层地传递到企业。推动策略、拉引策略如图 9-1 所示。

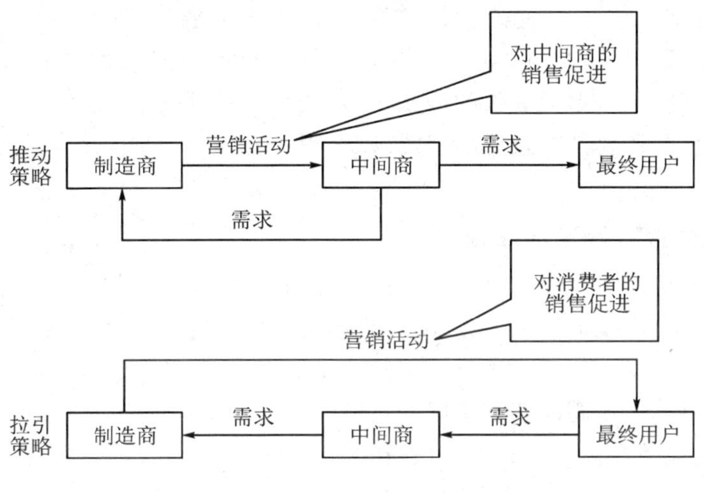

图 9-1 推动策略、拉引策略

(3)房地产建设的不同阶段。房地产项目的建设建造由几个阶段组成:三通一平(即通水、通电、通路和场地平整)—桩基工程—基础工程—主体阶段—二次结构施工—室内外装修。房地产建设是一个循序渐进的过程,在项目完成建设之前,促销活动便应按期开展,而且不同的建设阶段所采用的促销方式是不同的。

(4)购买准备过程的阶段。客户在购买产品时会产生以下几个心理过程:引起注意,产生兴趣,使用联想,希望拥有,进行比较,最后确认,决定购买。在每一个过程中,房地产开发企业必须巧妙地抓住客户的心理状态,采取适当的促销方式与策略,完成促销的目标。

(5)促销预算。促销预算是指企业在计划期内反映有关促销费用的预算。这笔支出是一种费用,同时也是一种投资。促销费用过低,会影响促销效果,促销费用过高,又可能会影响企业的正常利润。因此如何节约促销预算,同时又能够使这笔支出产生最大化的效益必须是房地产开发企业要考虑的一个因素。

（6）政治与经济环境。政治环境包括一个国家的政局是否稳定，政府的政策是否有利于促进客户消费。经济环境包括市场的稳定，经济政策是否对企业有利，未来市场是否平稳发展。政治与经济环境直接影响到客户现在的购买行为和消费欲望。企业为了说服客户购买自己的产品，必须要调整自己的促销组合，因此，政治与经济环境也是影响促销组合的一个重要因素。

9.1.3.4 房地产促销组合的类型

（1）推式策略。在实践中，如果促销组合所形成的促销组合策略是以人员推销为主，配合攻关等其他促销方式，这样形成的促销组合策略叫作推式策略。如碧桂园以组团为主，两个洋房组团同时出货，其中一个为全新苑区产品；以城央·360°集中式开盘前"限量内部认购"这项政策为辅，双向促销，提高产品的销售率。推式策略主要适合于生产资料的促销，即生产者市场的促销活动。

（2）拉式策略。在促销组合的过程中所形成的促销组合策略是以广告为主，配合其他的促销方式，这样形成的促销组合策略叫作拉式策略。如绿地促销策略：以报纸广告、户外广告、网络的线上部署为主，辅助以围挡形象展示墙、周边社区泛营销、房地产炒作等线下营销为辅，加大品牌力量传递，提升客户信心。也就是说，用广告拉动最终用户和激发消费者的购买欲望。

实践中通常是推拉结合，有推有拉。也就是说，一方面要用广告来拉动最终用户，刺激最终用户产生购买欲望，促成购买行为；另一方面要用人员推销的方式向中间商推荐，以使中间商经销或代理自己的产品，形成有效的分销链，这也是社会关系营销的一种方式。当然，在进行促销组合的过程中，还要结合企业的实际现状，考虑产品的性质，并参照促销预算等有关因素进行组合。

9.1.3.5 促销组合决策的过程

（1）确认促销对象。通过企业目标市场的研究与市场调研，界定其产品的销售对象是真实购买者还是潜在购买者，是消费者个人还是消费者团体。明确了产品的销售对象，也就确认了促销的目标对象。

（2）确定促销目标。不同时期和不同的市场环境下，企业开展的促销活动都有着特定的促销目标。对于短期促销目标，宜采用广告促销和营业推广相组合的方式；对于长期促销目标，公关促销具有决定性意义。注意企业促销目标的选择必须服从企业营销的总体目标。

（3）促销信息设计。应该重点研究信息内容的设计。企业促销要向目标消费者传达什么信息，并以此得出消费者什么样的反应，都应该是企业信息策划所要考虑的内容。诉求一般分为理性诉求、感性诉求和道德诉求三种方式。

（4）选择沟通渠道。传递促销信息的沟通渠道主要有人员沟通渠道与非人员沟通渠道。人员沟通渠道向目标购买者当面推荐，能及时得到反馈，推销者可利用企业良好的"口碑"来扩大企业及产品的知名度与美誉度。非人员沟通渠道主要指大众媒体沟通，包括电视、报纸、广告、杂志等。大众传播沟通与人员沟通的有机结合才能发挥更好的效果，加深企业在消费者心中的形象。

（5）确定促销具体组合。根据不同的情况，将人员推销、广告、营业推广和公共关系四种促销方式进行适当搭配，使其发挥整体的促销效果。应考虑的因素有房地产产品的属性、价格、寿命周期、目标市场特点，实行"推"或"拉"策略。

（6）确定促销预算。企业应从自己的经济实力和宣传期内受干扰程度大小的状况决定促销组合方式。如果企业促销费用宽裕，则可几种促销方式同时使用，或是使用组合策略；反之，则要考虑选择耗资较少的促销方式。

9.2 房地产广告策略

房地产广告策略不仅能够进一步明确房地产开发企业的目标市场和产品定位，而且能够细化企业的营销策略，最大限度地发挥广告活动在市场营销中的作用。所以了解房地产广告的含义、特点、决策策略等有助于我们理解广告的有关知识。

9.2.1 房地产广告的含义、特点

9.2.1.1 房地产广告的含义

房地产广告是指房地产开发企业按照一定的预算方式，支付一定的费用，通过一定的媒体将产品信息传送给广大目标客户的一种沟通方式。也是指房地产开发企业、房地产权利人、房地产中介机构发布的房地产项目预售、预租、出售、出租、项目转让以及其他房地产项目介绍的广告。房地产广告不包括居民私人及非经营性售房、租房、换房广告。在房地产项目的营销过程中，广告的作用就是“巧传真实”。

9.2.1.2 房地产广告的特点

房地产广告的特点多种多样，房地产开发企业一般是根据营销战略的需要，组合运用，来发挥广告的最大效益。

(1)房地产广告的广泛性。广告早已经走进百姓的心中，是大家都熟悉的文化传播方式，可以说全国人民都会在某个时间段观看到插播的广告，所以它的传播范围是十分广泛的。

(2)房地产广告传达的信息量大而广。一般来说，一个购房者一辈子的积蓄只买得起一套商品房。因此购买者在做出购买决定前会慎之又慎，反复考虑清楚后才形成购买决定。从营销学的角度看，一个人掌握相关决策信息越多，其做出决策的时间就相对越短。这便决定了通常房地产广告必须尽可能地传递最大的信息量，将项目的情况介绍得越清晰，消费者就越有购买兴趣和决心。

(3)房地产广告具有较强的区域性和针对性。一般而言，一个项目的广告宣传只集中在当地媒介投入，即节省费用又有效果。如广州市的房地产广告大多数都是选择在《南方都市报》等广州本地的媒介上做平面广告宣传，而且非常有效，这是地域因素的作用。同时现实中房地产广告也存在很多虚假性，蒙蔽了消费者，这样不仅使消费者心理上产生了厌恶感，而且不利于楼盘的宣传和品牌形象的建立。

(4)房地产建设周期长，广告具有信息不断传递的特点。现代社会网络越来越发达，信息的更新换代越来越快，广告就是传递媒介之一，它的信息是时时刻刻不断变化的。房地产建设周期长，每个阶段房屋的建设情况都在发生变化，房地产广告应根据进度要求做出相应的对策宣传，适时推出对应的广告组合。

(5)房地产广告具有独特性。企业广告片拍摄制作必须要有自己的独特性，才能在市场上海量的广告片中脱颖而出。个性的创意要让人过目难忘，经久不衰。纵观市场，一部部经典的广告片成就了一个又一个知名企业。房地产广告如若想要广告片达到最大的营销效果创意就

必须要有独特性。

(6)房地产广告体现的是开发商、设计单位、建筑商和中介代理商的综合素质。这个综合素质既包括实力和规模,也包括信誉和知名度。消费者选择房地产产品的依据,除了房地产的自身条件以外,还有就是企业的综合素质。这种素质的高低往往是成就房地产品牌的关键因素。

(7)房地产广告具有很强的时效性,强调立竿见影的效果,投入风险大。房地产产品购买属于一次性购买行为,消费者品牌忠诚度不是很高。因此房地产广告宣传非常重视促销效果,而建立品牌效应的现象就相对弱了许多。也正因为如此,房地产广告宣传的时效性极强,一笔广告费投下去就必须在三五天内换回一定数量的销售额,过期则不再有效。所以房地产广告宣传投入的风险远远大于其他类型产品的广告宣传投入。

9.2.2 房地产广告决策过程和策略

9.2.2.1 房地产广告决策过程

房地产广告创作要定位核心点、挖掘记忆点、找准利益点、把握支持点,以阶段性目标为指导,全方位地实施强有力的广告攻势,合理运用户外媒体、印刷媒体和公共传播媒体,这各具优点的"三套车"纵横交错,整合传播。

(1)确定房地产广告目标。不同的消费者对房地产以及产品的认知度不同,房地产开发企业无法让一个对自己所开发的楼盘一无所知的消费者来买房。房地产广告成功的关键就在于广告目标的确定,要看它是否能把想要传达的信息准确地传达给有需求的消费者,一定时期内的房地产广告应当明确宣传要达到的目标,才能在广告费用与广告效果之间达到平衡。

(2)编制房地产广告预算。房地产广告预算是指房地产开发企业在一定时期为了实现广告目标而投入广告活动的全部费用。它规定了广告活动期间从事广告活动所需的费用总额以及使用范围。房地产开发企业可以根据以往的经验并且参照竞争对手的费用投入,进行广告费用的估算。

(3)房地产广告设计。新颖的房地产广告可以吸引消费者的目光,加深消费者对企业的印象,房地产广告设计包括广告设计要求、策略、原则等。

①广告设计要求。广告设计至少要符合两点要求:一是要引起人们充分注意。广告版面要鲜明、活泼、醒目,语言、语调和语气要有感染力,能给公众留下深刻印象。二是广告设计要符合消费者习惯、爱好和购买特征,让人们通过广告相信购买该商品房能够满足自己的需求欲望,或相信购买后能给自己带来使用价值和利益。

②广告设计策略。

A. 连续性策略。房地产广告需要在一个较长的时期内传递信息,使广告内容、画面、风格乃至语言特色均保持一贯的形象和特点。通过这种连续、重复的信息传递方式来有效地加深公众的印象。这种策略对提高房地产开发企业和房地产产品的知名度往往有良好的效果。

B. 渗透性策略。在广告的语言、文字和图像的设计方面没有向消费者强行推销商品房的硬性词语和方法,而是抓住客户潜在的心理需要,使之在无意当中把广告的内容变成脑海中的固定形象,自然地诱发出一种强烈的需求欲望,使他们对广告产生一种信赖感,提高消费者的好感度,从而树立企业及其产品的良好形象。

C. 竞争性策略。在广告设计中,针对房地产市场中主要竞争对手的广告设计策略和特点，有目的地突出自己的产品特色和经营优势，使客户在“广告战”中进行比较和分析，在竞争中压倒对手，使企业在一定的市场环境中处于有利的地位。当然在竞争性广告设计中，不能有攻击和贬低竞争对手的语言和文字，应该是正当的竞争。

③广告设计原则。

A. 真实性。广告的生命在于真实。虚伪、欺骗性的广告，必然会丧失企业的信誉。广告的真实性体现在广告内容要真实，包括广告的语言文字要真实，不宜使用含糊、模棱两可的言辞；画面也要真实，并且两者要统一起来，艺术手法修饰要得当，以免使广告内容与实际情况不相符合。

B. 社会性。广告必须符合社会文化、思想道德的客观要求，不能传播不良的思想和行为。企业在进行公告宣传时，除了在意经济效益，也应该重视社会效益，打造良好的社会形象，提高客户的忠实度。

C. 针对性。广告的内容和形式要富有针对性，即对不同的产品、不同目标市场、不同目标客户要有不同的内容，采取不同的表现手法。另外，相关性广告宣传作品是针对目标公众而创作的。不同的产品拥有不同的目标公众，他们的审美情趣、艺术品位不尽相同。设计广告作品时应该准确分析目标公众的美学价值观和审美情趣，根据公众的审美需要和大众文化创作宣传作品。

D. 艺术性。广告是一门科学，也是一门艺术。广告应把真实性、思想性、针对性寓于艺术性之中。利用科学技术，吸收文学、戏剧、音乐、美术等的艺术特点，把真实的、有思想性和有针对性的广告内容通过完美的艺术形式表现出来。从某种意义上讲，广告宣传作品的设计也是艺术创作，属于精神财富创造活动的一部分。

④广告设计创意。房地产广告设计应该以创意取胜。随着市场竞争的日益加剧，按照“马太效应”强者越强、弱者越弱的原理，有实力的开发商已经逐步意识到品牌形象传播的重要性，富有创意的房地产广告也就成为他们塑造形象的利器。美国营销大师A·里斯主张在广告创意中运用“定位理论”创造更为有效的传播效果。面对竞争日益激烈的房地产市场，如果只靠单纯地告知信息来抓消费者的眼球，已经不能很好满足拉动销售的需要。对于房地产这样大宗产品来说，消费者做出购买决定往往需要深思熟虑、反复衡量，房地产广告就不能仅仅通过“送礼”“优惠”“促销”来“卖房子”，而是要传达一种个性化的生活理念、生活方式以及相应的价值观，通过所做广告的房地产项目来凸显整个公司和开发商的品牌形象。广告的目的是要传达开发商先进独特的住房理念，要抓住房地产项目的核心竞争力，要通过最有效的语言形式凸显房地产项目的独特性和个性，这些都需要创意来支持。

(4)选择房地产广告媒体。

①广告媒体的种类。

A. 公共传播媒体。

a. 报纸。报纸是以刊载新闻和时事评论为主的定期向公众发行的印刷出版物，是大众传播的重要载体，具有反映和引导社会舆论的功能。

b. 杂志。杂志是有固定刊名，以期、卷、号或年、月为序，定期或不定期连续出版的印刷读物。它根据一定的编辑方针，将众多作者的作品汇集成册出版。定期出版的又称期刊，如中国房地产期刊。

c. 互联网。互联网是由一些使用公用语言互相通信的计算机连接而成的网络，即广域网、局域网及单机按照一定的通信协议组成的国际计算机网络。互联网是全球性的网络，是一种公用信息的载体，这种大众传媒比以往任何一种通信媒体都要快。

d. 电视、广播等。电视、广播等业务遍及全球，主要业务包括电视广播、收费电视、节目制作及发行、动画代理、卫星电视及其相关业务。

B. 印刷媒体。售楼海报、邮寄海报、派发海报是视觉传达的表现形式之一，通过版面的构成在第一时间内将人们的目光吸引，并获得瞬间的刺激，这要求设计要将图片、文字、色彩、空间等要素进行完美的结合，以恰当的形式向人们展示出宣传信息。

售楼书、平面图册等是由房地产开发企业或者房产销售企业制作的，向不特定的公众发送的关于房屋情况的一种宣传资料，多数是在房屋尚未建成、预售阶段对外发行的。

C. 户外媒体。户外媒体主要是指在室外张贴、树立和绘制的广告，其主要的展示形式有户外广告牌、看板、旗帜、空中飞行物、指示牌、公交车、线路车、的士、售点广告等。

②影响广告媒体选择的因素。

A. 市场方面因素。一要考虑购房者的属性。由于消费者会根据个人口味来选择合乎他们需要的传播媒体，因此，不同教育程度或职业的购买者对媒体的接触习惯也不同。二要考虑产品的特性。商业、普通住宅和别墅等房地产产品特性并不相同。三要考虑房地产产品的数量及销售范围。

B. 媒体方面因素。要考虑媒体的传达范围；要考虑媒体读者层或视听的价值；要考虑广告的出现频率；要考虑媒体的费用和效果。

9.2.2.2 房地产广告决策策略

(1)无差别市场广告策略。该策略是在一定时间内，向同一个大的目标市场运用各种媒介搭配组合，做同一主题内容的广告宣传。这种策略一般应用在房地产产品引入期与成长期初期，对房地产产品来说，无差别市场是一种可以打响自己的产品特色的市场。它有利于运用各种媒介宣传统一的广告内容，迅速提高产品的知名度。

(2)差别广告市场策略。该策略是企业在一定时期内，针对细分的目标市场，运用不同的媒介组合，做不同内容的广告宣传。这种策略能够较好地满足消费者对不同户型、环境、区位的需求，有利于企业提高产品的知名度，突出产品的特性，增强消费者对企业的信任感，从而达到扩大销售的目的。这是在房地产产品进入成长期后期和成熟期后常用的广告策略。这时产品竞争激烈，市场需求分化较突出。由于市场分化，各目标市场各具不同的特点，所以广告设计、主题构思、媒介组合、广告发布等也都各不相同。

(3)集中市场策略。集中市场策略是企业把广告宣传的力量集中在已细分的市场中的一个或几个目标市场的策略。此时房地产开发企业目标并不是在较大的市场中占有小的份额，而是在较小的细分市场中占有较大的份额。因此，广告也只集中在一个或几个目标市场上。充分发挥广告的区域性，采取集中市场策略的企业，一般是本身资源有限的中小型企业，为了发挥优势，集中力量，只挑选对自己有利的、力所能及的较小市场作为目标市场。但是这种策略需要企业提前进行详细的市场调研，深入分析区域内消费者的偏好。

9.2.3 广告策略的主要类型

广告策略的类型决定了广告的散播方向和受用人群，能使企业更好地运用广告，带给房地产开发企业更大的效益。

9.2.3.1 生活信息广告策略

这主要是针对理智购买的消费者而采用的广告策略。这种广告策略是通过类似新闻报道的手法，让消费者马上能够获得有益于生活的信息，了解房地产的目前发展状况，达到信息对称。

9.2.3.2 塑造企业形象广告策略

一般来说，这种广告策略适合于老企业的传统优质产品。这种广告策略主要是强调企业规模的大小及其历史性，从而诱使消费者依赖其产品服务形式，对该房地产开发企业产生信赖感，从而促成交易。也有的是针对其产品在该行业同类产品中的领先地位，为在消费者心目中树立领导者地位而采取的一种广告策略。

9.2.3.3 象征广告策略

这种广告策略主要是为了调动心理效应而制定的。企业通过借用一种东西、符号或人物来代表产品，以此种形式来塑造企业的形象，给予人们情感上的感染，唤起人们对房地产产品户型、特点、环境的联想。同时，由于把企业和产品的形象高度概括和集中在某一象征上，能够有益于记忆，扩大影响。

9.2.3.4 承诺式广告策略

这是企业为使其产品赢得用户的依赖而在广告中做出某种承诺的广告策略。承诺式广告策略的真谛是：对所做出的承诺，必须确实能够达到。否则，就变成更加地道的欺骗广告了。所以房地产产业对此策略需谨慎执行，不然会毁了其原本在消费者心中的良好形象。

9.2.3.5 推荐式广告策略

企业自卖自夸的保证，未必一定能说服人。于是，就要采用第三者向消费者强调某企业的特征的推荐式广告策略，以取得消费者的信赖。所以这种广告策略又可称为证言形式。对于房地产房屋的风水、建筑形式、户型、朝向等，专家权威的肯定，科研部门的鉴定，历史资料的印证，科学原理的论证，都是一种很有力的证言，可以产生“威信效应”，从而取得消费者的信任。在许多场合，人们产生购买动机，就是因为接受了有威信的宣传。

9.2.4 房地产主题广告语

房地产广告语是房地产广告宣传的重要方式，一个响亮的广告语能够深入人心，带给消费者以震撼，加深消费者对企业的印象，有助于企业产品的推销与企业形象的树立。

9.2.4.1 房地产广告语的概念

房地产广告语，又称广告词，它有广义和狭义之分。广义的广告语是指通过各种传播媒体和招贴形式向公众介绍房地产产品等服务内容的一种宣传用语，包括广告的标题和广告的正文两部分。狭义的广告语则单指广告的标题部分，标题是一则广告的灵魂，是诱惑消费者的主要工具。

9.2.4.2 房地产广告语主题的分类

(1)以海景为主题。海洋以其博大的胸怀、壮观的景色给人类带来诱惑和渴望。人们对拥有海景的居住环境有着强烈的欲望。现代工业文明破坏了原有的生态环境，人们厌倦了都市的摩天大楼和车马喧哗，渴望返朴归真，于是大海成了人们向往的好去处。深圳位于南海边，地理位置得天独厚，海景概念自然被地产商利用得淋漓尽致。

（2）以绿色健康为主题。21世纪是绿色的世界，生命源于绿色，也必将走向自然。随着人们生活水平的提高，人们对生活的要求也越来越高，人们不仅要满足温饱的需求，还要追求一种绿色健康的生活。这是一种时尚的表现，阳光翠鸣，绿意盎然，仿佛不懂得享受大自然的绿色便不是过着健康的生活。

（3）智能生态主题。科技在发展，社会在进步，21世纪是智能化的时代。仿佛一夜之间，互联网变得无处不在。生意场上，谁能领先一步，谁就能赢得商机无限。“手机、商务通，一个都不能少”，这是一种快捷、便利的竞争社会现象。试想，静坐家中，一杯清茗，轻轻一点，即刻与世界沟通。宽频上网，远程抄表，网上教育，闭路监控……让人足不出户，一切尽享安然轻松。

（4）地铁主题。地铁是一个城市最高效的交通工具，它是一个城市高度发达的标志，也是一个城市经济实力的象征。地铁的修建，能将城市土地的利用率大幅度提高，能够加速城区的建设，加快人们的生活节奏，缩短城郊的距离，减弱城郊的差异性。地铁沿线将成为人流、物流、资金流、信息流强度最大的地段。一般地铁的线路规划，总是将交通枢纽和城市黄金地带联系起来，将诸多商业金融区、政治文化区和大型社区串联成紧密的黄金商业线。

（5）质量品质主题。“百年大计，质量为本”，产品取胜市场的最根本源于它内在的品质。对于房地产行业，不管是漂亮的楼盘外装，还是强大的广告宣传，软件背后是硬件，最重要的是楼盘建筑质量好，这是购房者最基本的要求，也是发展商最基本的市场行为。无论是知名发展商自我标榜的品牌效应，还是与中建三局、建厂局等国字号超强施工企业的捆绑营销，无非就是告诉客户楼盘的质量信得过，给客户以信心，值得购买。

（6）公园主题。都市上班一族每日都在钢筋大厦里忙碌，在都市中有一块宁静的居处是大多数人的渴求。公园是公共的社会活动空间，是都市人休闲的好去处。放眼绿色生机，满目郁郁葱葱。傍晚时分，与亲密伴侣携手相约，或花前低语，或林中小憩；周末的午后，携爱子或踢球嬉戏，或放飞风筝，怎能不让人涌起家的温馨和甜蜜。

9.3 房地产人员推销策略

人员推销是企业通过本单位或代理中间商的销售人员，直接向消费者推销产品或传递信息，从而激起消费者的购买兴趣、欲望和动机，并产生购买行为的一种创造性活动。

9.3.1 房地产人员推销的含义和特点

9.3.1.1 房地产人员推销的含义

房地产人员推销是指房地产开发企业推销人员通过与消费者进行接触和洽谈，向消费者宣传介绍房地产产品，达到促进房地产租售的活动。它是人类最古老的促销方式，在产品经济高度发达的现代社会，人员推销这种古老的形式焕发了青春，成为现代社会最重要的一种促销形式。

9.3.1.2 房地产人员推销的特点

人员推销与其他促销方式比较，具有以下特点。

（1）具有很大的灵活性。房地产人员推销具有很大的灵活性，买卖双方当面洽谈，有利于促销人员掌握消费者的心理状态。

(2)具有选择性和针对性。每次推销之前,推销人员都可以选择有购买能力或者有购买意愿的客户进行推销,并且可以有针对性地根据客户情况当面进行分析讲解,决定推销策略与方向,提高成交率。

(3)具有完整性。推销人员的工作除了从开始寻找顾客,到接触、洽谈,再到最后达成交易外,还会担负其他营销任务,如安装、维修、了解顾客使用后的反应等,而广告则不具有这种完整性。

(4)具有公共关系作用。一个优秀的推销员,为了促进销售,可以使买卖双方从单纯的买卖关系发展到朋友关系,彼此信任,这种感情有助于推销工作的开展,因此也起到了公共关系的作用。

当然,人员推销也有局限性:①时间成本较高,大致是广告费的 2～5 倍。在市场范围受到限制的情况下,采用人员促销将受到很大限制。②这种促销方式对人员的要求非常高,要求促销人员具有较高的专业素质和性格素养。

9.3.2 房地产推销人员的功能和作用

推销不是简单的产品销售,也不是美丽的骗局,推销是一种活动,在这种活动中,推销人员需要确认、激活和满足消费者的需要和欲望,并达到买方和卖方长期的、互惠互利的目标。

9.3.2.1 房地产推销人员的功能

(1)寻找顾客。寻找顾客、发现需求是房地产人员推销中的一项经常性工作,也是房地产人员推销其他活动开展的前提。在寻找顾客时,一般是通过研究与特定房地产需求有关的资料,如市场调研资料、房地产中间商提供的客户名单、企业名册等,使推销人员明确目标,以便采取相应的市场营销活动,满足其需求。

(2)传递信息。进行有效的信息传递是人员推销的基本职能之一,也是推销工作成功的关键。房地产推销人员除了向消费者介绍房地产的各种情况,如地段、价格、房型、质量、物业管理等以外,还可以将房地产的有关图片和文字资料带给消费者,这么大的信息量是广告、营业推广或公共关系促销无法传达的。

(3)推销产品。房地产不同于普通产品,它价值量巨大又具有不可移动性,客户购房租房极为谨慎。房地产推销人员可以在和客户面对面的交谈过程中,有效地根据客户的不同需求,做出针对性的解释和说明。特别是在价格等关键问题上,通过双方面议容易取得一致,得到令双方满意的结果。另外,房地产中介代理公司的推销人员还可以根据客户的需求向其推荐符合其要求的房地产,这也是房地产人员推销独有的作用。

(4)收集信息。由于房地产人员推销是直接面对客户的,因此客户的各种需求、建议和看法都可以通过推销人员迅速地反馈到房地产开发企业,以便于他们改进工作。对开发商来说,可以根据这些信息调整价格,重新设计房型等;对中介代理企业来说,可以根据这些信息调整代理方式,选择代理楼盘。

(5)提供服务。服务贯穿于房地产人员推销的全过程,由于房地产产品的特殊性,房地产推销人员在推销过程中提供的服务项目和种类比较多,如售前要有各种咨询参谋服务,售中有银行抵押贷款办理服务(包括公积金贷款)、产权产籍登记服务,售后还有协助入住的一系列服务,对房地产投资者还要有代理租售的服务。只有提供全面的配套服务,才会使消费者感到满意和方便,从而提高企业的信誉。

9.3.2.2 房地产推销人员的作用

(1)使消费者详细地了解产品与劳务关系。随着社会的进步,信息的作用越发变得重要,其价值亦日渐提升,客户需要获取产品相关信息来确定自己的选择。现代社会是信息化社会,因此,使客户了解产品与劳务关系可以保证客户的知情权,增加客户对产品的信任。

(2)成交率高,容易促成交易。房地产人员推销是由专业的推销人员与客户面对面进行交流,能够有针对性地解决客户心理诉求,准备把握客户的需求,获取客户对产品的信任,因此人员推销比其他推销方式成交率高。

(3)可以反馈消费者意见,便于企业及时改进工作。在与客户交流的过程中,推销人员可以获得客户对产品以及企业提供的服务的体验,因此推销人员获得客户的体验感受后可以第一时间向企业反馈,有助于企业及时改进工作。

(4)提供各项服务,树立企业良好形象。房地产推销人员的工作除了推销房子外,更应该提供各项服务,如教客户一些购房的专业知识,在装修方面给客户一些合理的建议,或者客户有其他不便时可以及时帮助客户解决困难,以自己的真心换取客户的信任,树立企业良好形象。

(5)可以进行市场调查和市场预测。房地产推销人员在推销工作中,可以对市场进行广泛的调查,通过搜集和分析消费者、竞争对手以及整个房地产市场的各种信息情报,从而对市场做出正确的判断和预测。显然,这方面的工作直接关系到企业的生存和发展。

(6)建立长期关系。在建立与消费者的长期关系方面,房地产人员推销具有独特的作用。通过建立消费者档案,对消费者进行定期回访,与消费者进行经常沟通,为消费者提供各种服务,房地产开发企业可以与消费者建立从注意实际的销售关系直至深厚的个人友谊的各种关系。由于房地产的需求和消费往往是长期的、发展的,所以这种关系对于房地产开发企业,特别是房地产中介代理企业来说,是十分重要的。

9.3.3 房地产人员推销的程序和基本形式

9.3.3.1 房地产人员推销的程序

(1)确定目标消费者。

①查阅各种市场资料,包括各种工商名录,商会、协会、研究会电话号码簿,专业杂志,先前的各种销售记录、电话记录、分析报告,房地产中介代理公司提供的客户名单、公司名录等,从中发现潜在消费者,并维持好与消费者之间的关系。

②通过人员介绍,这些人可以是你的亲戚朋友,或是同事或上司,还有可能是你现在和过去的客户。

③通过房地产展销会等活动去发现潜在消费者,通过微信群或朋友圈、QQ 群发现有关客户。

④通过分析有关竞争对手情况,从他们的客户中寻找潜在消费者。

(2)事前准备。在开始推销以前,房地产推销人员必须具备基本知识和充分的心理准备。

①推销楼盘的基本情况。

②潜在消费者情况。首先是潜在消费者(有关企业或个人)的总体情况,包括经济状况、经营状况和信誉状况等;其次是了解潜在消费者的需求和购买动机、购买欲望等。

③竞争者情况。主要是竞争对手楼盘的优缺点、竞争者营销策略等。

④心理准备。每次推销工作开始前心理要放松，要加强信心，要有一种“成功的感觉”。

(3)接近消费者。接近消费者是指与潜在消费者开始面对面地交谈，此时房地产推销人员应有以下三个主要目标。

①给消费者留下一个好印象。

②验证准备阶段所得到的全部情况，并记录异常的情况。

③为后面的谈话做好充分准备。

(4)介绍房地产产品。介绍阶段是推销过程的中心。房地产产品可以用房地产模型、效果图、照片、宣传小册子等形式加以说明。介绍可以通过多种感官传达给顾客，其中视觉是最重要的一个，因为在顾客所接收到的全部信息中，通过视觉得到的比重最大。在介绍产品时还要说明购买本企业房地产可享受到的服务及优惠。

(5)应付异议。介绍时也要注意语言的技巧，使消费者听起来舒服、愉快。一般来说语言技巧需要注意以下方面：

①少用否定句，多用肯定句。

②恰当地使用转折语气。

③演示吸引眼球的卖点。

④在介绍的过程中，要注意消费者的反应，从而不断地调整自己的介绍内容。

(6)促进成交。前面的一系列工作，都是为了最后的冲刺，那就是达成交易，推销人员必须懂得如何从消费者那里发现可以达成交易的信号，包括消费者的动作、语言、评论和提出的问题。如突然沉默、做出思考状，开始讨价还价，开始与同伴低声商量，开始提出各种细节性问题等，这些都是消费者发出的“信号”。有经验的推销人员一定要抓住时机，促成交易。

(7)事后跟踪。如果推销人员希望确保顾客满意并为企业做宣传，那么“跟踪”这一阶段就是必不可少的。推销人员应认真执行房地产转让合同中的保证条件，诸如按时交房、提供融资性服务或者技术性协助等。跟踪访问的直接目的在于了解买主是否对自己的购买感到满意，发现可能产生的各种问题。表示推销员的诚意和关心，以促使顾客做出对本企业有利的购后行为。房地产人员推销程序如图 9－2 所示。

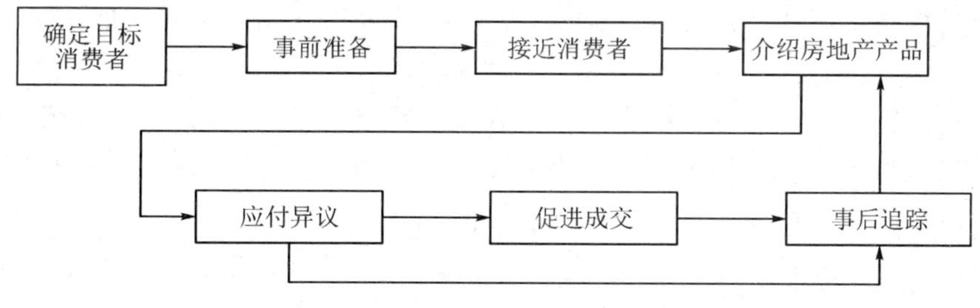

图 9－2 房地产人员推销程序

9.3.3.2 房地产人员推销的基本形式

(1)上门推销。上门推销是最常见的人员推销形式，是由推销人员携带售楼海报、售楼图册、订单等走访客户，推销产品。这种推销形式可以针对客户的需要提供有效的服务，方便客户，故为客户广泛认可和接受，但是一般来说，房地产开发企业上门推销人员比较少。

(2)案场推销。案场推销是指企业在适当地点设置固定案场,由置业顾问接待进入案场的客户,推销产品。这种方式能满足客户多方面的购买要求,为客户提供较多的购买方便,且能在案场看到样板房,故顾客比较乐于接受这种方式。

(3)会议推销。会议推销是指利用各种会议向与会人员宣传和介绍房地产产品,开展推销活动,譬如在房交会上推销产品。这种推销形式接触面广、推销集中,可以同时向多个推销对象推销产品,成交额较大,推销效果较好。

9.4 房地产营业推广策略

房地产营业推广具体形式多种多样,有折扣、样品房展览、免费赠送等,几乎包括除人员推销、广告和公共关系以外的各种促销手段,所以房地产开发企业要根据自身的情况,正确实施营业推广策略。

9.4.1 房地产营业推广的概念和特点

9.4.1.1 房地产营业推广的概念

房地产营业推广是指房地产开发企业运用各种短期诱因,鼓励消费者进行购买以促进房地产产品销售的所有措施,又称为销售促进,它旨在激发消费者购买和促进代理商的效率。房地产营业推广与其他促销方式的显著区别在于:它以特殊的优惠和强烈的呈现为特征,给顾客以不同寻常的刺激,从而激发起他们的购买欲望。

9.4.1.2 房地产营业推广的特点

(1)非规则性和非周期性。营业推广一般是为了某种目标而专门开展的一次性促销活动。它不像广告、人员推销那些连续、常规的推销活动,营业推广一般着眼于解决一些具体的促销问题,具有非规则性和非周期性的特征。

(2)灵活多样性。营业推广的具体形式多种多样,如对消费者赠送样品、提供各种购房折扣、对中间商进行销售竞赛、为中间商培训销售人员、举办展览会以及联合促销等,其形式是灵活多样的。

(3)短期效益比较明显。营业推广往往是在某一特定的时间内,针对某方面情况采用的一种促销方法,它能给买方以强烈的刺激作用。该策略运用得当,其效果可以马上在营销效果上表现出来,而不像其他方式那样有一个较长的滞后期。

一般来说,只要营业推广的方式选择运用得当,其效果可以很快地在经营活动中显现出来,而不像广告、公共关系那样需要一个较长的周期。因此,营业推广最适宜用于完成短期的具体目标。

9.4.2 房地产营业推广的策略和作用

9.4.2.1 房地产营业推广的策略

(1)现场参观。与其花精力描述产品介绍产品,不如直接带领客户现场参观房子,这样可以让客户对产品有一个更加直观的了解,也能够促进客户对推销人员的信任。

(2)空壳房。空壳房是指购买时没有内墙的房子,户型与室内结构的选择都在客户自己身上,这有助于客户购买房子后根据自己的喜好与需求设计房屋内部户型,因此也会受到消费者的青睐。如果客户买到的房屋户型不适合客户喜好,将影响客户的体验,反馈自然不会好。

(3)媒体加盟。媒介组合能够弥补单一媒介在接触范围上的不足,能够弥补单一媒介在暴露频率上的不足,有助于广告的少投入多产出。任何一个企业的广告费用都是受到一定限制的,在特定时期,广告费用是一个常量。在企业无法以大的广告费用投入到广告媒介上进行宣传时,将广告费用合理分配在低费用的报纸、杂志、直邮、户外等媒介,再辅助以其他促销活动,常常会达到理想的效果。

(4)展示会。企业可通过参加各种形式的展销会来促进房地产产品的销售。企业在展销会上可展示本企业房地产模型,并进行现场演说表演,以吸引参观者(包括中间商和购买者),促进其了解产品,并当场或事后购买房地产。

(5)还本促销。某些开发商向消费者承诺,若一次性付清房款,将在某年将房款(甚至超过房款的价格)完全还给购房者,应该说这实质上也属于价格折扣的一种,只不过这里折扣是资金的时间价值。由于还款期限往往较长,还款的承诺难以得到保障,所以这种营业推广方法效果一般。

(6)先租后买。先租后买策划模式是指在房地产项目销售中采用的一种体验式销售方式,即客户可以先对心仪的住宅以一定的租金先租下来,体验半年,如果半年之内感到满意,再决定是否购买,且如果决定购买,所有已付租金转为住宅的首付款,以此来吸引客户的一种体验式营销模式。

(7)双卡保证。双卡保证是指"质量保证卡"和"工程进度卡"。双卡保证能够提高房地产开发商的信誉,树立企业良好形象,增加物业的透明度,能够规范开发商的经营行为,解除用户的后顾之忧,但也会给开发商带来压力,增加企业竞争力。

(8)优惠促销。这是房地产营业推广中运用最多的方法,无论是对消费者,还是对中间商,这个方法都很有效。对消费者来说,优惠可以使房价降低很多,刺激他们的购买欲望;对中间商来说,优惠可以让他们在代理时更有利可图。另外,优惠促销使代理风险降低,有可能促使一批中间商包销房地产。

9.4.2.2 房地产营业推广的作用

(1)可以吸引消费者购买。这是营业推广的首要目的,尤其是在推出新产品或吸引新客户方面,由于营业推广的刺激比较强,较易吸引客户的注意力,使客户在了解产品的基础上采取购买行为,也可能使客户追求某些方面的优惠而使用产品。比如说可从房地产不同的户型或者价格的波动入手,让消费者感觉自己谋取了福利,而促成其购买行为。

(2)可以奖励品牌忠实者。因为营业推广的很多手段,譬如销售奖励、赠券等通常都附带价格上的让步,其直接受惠者大多是经常推广房地产开发企业产品的消费者,从而使他们更倾向于企业的产品,以巩固企业的市场占有率。

(3)可以实现企业营销目标。这是企业的最终目的。营业推广实际上是企业让利于购买者,它可以使广告宣传的效果得到有力的增强,破坏消费者对其他企业产品的品牌忠实度,从而达到本房地产开发企业产品销售的目的。

9.4.3 房地产营业推广的步骤

9.4.3.1 确定推广目标

营业推广目标的确定，就是要明确推广的对象是谁，要达到的目的是什么。只有知道推广的对象是谁，才能有针对性地制订具体的推广方案。

9.4.3.2 选择推广媒介

营业推广的方式方法很多，但如果使用不当，则适得其反。因此选择合适的推广媒介是取得营业推广效果的关键因素。企业一般要根据目标消费者的接受习惯和产品特点、目标市场状况等来综合分析选择推广媒介。

9.4.3.3 推广配合安排

营业推广要与营销沟通其他方式如广告、人员销售等整合起来，相互配合，共同使用，从而形成营销推广期间的更大声势，取得单项推广活动达不到的效果。

9.4.3.4 确定推广时机

营业推广的市场时机选择很重要，房地产销售的高峰期一般是 7 月到 10 月这一段时间，必须在高峰期前做营业推广，否则就会错过了时机。

9.4.3.5 确定推广期限

推广期限即营业推广活动持续时间的长短。推广期限要恰当，过长消费者新鲜感丧失，产生不信任感；过短一些消费者还来不及接受营业推广的实惠。

9.5 房地产公共关系促销策略

房地产公共关系促销策略就是通常所说的房地产公关活动，它实质上是一种促销行为，是房地产开发企业投资组织在适当的时间和地点向公众开展的一系列活动，其目的是加强开发楼盘与社会的公共关系，提升楼盘的知名度和美誉度，最终达到销售的目的。

9.5.1 房地产公共关系的概念和特点

9.5.1.1 房地产公共关系的概念

房地产公共关系是房地产开发企业利用各种传播手段，同包括客户、中间商、社区民众、政府机构以及新闻媒介在内的各方面公众沟通思想情感、建立良好的社会形象和营销环境的活动，其目的是着眼于企业长远发展，维持企业的盈利性和社会性之间的平衡。

9.5.1.2 房地产公共关系促销的特点

房地产公共关系促销与广告、人员推销、营业推广区别较大，它主要有以下特点。

(1)可信度高。以真实为基础是公共关系必须遵循的基本原则之一，房地产开发企业必须塑造一个诚实形象才可以取信于公众。

(2)易接受。公共关系促销不像广告、营业推广、人员推销那样的直接促销宣传形式，因此可以消除客户的戒备心理，引起客户的高度注意和信赖，使公共关系易为客户接受。

(3)表现性强。公共关系促销常通过文化性和艺术性来增加房地产开发企业或房地产本身的表现，具有戏剧化的特征，使得公共关系促销对于消费者的表现性远远强于广告、营业推广和人员推销。

(4)社会反响大。公共关系促销通常经过精细、周密的策划，构思新颖独特，表现的又常常是社会热点问题、公众关注的问题或与购房者利益密切相关的问题，因此容易引起社会关注，社会反响比较大。

(5)促销费用低。由于房地产公共关系促销往往是以非直接付款的方式通过各种传播媒体沟通企业与消费者之间的相互联系，因此其促销成本是四种促销方式中最低的。

9.5.2 房地产公共关系的促销方式

熟练运用公共关系营销，能建立起巨大的关系网，有利于房地产产品的营销以及企业形象的建立。

9.5.2.1 内部刊物

这是企业内部公关的主要内容。企业各种信息载体，是管理者和员工的舆论阵地，内部刊物可以在房地产开发企业内部宣传企业文化，宣传产品的特色，是沟通信息、凝聚人心的重要工具，如万科周刊1992年创刊，是国内业界第一本企业内刊，就起到了这样的作用。

9.5.2.2 发布新闻

公关人员可以将企业的重大活动、重要政策以及各种新奇、创新的思路编写成新闻稿，借助媒体或其他宣传手段传播出去，帮助企业树立形象。房地产开发企业可以借助新闻这个媒体，宣传自己产品的特色，达到扩大影响的效果。

9.5.2.3 举办记者招待会

企业可以邀请新闻记者，发布企业信息。通过记者传播房地产开发企业重要的政策和产品信息，传播广，信誉好，可引起公众的注意。记者招待会有以下特征：①正规隆重。形式正规，档次较高，地点精心安排，可邀请记者、新闻界(媒体)负责人、行业部门主管、各协作单位代表及政府官员。②沟通活跃。双向互动，先发布新闻，后请记者提问并进行回答。③方式优越。新闻传播面广，报刊、电视、广播、网站集中发布(时间集中，人员集中，媒体集中)，信息能迅速扩散到公众。

9.5.2.4 设计公众活动

通过各类捐助、赞助活动，努力展示企业关爱社会的责任感，树立企业良好的形象。同时也可以通过公众活动，活跃营销的气氛，增加企业的知名度，打造良好的社会形象。

9.5.2.5 企业庆典活动

企业活动是指以企业为主体，由企业组织策划、员工参与的团队活动，其形式多种多样，比如企业运动会、家庭日、企业年会、周年庆典、企业旅行、以宣传企业影响力为目的的公益或者城市定向等活动都可以称为企业活动。通过企业活动可以营造热烈、祥和的气氛，展现企业蒸蒸日上的风貌，增加公众对企业的信心。

9.5.3 房地产公共关系促销策略的实施程序

房地产公共关系促销策略在实际运用过程中需要走有关实施程序，这样有利于公共关系促销策略的落实。

9.5.3.1 确定公共关系策略目标

公共关系策略目标确定要与企业在前期调查中所确认的企业形象现状问题联系起来；要与企业的整体目标相协调，并应当使解决问题的方法具备可操作性和执行性；还要在多个目标之中分清轻重缓急，按重要程度和执行的先后排出一定的顺序。公共关系所要达到的目标，主要有以下几点：①建立知名度；②建立信誉；③激励销售人员和经销商；④降低促销成本。

9.5.3.2 确定公共关系策略的对象

公共关系策略的对象是指社会组织的公众对象和所处的客观环境。公众对象一般分为一般公众和目标公众。一般公众对组织的影响是间接的，但却是广泛而全面的。目标公众对组织的影响是直接的、迅速的。一般公众和目标公众并没有截然的界限，他们只是相对的。组织面对的客观环境又可分为宏观环境和微观环境、社会环境和自然环境。相对而言，微观环境和社会环境对组织的影响要大得多，它们是策划的主要对象。但高明的大策划，却往往产生于对宏观环境和自然环境的思考之中。

9.5.3.3 选择传播渠道

所谓传播渠道，是指信息流通的载体，也称媒介或工具。人们通常把用于传播的工具统称为传播媒介，而把公共关系活动中使用的传播媒介称为公共关系媒介。可供公共人员利用的传播媒介有两种：一种是大众传播媒介，一种是人际传播手段。具体来说，公共关系传播媒介是各种各样、丰富多彩的。常见的是语言媒介，像报纸与杂志、书籍与纪念刊、海报与传单、组织名片与函件等；还有电子媒介，像广播、电视、录音、录相、幻灯片和电影等；还有标识，像摄影与图片、商标与徽记、门面与包装、代表色等；还有非语言传播媒介，像表情、体态、目光等。

9.5.3.4 制订公共关系策略的计划

公共关系策略可以分成战略计划和战术计划两个部分。战略计划是指对组织整体形象的规划和设计，因为这个整体形象将会在相当长一段时间内连续使用，关系到组织的长远利益。战术计划则是指对具体公共关系活动的策划与安排，是实现组织战略目标的一个个具体计划。制订公关计划最根本的任务就是制订组织形象的战略计划。在每一次具体公关活动中，公关部门究竟要完成什么任务，首先取决于在计划阶段的形象设计。只有在此基础上，组织才能进一步策划具体的公关活动。离开了组织形象的战略计划，具体的公关活动就失去了灵魂，变成了一种效益低下的盲目投资，有时甚至会产生负面的效果。

(1)组织形象的战略策划。它包括对组织未来若干年内生存发展环境的战略预测，组织将会遇到哪些竞争对手，组织的公众结构及公众的需求将会发生什么样的变化等组织发展的战略性思考。

(2)公关活动的战术安排。当组织的战略形象确定以后，具体的任务就是落实它，每一次战术性的公关活动都是公关战略目标的实现。具体公关活动的策划过程如下：①确定主题。②选择公众。③选择公关模式。常见公关模式包括宣传型公关、交际型公关、服务型公关、社会型公关、征询型公关等。④选择公关策略。公关策略包括建设型公关、维系型公关、防御型公关、进攻型公关、矫正型公关等。

9.5.3.5 实施公共关系策略

公共关系活动的实施基本上可以遵照行动方案按部就班地进行下去。在实施过程中，需要借助公共关系工作人员与新闻传播媒介有关人士的私人友谊和其他社会关系。但需特别注意的是，当所进行的公共宣传涉及具有较大社会影响的事件时，要密切注意和控制事态的发展变化，一旦出现不利变化，就必须迅速做出适当的反应，提出切实可行的解决办法。

9.5.3.6 评价公共关系策略的效果

评价公共关系活动效果的主要方法有：

(1)参与观察法。即由企业主要负责人参与公共关系活动，观察实际情况并估测其效果，然后同公共关系人员提供报告进行比较。

(2)目标比较法。在制订计划时，就将公共关系活动的目标具体化，用可以加以度量的方式明确下来，在活动实施完成后，将测算出的结果与原定目标加以比较，并进一步做出评估。

(3)舆论调查法。在活动结束时进行一次调查，或在活动前后各进行一次调查，然后根据有关舆论情况及其变化衡量和比较公共关系活动的效果。

(4)内部及外部监测法。即由企业内部人员对公共关系活动取得的成效、存在的问题和不足进行调查和评论，或聘请企业外的专家通过调查、访问和对本企业公共关系活动的效果做出比较客观的衡量和评价，并请他们提出改进意见和建议。

9.6 新媒体在促销中的运用

随着互联网技术深入人们的生活，三网融合、三屏融合程度越来越高，过去流行的主流沟通工具已经被新的沟通工具取代，传统媒体受众接触率也在不断下降，新媒体在不断地迭代创生。房地产开发企业也在顺应潮流，用更新的方式来营销自己的产品。

9.6.1 绿色营销

绿色营销是一种能辨识、预期及符合消费的社会需求，并且可带来利润及永续经营的管理过程。绿色营销观念认为，房地产开发企业在营销活动中，要顺应可持续发展战略的要求，注重地球生态环境保护，促进经济与生态环境协调发展，以实现企业、消费者、社会及生态环境利益的协调统一，如图9-3所示。从这些界定中可知，绿色营销是以满足消费者和经营者的共

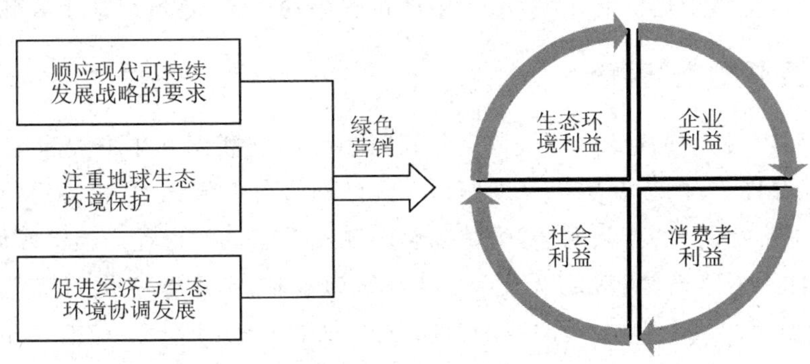

图9-3 绿色营销

同利益为目的的社会绿色需求管理，以保护生态环境为宗旨的绿色市场营销模式。所以房地产开发企业在设计和营销的过程中，要注意人与自然的和谐统一。

9.6.1.1　绿色营销渠道策略

绿色营销渠道是绿色产品从生产者转移到消费者所经过的通道。绿色营销的核心是按照环保与生态原则来选择和确定营销组合的策略，是建立在绿色技术、绿色市场和绿色经济基础上的、对人类的生态关注给予回应的一种经营方式。房地产开发企业实施绿色营销必须建立稳定的绿色营销渠道，策略上可从以下几方面努力。

(1)启发和引导房地产中间商的绿色意识，建立与中间商恰当的利益关系。企业要不断发现和选择热心的营销伙伴，逐步建立稳定的营销网络，促进房地产产品的营销。

(2)注重营销渠道有关环节工作。为了真正实施绿色营销，从绿色交通工具的选择、绿色工厂的建立，到房地产绿色选材、运输、施工、管理办法的制定与实施，认真做好绿色营销渠道的一系列基础工作。

(3)尽可能建立短渠道、宽渠道，减少渠道资源消耗，降低渠道费用，减少成本。绿色营销渠道畅通是绿色营销成功实施的关键。当选择绿色渠道时，要选择具有绿色信誉的中间商。要设立绿色产品专利灌输，以回归自然的装饰引领客户。中介人不应排斥、竞争和互补非绿色产品，以便促进中介机构虔诚地推广企业绿色产品。

9.6.1.2　绿色营销渠道的作用

(1)有利于占领市场和扩大市场销路。随着公众环境意识的增强和生活水平的提高，人们逐渐认识到，追求物质享受、过度地消费自然资源将加深地球和人类自身的危机。以保护环境为特征的房地产绿色消费正影响着人们的消费观念和消费行为，成为一种新时尚。

(2)营造绿色文明，促进企业塑造绿色文化。绿色营销可以推动新型的绿色文明的发展，绿色文明是一种以追求环境与人类和谐共存和发展的新型的、健康的文明。通过绿色营销活动，可以协调房地产开发企业、保护环境、社会发展之间的关系，使经济发展既能满足当代人的需要，又能给后代保留资源和生产动力，且促进社会文明的进步和发展。

(3)有助于提高经济效益。绿色营销的过程就是努力提高资源和能源的利用率，尽可能减少污染环境或不污染环境，实现可持续发展的集约化经营的过程。在这个过程中，房地产开发企业可以尽可能地提高土地的利用率，减少生产过程中的污染，营造绿色小区环境。

9.6.2　“互联网＋”营销

“互联网＋”是一种新的经济形态，是充分利用和发挥互联网在生产要素配置中的优化和集成作用，将“互联网＋”的创新成果深度融合于经济社会各领域之中，提升房地产经济创新力和生产力，形成更广泛的以“互联网＋”为基础设施和实现工具的房地产经济发展新形态。“互联网＋”营销也称为网络营销，就是以国际互联网络为基础，利用数字化的信息和网络媒体的交互性来实现营销目标的一种新型的市场营销方式，如图 9－4 所示。房地产开发企业要利用互联网充分宣传自己企业的独特性，发挥自己的优势，在房地产市场上迅速占领一定的位置，扩大知名度。

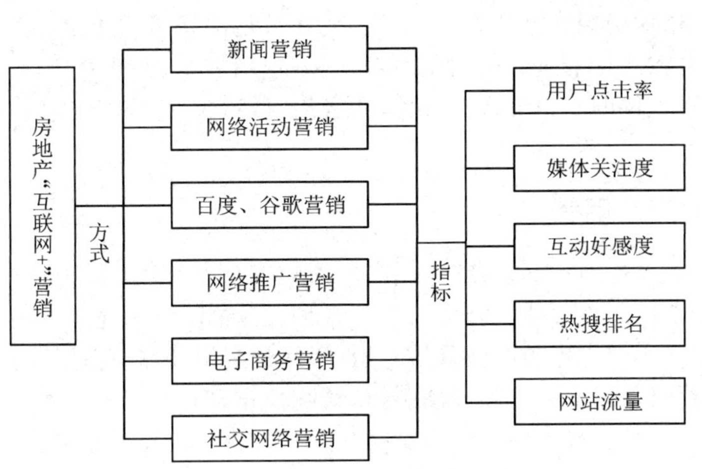

图 9－4 "互联网＋"营销

9.6.3 "米＋"时代

米即移动互联网，就是将移动通信和互联网二者结合起来使之成为一体，是互联网的技术、平台、商业模式和应用与移动通信技术结合并实践的活动的总称。4G、5G 时代的开启以及移动终端设备的凸显必将为移动互联网的发展注入巨大的能量，移动互联网产业必将带来前所未有的飞跃。

在最近几年里，移动通信和互联网成为当今世界发展最快、市场潜力最大、前景最诱人的两大业务。它们的增长速度是任何预测家未曾预料到的。2018 年全球移动用户已超过 55 亿，互联网用户也已逾 40 亿，所以出现移动与互联网相结合的趋势是历史的必然。移动互联网已逐渐渗透到人们生活、工作的各个领域，短信、应用下载、移动音乐、手机游戏、视频应用、手机支付、定位服务等丰富多彩的移动互联网应用迅猛发展，正在深刻改变着信息时代的社会生活。

移动互联网具有一些传统互联网的基因，但是它也具有自己的特点：相对封闭的网络体系；庞大的自下而上的用户群和广域的泛在网；高便携性与强制性；永远在线及占用用户时间碎片智能感应的平台；应用便捷；等等。房地产开发企业必须抓紧时代潮流，与时俱进，充分利用新工具，整合自己的优势，发展壮大自己。

9.6.4 房地产泛营销

泛营销是指吸取了西方传统的营销理论，同时根据中国市场的具体情况进行改善，最终经过实践的检验的营销活动。通俗说就是对营销理念的综合和集成，是对营销的延伸和拓展，其目的是通过各种不同的营销方法和技巧取得不同于同行业的营销效果。

从房地产开发企业的角度来说，泛营销的奖励比支付专门代理的成本要少，因此它们乐此不疲。对于买家来说，他们从泛营销流行中大致得到两个信息，一是房地产开发企业卖楼难了，二是自来客户砍价又多一个参照指标。所以房地产开发企业应该充分利用泛营销，带动全民营销，推广产品。

刺激泛化的营销应用策略是什么？除了发现并满足消费者需求之外，还要善于挖掘并创造需求，那就要用刺激泛化的营销应用策略：即利用现场展示、人员推销、知识营销、概念营销等内容新颖、覆盖面宽泛的营销策略，吸引消费者的眼球，激发其购买欲望，最终实现满足其需求的营销目的。

9.6.5 房地产云促销

房地产云促销就是房地产开发商以云软件、搜索引擎以及社会化媒体作为主要媒介，通过网络把多个成本较低的计算实体整合成一个具有强大促销能力的完美系统云平台。其核心理念就是通过不断提高“云”的覆盖能力，以及“云”之间的逻辑计算能力，从而达到房地产产品系统促销的目的，这样可以减少客户的经济负担，最终简化到销售人员只要在家里，在一台终端上就可以得到近乎无限数量的优质客户，享受“促销云”带来的强大经济利益。

房地产云促销是在不断的技术革新中产生的一个新的承载在云平台之上促销模式。它能够利用云本身的特点消除促销技术门槛，降低客户使用成本，提高效率。

房地产云促销拥有云计算规模超大、虚拟化、安全可靠、成本较低等特点，使得房地产营销更加精准、便捷、低成本、实效化，不仅如此，还将产生各种新式的与房地产有关的服务或产品。相比传统的房地产营销，房地产云促销在两个方面具有绝对优势：一是解决了客户偏好不完整的问题，二是解决了新客户和新产品的冷启动问题。冷启动指的是在没有历史积累的信息时，无法挖掘客户偏好的问题。当一个新客户进入网站 A 时，我们对这个客户一无所知，很容易就会失去这个潜在客户。而房地产云促销则会根据该客户在网站 B 和 C 的浏览轨迹或者购买行为，告诉网站 A 该客户可能喜欢什么样的房地产产品。同样当网站 A 想推出一款新的房地产产品时，由于没有历史数据，不了解哪些客户可能会喜欢这个新产品，这时如果向云端发送一个请求，第三方平台就可以根据网站 B 和 C 的用户偏好，来告诉网站 A 这款新品该推向什么样的消费者。

房地产云促销不仅显著提高了信息量和信息利用效率，同时也通过云端的集中管理极大地降低了房地产开发企业的促销运营和管理成本，降低了新客户的获取成本，最小化了顾客资本投资，同时增加了潜在客户和整体利润。

知识归纳

1. 房地产促销是指房地产开发企业为了扩大其房地产产品销售所进行的向目标客户传递房地产信息、激发潜在客户购买欲望、促成潜在客户购买行为的全部活动的总称。

2. 房地产促销的意义是：诱导消费，满足和创造需求；快速实现销售，提高资金利用率；提供产品信息，丰富消费目录；突出产品特色，提高企业竞争力；明确企业形象，巩固市场地位。

3. 房地产促销主要有广告促销、营业推广、人员推销和公共关系四个方面。

4. 房地产促销组合是指为实现房地产开发企业的促销目标而将不同的促销方式进行组合所形成的有机整体，即如何确定促销预算及其在各种促销方式之间的分配。

5. 房地产营业推广是指房地产开发企业运用各种短期诱因，鼓励消费者进行购买以促进房地产产品销售的所有措施，又称为销售促进，它旨在激发消费者购买和促进经销商的效率。

6. 新媒体在促销中的运用主要包括绿色营销、“互联网＋”营销、“米＋”时代、房地产泛营销、房地产云促销等。

思考题

1. 房地产促销有哪几种方式?

2. 房地产促销有哪些具体手段?

3. 影响房地产促销组合策略的因素有哪些?

4. 促销方式中有哪些新媒体? 房地产泛营销是什么?

5. 如何更加有效地开展房地产"互联网+"营销?

6. 房地产云营销有哪些途径?

案例实训

案例一:××国际花都营销策划

(1)宏观市场情况。2017年是房地产市场的调控年,全年处于"变"市之中;地方政府的"救市""微调"都将被"和谐";土地市场萎靡,各大房企谨慎入市;存货储备过剩,影响回款进度,资金周转陷入困境;品牌房企各出其招降价促成交,更大范围楼市降价潮正处于酝酿之中;基准利率的回归有利于刺激刚需消费,市场出现短暂的小阳春。

(2)项目自身情况。在变化的市场下,市场机遇可遇不可求,开发商须加快工程进度,保持稳定的供应量;保持高密度推售节奏,抓住市场机会,加快去化。同时,提高开发商在市场的品牌和项目的知名度及美誉度。

(3)促销方向。如何在"变"市下,精细化推售安排,规避政策风险;如何推广形象,传递本案核心价值,唤醒目标客户群;如何在"变"市下,做好应对的针对性营销。

(4)促销推广策略。抓住市场小阳春,结合市场黄金热售点和项目工程节点;三批集中开盘,多批乘势加推;销售周期控制在9个月内。促销推广分以下四个阶段:

第一阶段:品牌高度之战。深度挖掘××集团的品牌价值,最大程度地积累有效客户。线上通过系列报广、户外阵地的强势宣传,搭配车身、电视、网络等渗透性媒体,使××品牌深入市场,引发全城关注;线下以五一黄金周为营销节点,组织相关暖场活动,迅速积累意向客户。

第二阶段:××国际花都大盘形象树立之战。开盘前线上高举高打,线下做足圈层拓客,积累意向客户。以开盘为导火索,借以样板房开放体验,最大限度地攻破客户防线。开盘后着重维护意向客户关系、定期拜访亦或是邀请新老客户举办小众聚会,打入客户圈子,拓展新客户,保持项目持续热销。

第三阶段:世界500强地产力量与市场的激情碰撞。

第四阶段:完美收官之战。完成年度销售目标,客户感恩答谢。年末以活动事件为主(如客户答谢会、业主交房家装授课等),辅以优惠措施,吸引本地意向客户及返乡客户。线上媒体持续保持项目热销的氛围,为项目二期奠定良好的品牌诚信基础。

提问:

××国际花都面对变化的市场形势采取了哪些促销手段?

案例二:××新天地营销策略

(1)环境优势。泛南城区域分析:该区域是由城郊区发展成的城市次核心,众多高端地产项目提升了区域地位与形象,发展炙手可热。该区域位于成熟的老城区,不临主干道,欠缺昭示性，地产项目属于典型的内陆型楼盘。项目门口公交线路可直达市中心，在韶山路中转公交线路可达全市各处。老城区商业业态丰富，配套齐全，但地产项目普遍档次不高，项目商业发展存在较好机会。项目周边社区入住在5年以上，生活气息浓郁。

(2)项目情况。总建筑面积8万平方米，住宅建筑面积近5万平方米，商业建筑面积2万平方米，商业比重较大。①项目规划：围合式布局，打造中央景观园林，同时商业体布局保证了住宅舒适度与私密性。②商业配套：大体量集中式商业可引进品牌酒店，写字楼式公寓极大地丰富了区域配套类型，提升了区域配套档次。③产品设计：紧凑型产品，得房率高，面积控制合理，功能齐全，符合市场主流需求。

(3)市场需求。①大市：下半年需求仍然以刚性需求为主。市场回升有望，但受不确定因素影响，加之存量充足，因此量价均难以出现大幅上涨的局面。②竞争：区域内项目云集，不乏大盘。下半年区域推货集中，项目面临激烈竞争环境。③客户：政策的不确定性、市场供应陡增使得客户的选择面和购房决策带来更多的不确定性。

(4)项目营销策略。

①精准化推广。保证重要节点的信息释放，筛选重点网络媒体，保证效果。例如，通过腾讯弹出窗口、区域内QQ用户有效覆盖、公交车载移动电视广告等，扩大覆盖面，重点要覆盖周边区域，打透区域购房人群。

②精细化拓客。A. 外展点设置：基于目标客户分布，主动出击。B. 路演巡展：提升项目在区域内知名度，网罗客户。C. 汽车广告：针对地级市客户，在长途汽车上进行长时间的广告宣传。D. 外场扫客：目标客户群区域单页覆盖、南城写字楼扫楼、竞争项目客户拦截。

③品质感现场。A. 通过最大化的道旗覆盖、关键路口有效的指示牌设计、楼宇巨幅和发光字的增加，最大化地释放项目信息，为项目创造营销环境。B. 在高端品质工地现场，宣扬企业品牌，树立项目形象，突围区域印象，坚定客户信心。C. 通过现场展板的形式释放项目价值点，设计传播良好的销售物料、现场市场信心展板，促进项目的营销。D. 建设配套的架空层泛会所、生态园林与儿童乐园设置。

提问：

你对××新天地的营销策划还有什么建议？

第10章　房地产市场营销管理

内容提要

本章主要内容是了解和掌握市场营销管理相关知识，包括房地产市场营销管理的概论、房地产市场营销计划、房地产市场营销组织、房地产市场营销执行、房地产市场营销控制、房地产市场营销专场管理分析、房地产市场营销管理道德规范与企业责任。重点是了解房地产市场营销计划、组织、执行、控制的有关内容；难点是掌握房地产市场营销组织设计程序，掌握市场营销执行的步骤和技巧、房地产市场营销专场管理。

能力要求

通过对本章学习，掌握房地产市场营销管理的概念、内容；掌握市场营销计划的概念和内容，了解房地产市场营销组织的概念、类型、影响因素及其组织设计过程；掌握市场营销执行的步骤和技巧，以及如何展开营销控制、营销专场管理，房地产开发企业要承担的相应的社会责任和自身责任等。

10.1　房地产市场营销管理概述

房地产市场营销管理是房地产经营中不可或缺的一部分。房地产市场营销管理是房地产开发企业在相互竞争的市场环境下，根据市场形势变化发展而开展的一系列营销管理的企业活动，直至在市场上完成产品的销售、获得效益、达到目标的经营过程。

10.1.1　房地产市场营销管理的概念

房地产市场营销管理是指房地产开发企业在总体战略规划指导下，为实现其经营目标而进行创造、建立并保持与目标市场之间的互利交换关系，从而对房地产营销方案进行分析、决策、计划、执行和控制等。

10.1.2　房地产市场营销管理的任务

房地产市场营销管理的任务是为促进房地产开发企业实现经营目标而调节需求的时机、水平和性质。消费者需求具有灵敏性、多样性和动态性的特点，它能折射出房地产市场竞争的取向和房地产开发企业发展的理念。

10.1.3　房地产市场营销管理的意义

(1)房地产开发企业可以更好地从消费者的角度出发，及时了解市场的需求，开发出满足客户需求的产品。

(2)运用营销管理,房地产开发企业可以进一步进行市场划分和目标市场的选择。

(3)管理者可以选择更合适的营销管理策略和方式,使房地产开发企业更加规范,有利于房地产开发企业的长远发展。

10.2 房地产市场营销计划

一个好的房地产营销方案必须有一个好的计划书,以便于在整体上把控整个营销活动。市场营销计划更注重产品与市场的关系,是指导和协调市场营销的主要工具。房地产开发企业如果想提高市场营销绩效,就必须学会如何正确制订和执行市场营销计划内容。

10.2.1 房地产市场营销计划的概念

房地产市场营销计划是一个正确决定房地产开发企业如何实现自己目标的过程,是对房地产开发企业的内部环境进行准确分析,并在合理利用经营资源的基础上,对于一定时期内的房地产市场营销活动的行为目标、方针、战略以及实施方案与具体措施进行设计和计划。

10.2.2 房地产市场营销计划的内容

对于房地产市场营销活动而言,制订一份优秀的房地产市场营销计划是至关重要的,其应包括如下内容。

10.2.2.1 计划概要

计划书一开始便对本计划的主要目标和建议做出扼要的概述,计划概要能够让上级主管快速掌握计划的核心内容,这样有利于计划的实施。内容、目录附在计划概要之后。以下为某房地产市场营销计划的计划概要。

2016—2017年国内房地产市场火爆,很多区域板块开始发展成熟,在一、二线城市调控加码的影响下,特别是从2017年初开始,一、二线城市实施限价等政策,三、四、五线城市实施产品去库存化。该策划主要对于京、津、冀旅游承接地葫芦岛兴城区域规划、土地出让等进行介绍,对住宅供求和目前××博览中心二期楼盘进行解读,通过机会分析、战略分析等对潜在客户进行分析,最后提出相关营销推广方案及葫芦岛板块房地产市场的发展前景。

由这个案例可以得出,计划概要就是对于一个项目的主要目标、建议做出简要概述,让管理者快速把握核心内容。

10.2.2.2 营销现状分析

(1)分析影响房地产市场未来的重要的宏观环境趋势,如人口、技术、经济、社会文化、政治法律等方面的趋势带来的影响。

(2)提供与目标市场相关的资料,说明市场规模与近年来的增长率,同时预测未来年份的增长率,分析目标客户群的消费需求、观念和购买行为的趋势,并按一定因素进行市场细分。

(3)分析过去几年各种商品房的价格、销售量、差异额和净利润等数据。

(4)分析主要竞争者的规模、目标、市场占有率、商品房质量、产品营销策略等方面的资料,做到知己知彼。

10.2.2.3 展开现状 SWOT 分析

在房地产开发企业当前营销状况的基础上，找出整个计划期内企业所面临的市场威胁和机会，并分析企业自身的优势和劣势。

利用市场机会与威胁、优势与劣势的分析结果来确定房地产营销计划中的主要问题，并加以讨论。对于这些问题的决策将影响营销计划的目标、策略与战术的确立。

10.2.2.4 制定营销目标

营销目标是营销计划的核心部分，是确定计划在销售量、市场占有率和盈利等领域所完成的目标。它对房地产开发企业的策略和行为起指导作用。营销目标分为两类：财务目标和实际营销目标。财务目标主要由即期利润指标和长期投资收益率指标组成。实际营销目标是指财务目标必须转化为营销目标，才具有可操作性。如房地产开发企业的销售收入目标、产品价格、产品销量目标、市场份额目标以及产品知名度、分销范围等，营销目标要尽量具体化和数量化。

10.2.2.5 营销策略

在制定营销策略时，设定一个目标，可用若干方法来实现，如产品策略、价格策略、渠道策略、促销策略和网络营销策略。例如，增加20%营销额的目标可以通过增大房屋销售量来实现，也可以通过提高房屋平均售价来实现。对这些目标进行深入的探讨，肯定可以找出房地产营销的主要策略。

10.2.2.6 行动方案

有了营销策略，还要转化为具体的行为方案，如将要做什么、何人做、何时开始、何时完成、投资多少，这些都可以依据时间顺序列出一个详细且可供实施的行动方案。

10.2.2.7 预算开支

根据行动方案编制预算方案，收入方列出预计销售量及单价，支出方列出生产、广告、物业管理及其他营销费用，收支差额即为预计的利润。上级主管部门负责该预算的审查、批准和修改，一旦获得批准，即成为房屋设计、建筑装修及营销费用支出的依据。

10.2.2.8 计划控制

营销计划的最后一部分，是如何监督、控制计划的执行。通常是将计划规定的目标、预算按月份或按季度进行分解，以便企业上级管理部门进行有效的监督检查，督促未完成任务的部门找出问题的症结，并采取相应的措施。

在营销计划的控制部分之外，还应有意外应急计划，即可能发生某些不利情况时，有关部门应及时采取必要措施，使企业各级管理者能事先考虑到可能出现的困难，并提前做好防范准备。

10.3 房地产市场营销组织

组织工作表示对某个工作过程的策划、安排、协调、控制和反馈形成的职务结构和职位结构。

10.3.1 房地产市场营销组织的概念

房地产市场营销组织是指房地产开发企业内部以市场营销为观念建立起来的所有涉及市

场营销的职位、部门组织以及部门结构。房地产开发企业市场营销是由组织的人完成的，市场营销管理离不开特定的组织结构，同样组织决策是市场营销管理的另一个重要方面。组织工作要始终以消费者的需求为中心，把消费者的需求置于整个市场运行过程的起点，并将满足消费者的需求作为其归宿点。

10.3.2 房地产市场营销组织的主要类型

房地产市场营销组织的形式主要有四种：市场式组织、职能式组织、产品式组织、地区式组织。

10.3.2.1 市场式组织

市场式组织可以按照客户特有的购买习惯和产品偏好进行细分。其结构与项目式组织结构基本相同，不同点是把面对不同类型的项目改成面对不同类型的市场。

房地产开发企业可以把住宅分为高档别墅、中档住宅和普通刚需住宅，并分别委派给市场经理负责。市场经理的职责是负责制订长期年度计划，分析市场趋势性的需求，注重长远的市场占有率，而不仅是眼前的利益；注重某一细分市场的分析研究，而不是某一住宅小区的销售。

市场式组织是最符合现代市场营销观念要求的职能式组织。其优点是市场经理组织各种营销活动，以满足不同客户群的需求。其缺点是缺乏整体观念，存在多头领导、权责不清的问题。

10.3.2.2 职能式组织

职能式组织由主管营销副总经理（或营销总监）统一领导，是最常见的组织模式。如图10－1所示，职能式组织由主管营销副总经理负责协调各职能部门的活动，职能部门的数量可以根据具体情况而增减。

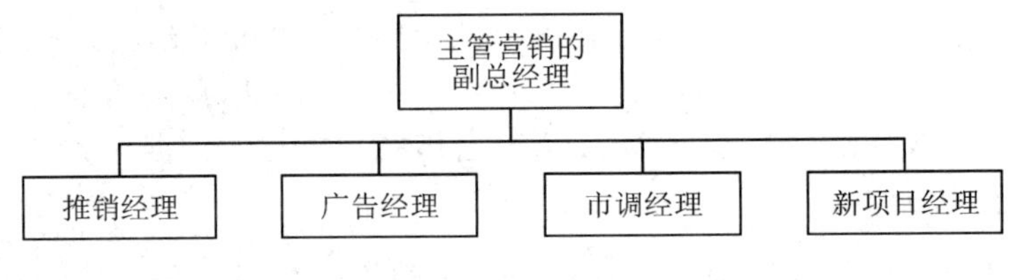

图10－1 职能式组织

职能式组织的优点：简便易行，各职能之间分工明确、各司其职。如广告经理负责广告部门推举出可行的方案。

职能式组织的缺点：随着公司开发项目的增多以及市场的变化会导致效率的降低。没有一个职能部门能对具体某一项目和市场负责，因此有些产品和市场很容易被忽视。此外，每个职能部门会为了获取更多的预算和更高的地位，而与其他部门进行竞争。

10.3.2.3 产品式组织

企业在开发项目时，项目经理管理着整个开发过程的各项营销业务，包括市场调研、目标市场、产品定位、价格策略、广告宣传等。产品式组织带有临时性，这是由于房地产开发与销售的过程是时段性的，不能像其他产品一样可以长久地延续下去。

产品式组织的优点：①开发项目时能协调各方面的力量；②能及时反映市场上出现的问

题，并快速做出反应；③因为产品管理的工作几乎会涉及企业业务经营的所有方面，所以项目经理这职位成为培养锻炼年轻营销人员的最佳岗位。

产品式组织的缺点：①项目经理没有充分的权力履行其职能，必须依靠其他职能部门的配合，可能会导致执行力受阻；②项目经理只熟悉自己负责的项目，不熟悉其他方面的业务，可能会使得业务交接有困难。

这种管理系统的成本往往比预期的费用高，因为产品管理的人员增加使得人工成本增加。

10.3.2.4 地区式组织

如果企业的营销范围是跨地区的，那么通常可以按照地理区域组织其营销力量，如图10-2所示。但应注意地区层次的划分，必须既有利于产品的销售，又有利于企业的统一管理。地区营销经理要掌握关于该地区市场环境的情报，要为在该地区打开市场营销制订计划并执行计划。

地区式组织的优点：能够更加详细、准确地掌握各个地方上的信息，有利于市场营销面的扩大。

地区式组织的缺点：范围太大，不利于统一管理。

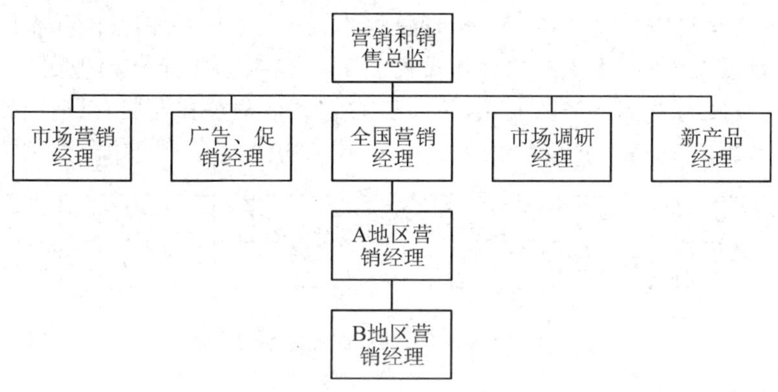

图10-2 地区式组织

10.3.3 影响房地产市场营销组织结构的因素

营销组织结构形式的选择要考虑各种影响因素，为了使营销组织具备灵活性和系统性的特点，一般需要考虑以下几个方面。

10.3.3.1 企业规模

一般而言，企业规模越大，营销组织越复杂，拥有各类专职的营销人员和营销部门越多，管理层次也就越多，各级管理人员要形成一个团队，明确职责，各尽其能。小型房地产开发企业的营销组织则相对简单，有的甚至没有专门的营销部门，只派专人负责。

10.3.3.2 市场

市场的地理位置是决定营销人员分工和负责区域的依据。如果市场由几个较大的细分市场组成，企业只需要为每一个细分市场任命一位市场经理；如果市场地理位置分散，就需要按照地区设置营销组织。

市场规模大、范围广，就需要庞大的营销组织，需要众多的专职人员和部门；市场规模小、范围窄，销量有限，营销组织的规模就相对较小。

10.3.3.3 房地产产品的种类

房地产开发企业经营的房地产产品的种类和数量的不同也将影响到企业的营销组织模式。如只销售单一的居民住宅，则广告部门和营销调研部门的人员相对较多，推销人员相对较少。如只销售商用写字楼和厂房，这类商品房对广告的依赖性较弱，企业应该使用更多推销人员。如果三种商品房都销售，那就需要设置相应的产品经理和各项职能经理，营销组织就相对比较复杂。

10.3.3.4 房地产开发企业销售方式

目前，我国的房地产开发企业以直销为主，即房地产开发企业自身负责广告、人员推销、物业管理、市场调研等各项工作，营销组织较为全面复杂。如果房地产开发企业通过房地产代理机构销售，那营销组织可以相应地简化。

10.3.4 房地产市场营销组织的设计过程

设计和发展营销组织是每一位营销经理的根本任务之一。营销经理从事管理的前提是进行组织规划，包括设置设计、组织结构和人员配备等。组织结构建立起来之后，营销经理需要随着企业自身的发展与外部环境的变化，不断地对它进行调整和发展，以适应新形势下营销管理的需要，提高效率。房地产市场营销组织的设计程序一般有六个步骤，如图 10－3 所示。

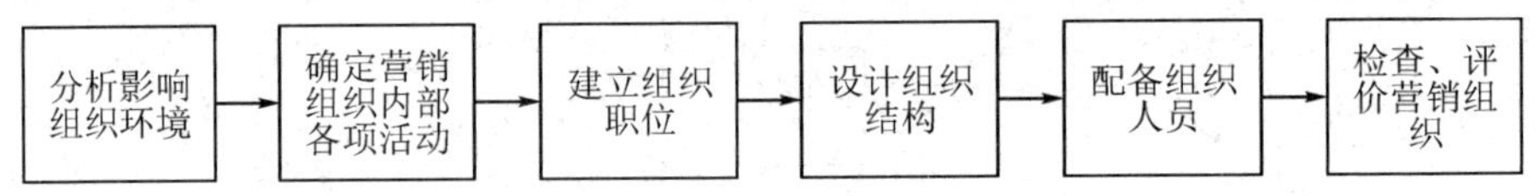

图 10－3 房地产市场营销组织的设计程序

10.3.4.1 分析影响组织的环境

任何一个营销组织都是在社会经济环境的运行中不断变化发展的，并受周围环境因素的影响和制约。外部环境包括政治、经济、社会、文化、科学技术等因素，对营销组织影响最显著的主要是市场和竞争者状况。此外，企业自身的特征也会影响到营销组织。

(1)市场状况。市场状况一般从投入期、成长期、成熟期、衰退期等角度来分析。

①在投入期，企业的重点应放在市场的稳定上。对于房地产市场而言，在较长时间内，客户购买行为、新房供应、配销渠道等变化不会很大，所以房地产营销组织相对稳定，以适应市场稳定程度较高的需要为主。从商品房生产周期看，在商品房的不同生命周期，企业的营销战略和营销组织也相应地有所不同。在房地产开发企业向市场投放新房时，往往设立临时性的组织，以便迅速对市场做出反应。

②在成长期，购房者需求增大，利润持续上升，吸引了大批竞争者加入市场。这时房地产开发企业应建立有效的营销组织，如市场导向型矩阵结构，明确自身的竞争优势，确保自身强有力的竞争地位。

③在成熟期，购房需求逐渐稳定，利润开始下降，房地产开发企业应建立高效率、低成本的

组织，如职能型金字塔组织，从而获取利润的最大化。

④在衰退期，购房需求减弱，房地产开发企业为保持原有利润水平，应着手精简部分组织结构。

此外，购房者行为类型也是市场状况的一个方面。不同类型的购房者对房地产开发企业提供的房屋有不同的要求和关注点。企业应该准确把握目标客户群的侧重点，强调自身的优势特色，相应地在组织上也应有所侧重。

(2)竞争者状况。营销组织必须从两个方面来面对竞争者：一是竞争者是谁？他们在干什么？二是如何对竞争者行为做出反应？房地产开发企业所面对的竞争者不仅包括其他房地产开发企业，还包括所有从居民手中争夺的大宗货币支出的企业和组织，如教育机构、汽车制造商、医疗机构以及其他投资机构等。购房属于高消费、高投资，若居民在其他方面的支出占较大部分，将会很难支付购买商品房的款项。企业收集竞争者情报的方式有：公开信息收集渠道，如互联网与商用数据库、媒体及广告、行业性会议；非公开信息收集渠道，如借助销售人员、依靠外部的咨询机构获得信息。

不同的选择将影响营销组织的构成。收集到情报后，必须制定相应的措施，由营销组织贯彻实施。

(3)企业自身状况。高层管理者的经营思想对房地产开发企业营销组织的设计有较大影响。此外，房地产开发企业的规模、文化传统等因素也将会影响营销组织的设计。如企业规模的扩大会导致管理者与被管理者之间的直接联系越来越少，中间管理层层数增加。

10.3.4.2　确定营销组织内部各项活动

营销组织内部的活动主要有两种类型：①职能性活动。它涉及营销组织的各个部门，范围广。房地产开发企业在制定战略时，会确立各个职能在营销组织中的地位，以便开展有效的竞争。②管理性活动。它涉及管理任务中的计划、协调和控制等方面。企业通常是在分析市场机会的基础上制定营销战略，然后确定相应的营销活动和组织的专业化类型。

房地产开发企业通常是在分析市场机会的基础上制定营销战略，然后再确定相应的营销活动和组织的专业化类型。假定一家房地产开发企业满足下述条件，即企业年轻且成本可控，企业的几种房地产产品都在相对稳定的市场上销售，竞争战略更多地依赖于广告或人员推销等活动，则该企业可能设计职能式组织。

如果房地产开发企业同时在多个城市开发住宅小区，并且每个城市的购买行为与需求存在很大差异，则它就会建立地区式组织。但理论与实践并不总是相通的，因为房地产开发企业的营销战略可能被现有的组织机构所制约。例如：一家房地产开发企业通过对市场和竞争者状况的分析决定实施系统营销战略，然而，由于该企业原有的组织机构是为不断开发新项目而设计的，采用这种新战略就会相对困难。

10.3.4.3　建立组织职位

房地产开发企业确定了营销组织活动之后，还需要建立营销职位，使这些组织活动有所归附。职位决策是要弄清楚各个职位的权利和责任及其在组织中的相互关系。它要考虑三个要素，即职位类型、职位层次和职位数量。职位的设立都必须与营销组织的需求及其内部条件相吻合。

（1）职位类型的划分。

①直线型和参谋型。处于直线职位的人员行使指挥权，能领导、监督、指挥和管理下属；处于参谋职位的人员则拥有辅助性职权，包括提供咨询和建议等。事实上，直线和参谋之间的界限是模糊的，一个主管人员既可以处于直线职位，也可以处于参谋职位，这取决于他所起的作用及行使的职权。

②专业型和协调型。一个职位越是专业化，它就越无法起到协调作用。但是每个专业化职位又需要从整体上进行平衡和协调，于是就产生了协调职位，类似的职位有项目经理、小组组长。

③临时型和永久型。严格地说，没有一个职位是永久的，只是相对而言较为稳定罢了。临时性职位主要是为了在短时期内完成某项特殊任务而产生的。有时在组织进行大规模调整时也设立临时职位。

（2）职位层次。职业层次是指每个职位在组织中地位的高低。比如公共关系和销售管理的地位孰高孰低，不同的房地产开发企业有不同的定位。它取决于这些职业所体现的营销活动与职能在房地产开发企业整个营销战略中的重要程度。

（3）职位数量。职业数量是指房地产开发企业建立的组织指挥的合理数量，它同职位层次密切相关。一般职位层次越高，职位数量越少，辅助性职位越多；职位层次越低，职位数量越多，辅助性职位越少。

10.3.4.4　设计组织结构

组织结构的设计与选择同职位类型密切相关。房地产开发企业如果采用金字塔型组织，就要有相应的职能性职位；如果采用矩阵型组织，则要建立大量的协调性职位。因此，设计组织结构的首要问题是使各个职位与所要建立的组织结构相适应。

从这个意义上讲，对组织结构的分析要注重外部环境因素（包括市场和竞争状况），它强调组织的有效性。这取决于两个因素：一是分权化程度，即权力分散到什么程度才能使上下级之间有更好的沟通；二是管理宽度，即每一个上级所能控制的下级人数。普遍认为，若每一个职员都称职，则分权化程度越高，管理层宽度越大，组织效率也就越高。

此外，营销组织总是随着市场和企业目标的变化而变化，所以设计组织结构要立足于将来，为未来组织结构的调整留下更多的余地。

10.3.4.5　配备组织人员

在分析营销组织人员配备时，必须考虑两种组织情况，即新组织和再造组织。相比较而言，再造组织的人员配备要比新组织的人员配备更加复杂和困难。因为人们不愿意让原组织发生变化，他们把再造组织所提供的职位和工作作为一种威胁，大大降低了工作效率。

企业配备人员时，必须为每个职位制定详细的工作说明书。要对人员从受教育程度、工作经验、身体状况、个性特征等方面进行全面考察。对再造组织来讲，还必须重新考核现有员工的水平，以确定他们在再造组织中的地位。

在营销组织中，小组人员配备也应引起重视。小组是企业为完成某项特殊任务而成立的，是组织的一个临时单位，其成员都从组织现有的人员中抽调。为让小组有效发挥作用，小组成员与组织成员之间就必须保持协调关系。比如组织下层人员不可能作为领导来管理小组高层的成员；小组领导职位也不应该比该小组所隶属的经理职位高。

10.3.4.6　检查和评价营销组织

世界上没有尽善尽美的组织，各种组织总是存在着不同程度的摩擦和冲突。因此，从营销组织建立之时起，营销经理就需要经常检查、监督组织的运行状况，并及时调整，使之不断得到发展。

营销组织需要调整的原因主要有以下几种：①外部环境变化。这包括商业循环变化、新生产技术出现、竞争加剧、政府法规、工会政策和财务政策、产品和销售方法的改变等。②组织主管人员的变化。新的主管人员试图通过改组来实现其管理想法和管理方法。③改正组织结构现存的缺陷。有些缺陷是由组织本身的弱点所造成的，如管理宽度过大、部门协调不够、信息沟通困难、决策缓慢等。④组织内部主管人员之间的矛盾。

在一个组织中，内部人员之间的竞争与矛盾总是在所难免的，这种情况尤其会出现在管理层，竞争越大，越容易激发矛盾，组织内部人员之间的竞争就像是两组人在拔河，他们之间由一根绳子串起来了，这根绳子可以是一种文化、一种思想。有了这根主线之后，组织部门之间就有了一个既定的取向，再加上组织结构的合理化，可以在一定程度上减少这种矛盾。

总而言之，房地产开发企业营销组织的设计和发展需要遵循这六个步骤，且这六个步骤是相互联系、相互作用的。为了保持营销组织的生机和活力，营销经理要善于通过利用这一过程进行有效决策。

10.4　房地产市场营销执行

制订好一个房地产营销计划后，还需要有效的执行。一个好的、可行的计划，如果只是制订了而不去付诸实际，就如同是纸上谈兵。

10.4.1　房地产市场营销执行的概念

房地产市场营销执行就是将房地产营销计划落到实处，精确到每一个实际任务，并确保任务的执行效果能够达到营销策划的目标。房地产营销执行能力会直接影响房地产营销管理系统运营的效率、房地产经营计划的最终实施效果，从而决定了房地产开发企业的收益和未来发展前景。

10.4.2　房地产市场营销执行的问题及原因

市场营销执行是一个艰巨而繁杂的过程。美国的一项研究报告表明，90%的被调查计划人员认为，他们所制定的战略和战术没有成功的原因是因为计划没有得到有效的执行。

市场营销失败的原因有两个：一是战略战术本身存在一定问题；二是正确战术没有得到有效、正确的执行。如某房地产开发企业一直做住宅，后来开始转型做产业园区，转型却没有成功，于是高薪聘请一副总负责相关事宜，但是副总历时两月发现自己60%的指示无法得到实现，最终辞职。

通过这个案例可以看出，这家房地产公司在转型中发现了自身的问题可能是企业的管理执行出现了问题，企业副总也发现自己的指令没有得到正确的、有效的执行，从而导致企业营销战略的失败。因此，房地产开发企业不仅需要制定正确的战略，而且还必须保证正确的战略得到正确、有效的执行。

10.4.2.1 计划脱离实际

企业的市场营销战略和市场营销计划通常是由专业计划人员制定的,而执行需要依靠市场营销管理人员,因为这两类人员之间缺少沟通和协调,所以易出现以下问题:

(1)房地产开发企业的专业计划人员只考虑总体战略,忽略执行中的现实问题,导致计划过于笼统,留于形式。

(2)专业计划人员往往不了解计划执行过程中的具体问题,设定的计划脱离实际。

(3)专业计划人员和市场营销管理人员之间没有充分的交流和沟通,导致市场营销管理人员不了解他们需要去执行的战略,因此计划在执行过程中往往会遇到困难。

(4)脱离了实际的战略,导致计划人员和市场营销管理人员相互对立、不信任。现在,不少西方企业已经认识到,制订计划不能光靠专业计划人员,还要让更了解实际情况的市场营销人员参与到企业计划管理的过程中来,这样会更有利于市场营销的执行。

10.4.2.2 长期目标和短期目标相矛盾

市场营销战略通常着眼于企业的长期目标,但具体执行这些战略的市场营销人员通常又注重他们的短期工作绩效指标,如销售量、利润率、市场占有率等,因此市场营销人员常选择短期行为,造成房地产开发企业长期目标和短期目标相矛盾。

10.4.2.3 因循守旧的惰性

房地产开发企业当前的经营活动往往是为了实现既定的战略目标,不符合企业传统和习俗的新战略一般会遭到抵制。新旧战略的差异越大,执行新战略可能遇到的阻力也就越大。要想执行和旧战略截然不同的新战略,往往需要打破企业传统的组织机构和供销关系。

10.4.2.4 缺乏具体明确的执行方案

实践证明,许多企业面临困境就是因为缺乏一个能够使企业内部各有关部门协调一致作战的具体实施方案。

10.4.3 房地产市场营销执行的步骤

10.4.3.1 制订行动方案

房地产开发企业为了有效地实施市场营销战略,首先必须制订详细可行的行动方案。方案中应该明确市场营销战略实施中关键性的决策和任务,并将执行这些决策和任务的责任落实到小组或个人,另外还应包括具体的时间表,制定出行动的具体时间。

10.4.3.2 建立组织结构

在房地产市场营销执行过程中,起决定性作用的一步是建立企业的正式组织。组织将具体的任务分配给具体的部门和人员,规定明确的职权界限和信息沟通渠道,协调房地产开发企业内部的各项决策和行动,具有不同战略的企业需要建立不同的组织结构,即结构必须同企业战略相一致,必须同企业本身的特点和环境相适应。

10.4.3.3 设计决策和报酬制度

房地产开发企业为实施市场营销战略,还必须设计相应的决策和报酬制度,这些制度将直接关系到战略实施的成败。房地产行业是一个高风险、高报酬、高投入的行业,就房地产开发企业对管理人员工作的评估和报酬制度而言,如果以短期的经营利润为目标,那管理人员的行

为必定会趋于短期化，他们将会失去为实现长期战略目标而努力的积极性。

10.4.3.4 开发人力资源

人力资源的开发至关重要，因为房地产市场营销战略最终是由房地产开发企业内部的工作人员来执行的。人力资源的开发涉及人员的考核、选拔、安置、培训和激励等问题。

(1)在选拔管理人员时要注意，将适当的工作分配给合适的人，做到人尽其才。

(2)为了激励员工的积极性，必须建立完善的工资福利和奖惩制度。例如大部分房地产开发企业实行"按劳取酬""多劳多得"的分配制度，卖出一套房或商铺能拿到千分之多少的提成等。

(3)企业必须要考虑工作人员之间的比例，这有利于减少管理费用、提高工作效率。

在房地产开发企业的发展中，不同的战略要求具有不同性格和能力的管理者。"紧缩型"战略需要寻找精打细算的管理者来执行；"维持型"战略要求管理人员具备组织和管理方面的才能；"扩展型"战略则需要有创业和冒险精神的有魄力的管理人员。

10.4.3.5 建设企业文化和管理风格

企业文化是指一个企业内部全体人员共同持有的和遵循的价值标准、行为准则和基本信念，对企业经营思想和领导风格、职工的工作态度和作风均起着决定性作用。其中价值观念是企业文化的灵魂和核心。企业文化包括企业环境、价值观念、模范人物、文化网和仪式五个要素。企业文化与企业的管理风格相关联。

(1)"专权型"管理者。他们发号施令，独揽大权，严格控制，坚持采用正式的信息沟通，不能容忍非正式的组织和活动。

(2)"参与型"管理者。他们主张授权下属，协调各部门的工作，鼓励下属的主动精神和非正式的沟通与交流。

这两种对立的管理风格各有利弊。不同的战备要求不同的管理风格，具体需要什么样的管理风格取决于企业的战备任务、组织结构、人员和环境。

房地产开发企业文化和管理风格一旦形成，就具有连续性和相对稳定性，不易改变。因此企业战略通常是按企业文化和管理风格的要求来制定的，不宜轻易改变企业原有的文化风格。

10.4.3.6 市场营销战略实施系统各要素间的关系

为了有效地实施市场营销战略，房地产开发企业的行动方案、组织结构、决策和报酬制度、人力资源、企业文化和管理风格这五大要素必须协调一致、相互配合。房地产开发企业的企业文化决定着企业的管理风格，企业的管理离不开人；而薪酬制度又在人力资源管理中具有重要作用，现代企业归根结底是人才的竞争，高薪制度一直是房地产开发企业吸引人才、留住人才、管理人才的重要手段。

10.4.4 房地产市场营销执行的技巧

领导者对营销人才的发掘和培训、房地产开发企业执行力文化的营造等，这都是影响房地产营销计划有效执行的重要技能。

面对竞争激烈且日益变化的市场环境，房地产开发企业要保持高效的执行能力，需要从企业整体、领导者层面和基层员工层面提高各种技能水平，并根据市场发展需求和消费者行为、心理等的变化，主动地发掘新的技术和管理概念，以保持自身执行能力的高效性。

为了有效地执行营销方案,公司的每个层次都必须运用一整套技能,主要包括配置、监控、组织和相互影响。

10.4.4.1 配置技能

配置技能是指营销经理给功能、政策和方案三个层次分配时间、人员和资金的能力。如按何种方式来有效配置好房地产推销人员是每个房地产公司都面临的一个共同问题。

10.4.4.2 监控技能

监控技能是指建立和管理一个对营销活动效果进行追踪的控制系统。控制有四种类型,即年度计划控制、效率控制、利润控制和策略控制。从执行的角度出发,我们主要关心的是前三种类型。

10.4.4.3 组织技能

组织技能涉及营销人员之间为实现公司目标而应具有的关系结构。掌握构成控制系统的正规化程度和集中化程度,理解非正式营销组织的地位和作用,是制定有效执行程序的重要先决条件。非正式系统与正式系统的交互作用将影响将许多执行活动的效率。

10.4.4.4 相互影响技能

相互影响技能是指公司人员之间相互影响,尤其是指经理影响他人把事情办好的能力。营销人员不仅必须要有能力推动本组织的人员有效地执行理想的策略,还必须推动组织外的企业和人来执行理想的策略,即使他们的目标不会正好与组织的目标相同。

组织内每个问题出现的频率,可能与企业的规模、市场位置和企业与之竞争的行业增长率有关系,而卓越的营销执行需要的是在三个层次(功能、方案、政策)上的四个方面(配置、监控、组织、相互影响)的管理技能。

10.5 房地产市场营销控制

前面我们了解了房地产市场营销的计划、组织与执行,接下来需了解一下房地产市场营销的控制,控制的关键是看前期策划与实际成绩是否一致。

10.5.1 房地产市场营销控制的概念

房地产市场营销控制是指房地产开发企业市场营销管理者定期检查房地产市场营销计划的执行情况,看计划与实际是否一致,如果不一致或没有完成计划,就要找出其原因所在,并采取适当措施和正确行动以保证市场营销计划的完成。

10.5.2 房地产市场营销控制的步骤

10.5.2.1 确定应进行控制的市场营销活动

房地产市场营销组织控制的内容越多、范围越广,可获得的信息也就越多,但是所需费用开支也会随之增加。因此,在确定控制的内容、范围等时,控制所需成本应当少于控制活动带来的效益。

房地产营销过程中产生的成本、收入和利润是最常见的控制内容,此外还有市场调查、销售人员工作、消费者服务等营销活动。

10.5.2.2　设置控制目标

为了能够有效监控一项策略、一个项目和一个任务，房地产开发企业应确定其实现的目标，该目标的确定应当要有明确的参照。该目标的确定既是管理控制制度的起点，也是其最重要的组成部分，它不仅决定企业战略计划的制订与执行，也影响企业业绩计量、差异分析及薪酬激励。

10.5.2.3　建立一套能测定营销结果的衡量尺度

在大部分情况下，企业的营销目标决定了它的控制衡量尺度，如目标销售收入、市场占有率、利润率、销售增长率等。但还有一些比较复杂的问题需要特殊处理，如营销人员的工作效率，可用一年内新增加的客户数量及平均访问频率来衡量；广告效果可以用记住广告内容的读者（观众）占全部读者（观众）的百分比来衡量。在多数情况下，因为大部分企业都有若干管理目标，所以营销控制的衡量尺度也会有多种。

10.5.2.4　确立控制标准

控制标准是指以某种衡量尺度来表示控制对象的预期活动范围或可接受的活动范围，即对衡量尺度加以定量化，是从整个计划方案中选出的对工作绩效进行评价的关键指标，是控制工作的依据和基础。确定控制标准的第一步是控制过程，要控制就要有标准，离开可比较的标准，就无法实施控制。控制标准一般允许有一个浮动范围，其确定标准可参考外部其他企业的标准，并尽可能吸收企业内多方面管理人员参与，以使其更加符合实际，受到各方面承认。房地产行业是一个影响特别大的行业，信息面广，信息量大，这一环节实施难度大。

为使标准具有激励作用，可采用两种标准：一种是按现在可接受的水平，另一种是用以激励营销人员的工作达到更高水平。房地产开发企业标准的确定还需考虑产品、地区、竞争情况的不同所造成的差别，如考核营销人员工作效率时要考虑以下因素：需辖区的市场潜力、所辖区内的产品竞争力、广告强度、推销产品的具体情况。因此，企业不可能要求每个人都能创造同等的销量额或利润额。

10.5.2.5　比较实绩与标准

在将控制标准与实际执行结果进行比较时，需要确定比较的频率即多长时间进行一次比较，这取决于控制对象是否经常变动。如果比较的结果是实绩与控制标准一致，则控制过程到此结束，如果不一致，则继续进行下一步。

10.5.2.6　分析偏差原因

房地产开发企业产生偏差可能有两种情况；一是实施过程中的问题，这种偏差比较容易分析；二是计划本身的问题，确定这种偏差比较困难。这两种情况往往交织在一起，使分析偏差的工作成为控制过程中的一大难点。房地产开发企业对每项需要监控的内容都应该有信息系统，以获取相关的现实信息，否则就有可能发现下一步缺乏进行监控的物质手段。一旦发现了偏差，就需要加以解释和及时改正。

10.5.2.7　采取改进措施

在制订计划时，也要制订应急计划，这样改进就比较快，不过多数情况下并不制定这类预定措施。

监控系统的目的主要是在偏差出现时用于纠正偏差。这样的纠正可以采取两种不同的形式：在发现现实与标准之间的偏差时修改标准或目标；保留目标而改变原定的实现目标的手段。当没有充足的理由证明必须放弃原定的目标时，一个主管领导的一般反应更应该倾向于修改方法而不是目标。

10.5.3 房地产市场营销控制的方法

房地产市场营销控制的主要方法有年度计划控制、盈利能力控制、效率控制、战略控制、房地产营销审计、个人现场观察。

10.5.3.1 年度计划控制

年度计划控制是房地产开发企业所采用的主要控制方法，其目的是确保企业达到年度计划规定的销售额、利润指标及其他指标，它是一种短期的即时控制，中心是目标管理。

(1)年度计划控制的步骤。它包括如下四个步骤：

①制定标准。管理部门确定月度、季度目标，如销售利润目标等。

②绩效测量。管理部门对市场上的绩效进行监控。

③因果分析。管理部门找出造成绩效严重偏差的原因，并进行分析。

④改正行动。管理部门采取正确的行动来缩小目标与实际之间的差距，这需要改变行动方案甚至改变目标。

(2)年度计划控制的方法。房地产开发企业可运用四种方法检查计划执行绩效，即销售分析、销售费用与销售额的比率分析、市场占有率分析、顾客满意度分析。

①销售分析。即根据销售目标衡量和评价实际销售情况的构成，由统计分析与年度销售目标有关的销售额组成。具体讲有两种：一是总量差额分析。销售差是由于没有实现销售量目标所造成的，企业应当对其为何没实现预定的销售量目标而加以仔细的调查研究。二是微观销售分析。即个别产品或地区销售未能达成预期份额的分析。

房地产开发企业销售分析应当更关注相对市场份额，而不是企业的绝对销售量。

②市场销售费用与销售额的比率分析。年度计划控制必须考虑经济效益原则，以确保企业为达到其销售目标所需的费用未超支。检查市场销售费用与销售额的比率是一种主要方法。

一般的销售费用主要指营销人员费用、促销费用、广告费用、市场调研费用以及销售管理费用等。

房地产开发企业管理部门必须密切关注这些费用比率，当某项费用对销售额比率失去控制时，必须认真查找出现问题的原因。

③市场占有率分析。房地产开发企业的销售分析并不能表明该企业相对于竞争者的效率如何，只有市场占有率分析才能揭示出企业与其竞争者在市场竞争中的相互关系。市场占有率分析主要是分析企业在该市场竞争中的地位变化，从中找出变化的原因，并采取相应的措施。

房地产开发企业占有率分析是复杂的，往往采用以下衡量标准：

A. 总市场占有率。即房地产开发企业销售额在行业总销售额中所占的比例。

B. 相对市场占有率。即房地产开发企业销售额和最大竞争者的销售额相比的百分比。

C. 目标市场占有率。即房地产开发企业销售额占其目标市场销售额的比例。开发企业首要任务就是要尽力在其目标市场上扩大份额。

④顾客满意度分析。可以为企业提供相关信息,使营销管理者能够及时掌握企业的发展动态,所以企业需要建立一套系统来追踪客户、经销商及其他市场营销系统参与者的态度。企业一般主要利用以下方法来追踪客户的满意度。

A. 抱怨和建议系统。企业应该鼓励客户提出批评和建议,使客户有机会发表意见,收集客户反映产品和服务的完整资料,记录和分析客户的抱怨和建议,并做出适当的反应。

B. 收集对企业绩效有重要影响的固定客户群样本。建立有一定代表性的客户组成的固定客户样本,定期通过电话或邮件了解其态度。

C. 顾客调查。企业利用市场调查小组随机调查潜在客户的消费意向,进行问卷调查并分析,以发现问题,同时制订相应的营销计划。

10.5.3.2 盈利能力控制

盈利能力控制是指企业衡量各种产品、客户群、地区、分销渠道和订单规模等方面的获利能力,以帮助管理者决定哪些产品或者营销活动应该扩大、收缩或取消。

盈利能力控制一般由企业内部负责监控营销支出和活动的营销主管人员负责,旨在测定企业不同产品、不同客户群、不同销售地区、不同销售渠道以及不同规模订单的盈利情况的控制活动。

盈利能力控制的内容包括各营销渠道的营销成本控制、各营销渠道的营销净损益和营销活动贡献毛收益(销售收入一变动性费用)的分析,以及反映企业盈利水平的指标考察等内容。

取得利润是所有企业的最重要目标之一,企业在控制营销活动的盈利能力时主要的考察指标有销售利润率、净资产收益率、资产收益率、资产管理效率等。

10.5.3.3 效率控制

效率控制是指企业不断寻求更有效的方法来管理销售队伍、广告、分销和促销等绩效不佳的营销实体活动。

效率控制的目的是提高销售人员推销、广告、销售分销和促销等市场营销活动的效率,降低营销成本,提高企业整体的营销水平。市场营销经理必须重视这些关键比率,这些比率表明上述市场营销职能执行的可靠性,显示出应该如何采取措施以改进执行情况。

效率控制的内容主要包括四个方面:销售人员效率控制、广告效率控制、分销效率控制和促销效率控制。

10.5.3.4 战略控制

营销战略控制是指市场营销管理者采取一系列行动,使实际营销工作与原计划尽可能一致,在控制过程中通过不断评审和信息反馈,对营销战略做出修改,使企业战略的实施更好地与企业当前所处环境、企业目标协调一致,使企业战略得以实现。

从控制时间来看,企业的战略控制可以分为三类:事前控制、事后控制、过程控制。

企业的控制层次包括组织控制、内部控制和战略控制三种形式。组织控制是为实现组织目标而进行的组织结构设计、权责安排和制度设计。内部控制是指经济单位和各个组织在经济活动中建立的一种相互制约的业务组织形式和职责分工制度。战略控制是指监督战略实施进程,及时纠正偏差,确保战略有效实施,使战略实施结果符合预期战略目标的必要手段。

10.5.3.5 房地产营销审计

房地产营销审计是对房地产开发企业的市场营销环境、目标、战略、组织、方法程序和业务等做出综合的、系统的、独立的和定期的核查，以便确定企业的困难所在和各项机会，并提出行动计划的建议，改进企业营销管理的效果。执行审计的人员可有两类：

(1)独立的注册会计师或审计人员。他们的主要职责是检查委托人的财务报表。此外，他们还执行其经济工作，如会计服务、税务会计、管理咨询以及为委托人编制财务报表等。

(2)企业内部审计人员。他们的主要职责是在保护企业资产的同时确定企业的方针和程序是否被正确地执行。此外，他们还经常评估企业各单位的效率以及控制系统的效率。

内部审计相对于外部审计来说更加了解公司的情况和熟悉公司的制度，因此更容易发现隐藏的内部问题，能够在问题发生时就采取措施减少或者追回损失，其实这也是增加企业价值的表现。

10.5.3.6 个人现场观察

个人现场观察是指观察者有目的、有计划地运用自己的感官或借助科学的观察工具，主动地了解处于自然状态下的社会现象的方法。这种方法普遍用于企业管理层。即企业的各层管理人员(尤其是高层管理人员)深入到各种生产经营现场，直接观察，从中发现问题，并采取相应的措施解决问题。

任何事物都是具有两面性的，它的两面性就意味着事物的优缺点是相伴而生的。个人现场观察法的优点是避免被观察者的伪装做作，能得到较为真实可靠且有效的信息。其缺点是受观察者本人的价值观、个性等影响较大。

10.6 房地产市场营销专场管理

房地产市场营销专场管理是指对某一楼盘实施的现场管理，通过对现场管理人员的合理分工来实现营销的总目标。

10.6.1 案场管理

案场管理专指对售楼部的现场开展日常营销管理工作，明确各人职责，分解目标，逐步实施各项任务。

(1)专案经理。专案经理的职责主要有：

①服从营销总监或营销副总的工作安排，负责售楼处日常工作。

②组织销售人员进行项目的前期市场调查。

③根据《项目营销策划报告》及项目具体情况，编制《项目销售计划书》。

④编制培训资料，组织销售人员进行上岗培训。

⑤负责售楼处需与开发商协调解决的工作衔接。

⑥定期向上级反馈销售信息。

⑦制订阶段性销售计划。

(2)副专。副专的职责主要有：

①服从专案经理安排，协助负责售楼处日常工作。

②协助销售人员做好楼盘销售工作。

③整理并汇总客户来访登记表，对销售状况做出分析，及时提交策划部。

④督促销售人员协助客户办理银行按揭、合同登记以及尾款收取等工作。

⑤负责售楼处需与开发商协调解决的工作衔接。

⑥负责客户档案保管工作。

⑦定期向销售总监和策划部反馈销售信息。

(3)女专。女专的职责主要有：

①服从专案经理安排，负责售楼处日常工作。

②汇总客户来访登记表，对销售状况做出分析，及时提交策划部。

③督促销售人员协助开发商办理银行按揭、合同登记以及尾款收取等工作。

④负责客户档案保管工作。

(4)组长(或主管)。组长(或主管)的职责主要有：

①服从专案经理安排，协助专案经理做好售楼处日常工作。

②协助专案经理做好前期市场调查工作。

③协助专案经理做好销售人员的上岗培训。

④协助销售人员和见习销售人员做好楼盘销售工作。

⑤收取销售人员和见习销售人员客户来访登记表，汇总交女专。

⑥负责建立客户档案。

(5)销售人员。销售人员的职责主要有：

①服从领导安排，做好楼盘销售工作。

②做好项目前期市场调查和定期市场调查工作。

③认真填写客户来访登记表，交组长(或主管)。

④协助开发商办理银行按揭、登记等手续及尾款收取等工作。

⑤及时反馈销售信息，及时向专案经理、组长反映销售中的问题。

10.6.2 日常销售市场调研作业

营销过程前、中、后都需要开展日常性的市场调查工作，及时掌握市场情况，及时根据市场变化调整营销管理方案，有的放矢地开展营销管理的针对性工作。

(1)明确日常调查的目的及内容。把握市场竞争及需求的特点，为产品进行准确定位，编制“市场环境调研报告”。

(2)制订日常调查计划。制订详细周密的“市场调查计划表”。

(3)收集相关基础资料。通过各种有效渠道收集与调查目的相关的各种现有的、基本的信息资料。

(4)编辑整理信息资料。对现场调查所获得的原始信息资料进行审查整理、编辑加工。

(5)调查结果分析。根据调查资料，结合《城市房地产开发经营管理条例》等条例进行分析，经分析论证后，得出调查结论。

(6)撰写日常调查报告。策划经理采用一定的形式将调查结果写成详尽的《市场环境调研报告》。

(7)递交调查报告。将调查报告送交有关人士,作为房地产市场开发和房地产市场营销的参考。

(8)资料归档存储。将每次调查形成的资料整理归档,编制目录与索引,并按照顺序放入档案柜中。

其中项目定位报告的审核作业规范还要注意以下几点:

①分析销售项目。根据《目标市场调查报告》制定出《项目总体定位报告》。

②审议方案。公司审议层对总体定位方案进行审议。

③审查方案。将《项目总体定位报告》提交给公司决策层进行审查。

④方案核准。将审查后的调查报告提交给总经理核准,必要时,总经理召集营销有关人员了解情况,达成共识后批准《项目总体定位报告》,并提交给规划设计公司进行设计。

10.7 房地产市场营销管理道德规范与企业责任

企业责任是社会文明发展的产物,是社会文明的标志与责任,是人类迈向工业文明的产物,是企业必须承担的一种义务,它有利于增强企业竞争力,扩大企业的市场份额,促进企业的发展。

10.7.1 房地产市场营销管理道德规范

10.7.1.1 市场经济是法制经济和道德经济

我国早有古训:"人无信不立。"就是说,一个不守诚信、没有信用的人,是无法在社会上立足的。"无规矩不成方圆",在市场经济下需要法治,市场经济是自由交易经济,但市场交易有效有序进行的一个基本条件就是法治。"中华民族5000年文化的积累,虽然其中也有糟粕、更遭受过破坏,但其主体和精华仍是我们的安身立命之本"。

品德是衡量一个人的道德规范标准,人品的好坏,决定着一个人在这个行业的寿命,是个人的无形资产和品牌,应加强维护。做房地产营销策划,必须遵循这个行业的职业道德,不然,也会影响其职业生涯的发展。

法治用来规范政府、企业、社会组织和个人等的行为,保障市场经济的高效运行、健康发展。对于房地产开发企业开展实施的一系列项目都离不开法,法治为企业发展保驾护航。

10.7.1.2 房地产市场营销管理职业道德的概念

房地产市场营销管理职业道德是指从事房地产市场营销管理行业的人,在履行自己责任义务的过程中,必须遵守的行为规范和准则。职业道德是对从业人员在本职业范围内的特殊道德要求,是一般社会道德在职业生活中的特殊表现,其要求是做一个有良心的营销人。

10.7.1.3 房地产市场营销管理职业道德的内容

(1)文明礼貌。文明礼貌是从业人员的基本素质,也是塑造企业形象的需要。尤其是营销人员,更应该讲究文明礼貌。客户和这个企业接触,第一印象就是接待他的营销人员,营销人员的形象可能影响整个企业。文明礼貌的基本内容和具体要求是:仪表端庄,举止得体,待人热情，语言规范。

(2)爱岗敬业。爱岗就是热爱自己的工作岗位，热爱本职工作；敬业就是用一种恭敬严肃的态度对待自己的工作。房地产市场营销是一个需要恒心、耐心、决心的工作，只有踏实、热爱这份工作的人才能坚持下去。爱岗敬业的具体要求是：强化职业责任，强化职业理想，提高职业技能。

(3)诚实守信。诚实守信是为人之本，也是与人交往之道。购买房产需要业主提供大量的信息，销售顾问要保守客户的秘密，才能得到客户的信任。诚实守信的具体要求是：忠诚企业，诚实劳动，关心企业发展，树立企业品牌，维护企业信誉，保守企业秘密，遵守合同和契约，重视服务质量，树立服务意识。

(4)办事公道。办事公道是正确处理各种关系的准则，我们在办事情或处理问题时，要站在公正的立场上对当事双方公平合理，不偏不倚，按照一个标准办事。买房的人，可富可贫，销售人员应该以公平公正的态度对待每一个客户。办事公道的具体要求是：坚持公私分明，光明磊落，公平公正。

(5)勤劳节俭。勤劳节俭是中华民族的传统美德。勤劳能提高工作效率，节俭能降低生产成本，勤劳节俭是维持社会可持续发展的法宝。房地产营销作为一个销售行业，提成是关键。卖出去多少套房，就拿多少提成，个人销售额就要看个人的努力程度。勤劳节俭的具体要求是：积极参加企业活动，提高自身工作效率，杜绝浪费，合理消费。

(6)遵纪守法。遵纪守法是指每个从业人员都要遵守职业纪律和与职业活动相关的法律法规。现在我国已出台了很多与房地产有关的法律。职业纪律是在特定的职业活动范围内，从事某种职业的人们必须共同遵守的行为准则，包括劳动纪律、组织纪律、群众纪律、保密纪律等基本纪律。遵纪守法的具体要求是：做到学法、知法、守法、用法，遵守单位、行业纪律和规范。

(7)团结互助。团结互助是指在人与人之间的关系中，为了实现共同的利益和目标，互相支持，互相帮助，团结协作，共同发展。团结互助的具体要求是：同事间相互帮助、相互尊重，正确看待工作中的合作与竞争。

(8)开拓创新。开拓创新是指要有创新意识和科学思维，要有坚定的信心和意志。即指人们为了发展的需要，运用已知的信息，突破常规发展或产生某种新颖独特的有社会价值和个人价值的新事物、新思想的活动。开阔创新的具体要求是：积累专业知识，多实践，多动手，多思考，多总结。

10.7.1.4 如何遵守职业道德规范

(1)树立正确的人生观、价值观、世界观，培养自己良好的行为习惯，学习先进人物的优秀品质，不断激励自己。

(2)学习道德规范，掌握职业道德知识。房地产内部人员除了掌握必要的专业知识和其他知识外，还应该具备良好的职业道德素质，如以诚为本、恪守信用、尽职尽责、团结合作等。

(3)努力学习现代科学文化知识、房地产专业技能和当地的风土民情，提高文化素养。

(4)经常进行自我反思，增强自律性。特莱斯说“人生最困难的事情就是认识自己”，反思也是对自己之前所作所为的一种重新审视，也是一种再学习的过程。

(5)提高精神境界，努力做到慎独。在“慎独”的同时提倡“积善成德”，就是保持自己的善行，并使善行不断积累。道德原则是无时无地都不能离开的，时时刻刻检查自己的行动，一个有道德的人在独自一人、无人监督时，也不会做任何违背道德的事。“慎独”重在自律，即道德上的约束。

10.7.2 房地产市场营销管理企业责任

10.7.2.1 八大社会责任

目前欧美各国及日本等都在制定自己的社会责任标准，我国也应针对经济社会发展的需要和企业社会责任暴露出的问题，尽早研究和制定中国的企业社会责任标准，以防走在外国的后面，让外国制肘我国的发展。对此建议应从以下八个方面来确立我国企业的社会责任标准。

(1)明礼诚信。由于各种原因造成的诚信缺失正在破坏着社会主义市场经济的正常运营，由于一些房地产开发企业的不守信，导致“一房多卖”或者房子质量不过关等现象出现，给客户造成损失，进而失去对房地产开发企业的信任。为了维护良好的市场秩序，保障人民群众的利益，房地产开发企业必须承担起明礼诚信的责任，确保“一房一卖”和房屋建筑的质量。

(2)科学发展。企业的任务是发展和赢利，并担负着增加税收和国家发展的使命。房地产经济是国家经济的重要组成部分，甚至可以说是支柱性产业，因此，房地产开发企业必须承担起发展的责任，搞好经济发展，要以发展为中心，定期、保量纳税，为国家发展做出贡献。同时又必须遵循科学发展观，无论哪个企业，都要高度重视在“五个统筹”的科学发展观指导下的发展。

(3)可持续发展。中国既是一个资源大国，同时又是一个人均资源偏低的国家。房地产开发企业的发展一定要与两型社会相适应，不能顾此失彼，不顾全局。房地产开发企业是一个牵连甚广的企业，作为企业家，一定要树立全局观，坚持两型社会的发展，高度关注保护环境、节约资源问题。要尽量做到花最少的钱，做最多的事。并要下决心调整经济发展模式，发展循环经济，调整产业结构。尤其要响应中央号召，实施“走出去”战略，用好两个市场和两种资源，以保证经济运行的安全性。这样，我们的发展才能持续，再翻两番的目标才能实现。

(4)保护环境。随着全球经济发展，环境日益恶化，特别是水、大气、海洋的污染日益严重，野生动植物的生存面临危机，森林与矿产过度开采，这些给人类的生存和发展带来了极大威胁，环境问题成了经济发展的瓶颈。为了人类的生存和经济的持续发展，作为一个有社会责任感的企业一定要担当起保护环境、维护自然和谐发展的重任。

(5)文化建设。公共教育、医疗卫生与文化建设，对一个国家的发展极为重要。特别是公共教育，对一个国家的脱离贫困、走向富强起着不可低估的作用。医疗卫生工作不仅影响着全民的身体健康，也影响着社会人力资源的供应保障。可以通过增加休闲娱乐的场所推动文化建设，提高人的素质，陶冶人的情操。由于我国前期对这些方面投入较少，欠债较多，存在的问题比较严重，在国家财力不足的情况下，房地产开发企业在文化领域进行投资，有利于树立企业良好的品牌形象，增强企业的社会影响力，为企业的发展保驾护航。

(6)发展慈善事业。虽然现阶段我国的经济取得了巨大发展，但是作为一个拥有 14 亿人口的大国还存在很多困难，特别是农村的困难就更为严重。这些责任需要政府去努力，也需要企业为国分忧，参于社会的扶贫济困。“穷则独善其身，达则兼济天下”，房地产行业作为经济性支柱产业，为了社会的发展，房地产企业也是为了自身的发展，更应该重视扶贫济困，更好承担起扶贫济困的责任。

（7）保护职工健康。人力资源是社会的宝贵财富，也是企业发展的支撑力量。保障企业职工的健康和生命，确保职工的工作与收入待遇，这不仅关系到企业的持续、健康发展，也关系到社会的发展与稳定。为了达到国际对企业社会责任标准的要求，也为了使中央关于"以人为本"和构建和谐社会的目标落到实处，房地产企业必须承担起保护职工健康、生命，保障职工待遇的责任。作为企业要遵纪守法，爱护企业的员工，做好劳动保护工作，不断提高职工的工资水平，保障职工工资按时发放。企业要多与员工沟通，多为员工着想。

（8）发展科技。不管对哪个行业来说，科学技术是第一生产力，房地产行业亦是如此。"智能小区"的发展，使居民生活更加便利，也使企业成本更低，利润空间扩大，增大了企业的竞争优势。因此，企业要高度重视引进技术的消化吸收和科技研发，增加资金与人员投入，努力做到以创新为主体。

10.7.2.2　企业自身责任

企业自身责任问题是一个时期以来的热门话题。这个话题，看似很抽象，其实很具体；谈起来很热闹，细想想很沉重。单成繁的《企业责任论》就是在舆论热潮中冷静思索的成果。单成繁认为，关于"企业有哪些主要责任"可以从多种角度进行探讨。单成繁所著的《企业责任论》《企业责任论（第二版）》从法律视角对企业自身责任进行了系统分析。单成繁以我国现有法律法规为依据，把企业应有的主要责任归纳为18项，如表10－1所示。

表10－1　企业自身责任

依法登记责任	依法用工责任	财会管理责任	合同签订履行责任	依法融资责任	产品质量责任
消费者权益保护责任	广告诚信责任	专利保护责任	公平竞争责任	职工培训责任	安全生产责任
珍惜资源责任	环境保护责任	节约能源责任	依法纳税责任	合理分配责任	社会公益责任

通过本节内容的学习，希望我们能够更好地运用房地产市场营销管理道德规范与企业责任的相关知识于我们今后的工作中。

知识归纳

1.房地产市场营销管理是指企业为实现其经营目标，创造、建立和保持与目标市场之间的互利交换关系，对经营方案进行的分析、决策、计划、执行和控制。

2.房地产市场营销计划是指房地产开发企业在准确分析企业内部环境，并合理利用经营资源的基础上，制定的一定时期内房地产市场营销活动的行为目标、方针、战略以及实施方案与具体措施的设计和计划。

3.房地产市场营销组织是指房地产开发企业内部以市场营销为观念建立起来的所有涉及市场营销的职位、部门组织以及部门结构。

4.房地产市场营销执行是指将房地产营销计划落到实处，精确到每一个实际任务，并确保任务的执行效果能够达到营销策划的目标。

5.房地产市场营销控制是指营销管理中用于跟踪企业营销活动过程每一环节，以确保其按计划规定的目标运行而实施的一套工作制度或工作程序，包括为使营销实绩与预期目标一致采取的措施。

6.房地产市场营销专场管理是指使在房地产营销岗位上的每个职员对于具体职位职能范围明确、各司其职以及开展日常市场调研的工作。

7.房地产市场营销管理道德规范与企业责任是指房地产开发企业在市场营销管理中的道德规范,以及企业要承担的相应的社会责任和自身责任。

思考题

1.房地产市场营销管理的意义是什么?
2.房地产市场营销计划的内容有哪些?
3.房地产市场营销组织的主要类型有哪些?
4.房地产市场营销组织的设计过程是怎样的?
5.房地产市场营销执行的步骤是什么?
6.房地产市场营销执行的技巧有哪些?
7.房地产市场营销控制的主要方法有哪些?
8.如何遵守房地产市场营销管理职业道德规范?

案例实训

万科城位于深圳龙岗嫁先路以南、贝尔路以北、坂雪岗大道华为百草园以西、石龙路以东。万科城·风情步行街位于万科城西南部,定位于社区“living mall”,即“全生活广场”,是集文化、度假、休闲、娱乐、购物等多功能于一体的综合性街区。商业建筑面积3万平方米,一期2.2万平方米,其中餐饮占到1.1万平方米;二期0.8万平方米。

项目的市场定位如下:

(1)市场调研。市场调研包括项目区位、周边房地产竞争和消费者群体的调研。区位和竞争者方面的集体调研内容包括项目周边的公交地铁线路、医疗教育设施、银行商服以及周边约3000米范围内的住宅小区、在建楼盘以及商业区。消费者调研则主要采用了区域因素、消费者心理因素、行为因素以及人口统计的细分参数,调研采用以问卷调查为主的市场调研方式。

(2)市场细分。经过筛选确定主要客户人群、消费人群以及消费人群区域为:自营销客户约占20%～30%的比例,面积为2000平方米;投资型客户约占70%～80%的比例,面积约为8000平方米;主要消费者为周边有消费能力的常住人口,也是为了填补该片区中高档消费目的地的空白。

(3)确定目标市场。①主力顾客是万科品牌忠实跟随者(主要以万客会会员为主)。②有一定资金实力的地产专业人士。③政府公务员、事业单位员工。④华为基地、新天下集团等周边高新技术企业的高收入群体。⑤坂田村、和堪村、岗头村及龙华本地有投资能力的村民。⑥个体经营户。⑦合和地产创富俱乐部成员。

(4)产品定位。时尚购物中心——倡导体验式主动消费、感受消费(见图10-4);国际美食坊——打造深圳最著名的中西美食街(见图10-5);娱乐休闲广场——构筑无限魅力娱乐空间(见图10-6)。

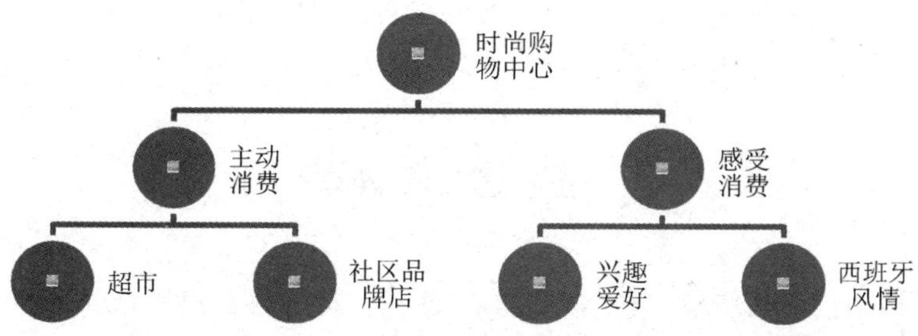

图 10-4 时尚购物中心

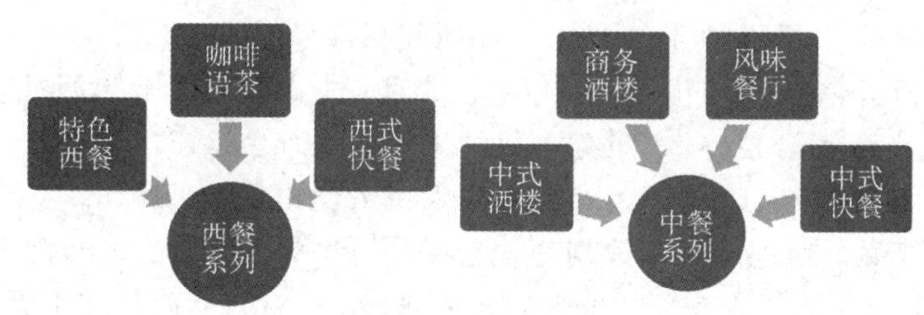

图 10-5 国际美食坊

图 10-6 娱乐休闲广场

问题：

如何针对该项目特点开展市场营销专场管理？

参考文献

[1] 张永岳，陈伯庚. 新编房地产经济学[M]. 北京：高等教育出版社，2005.

[2] 肖润松. 房地产市场营销[M]. 北京：北京工业出版社，2011.

[3] 潘蜀健，陈琳. 房地产市场营销[M]. 北京：中国建筑工业出版社，2003.

[4] 沈根荣. 绿色营销管理[M]. 上海：复旦大学出版社，2008.

[5] 秦鉴青. 房地产保值增值特性分析[J]. 江西建材，2014(3):255.

[6] 余源鹏. 房地产市场调研与优秀案例[M]. 北京：中国建筑工业出版社，2006.

[7] 吴翔华. 房地产营销策划[M]. 北京：化学工业出版社，2012.

[8] 吕萍. 房地产开发与经营[M]. 北京：中国人民大学出版社，2016.

[9] 余洁，朱江，李颖. 房地产营销策划与执行[M]. 北京：化学工业出版社，2013.

[10] 陈小鸣. 明天建什么样的房子：论人居新需求[M]. 武汉：武汉理工大学出版社，2003.

[11] 应恩德. 人员推销[M]. 北京：电子工业出版社，2001.

[12] 华梅，李钢，蒋丽琼，等. 房地产市场营销[M]. 北京：中国建筑工业出版社，1997.

[13] 彼得，奥尔森. 消费者行为与营销战略[M]. 大连：东北财经大学出版社，2010.

[14] 邓小华，李诚中. 房地产热销有绝招[M]. 北京：中国经济出版社，2009.

[15] 于颖. 房地产市场营销[M]. 大连：东北财经大学出版社，2005.

[16] 贾书新，沈仁杰. 论房地产市场细分和定位的关系[J]. 商场现代化，2006(8):151-152.

[17] 袁则. 当代中国房地产品牌资产分析体系的构建元素[J]. 山西建筑，2010，36(2):255-256.

[18] 吴健安. 市场营销学[M]. 5 版. 北京：高等教育出版社，2014.

[19] 张群. 我国房地产价格的影响因素分析[J]. 产业与科技论坛，2012(21):33.

[20] 甘碧群，曾伏娥. 国际市场营销学[M]. 3 版. 北京：高等教育出版社，2014.

[21] 张一驰. 销售就是做渠道[M]. 北京：中国商业出版社，2013.

[22] 罗森布洛姆. 销售渠道:管理的视野[M]. 北京：中国人民大学出版社，2014.

[23] 张闯. 营销渠道管理[M]. 大连：东北财经大学出版社，2016.

[24] 刘永炬. 中国本土化营销实战经典渠道[M]. 北京：中国工人出版社，2003.

[25] 祖立厂，王绍东. 房地产营销策划[M]. 北京：机械工业出版社，2015.

[26] 周忻，张永岳. 地产销售冠军实战培训[M]. 北京：中国建筑工业出版社，2012.

[27] 马洪波，曹春尧，丁玥. 房地产销售代表培训教程[M]. 北京：中信出版社，2004.

[28] 宋振赫. 瞬间读懂顾客心理学[M]. 北京：中国华侨出版社，2012.

[29] 陈基纯，徐捷，赵阿男，等. 房地产市场营销理论与实务[M]. 北京：化学工业出版社，2017.

普通高等教育“十四五”应用型本科系列教材

经济学基础	人力资源管理概论
管理学	物流管理概论
会计学基础	物流与供应链管理
经济法	会计电算化
运筹学	财务管理
组织行为学	现代管理会计(第二版)
市场营销	商务礼仪
计量经济学	外贸函电
应用统计学	商务谈判
电子商务概论	微观经济学
金融学	宏观经济学
供应链管理	数据库原理及应用(第二版)
企业管理(第二版)	数据库原理及应用实验教程
公共关系学	国际经济与贸易——理论·政策·实务·案例
房地产市场营销	

欢迎各位老师联系投稿!

联系人:李逢国
手机:15029259886　办公电话:029－82664840
电子邮件:1905020073@qq.com　lifeng198066@126.com
QQ/WeChat:1905020073(加为好友时请注明“教材编写”等字样)